STEFAN BLANKERTZ

WENN DER CHEF DAS PROBLEM IST

EIN RATGEBER

gik Gestalt Institut Köln
Bildungswerkstatt

GIK BUSINESS

Eine Edition des Gestalt-Instituts Köln/GIK
Bildungswerkstatt im Peter Hammer Verlag

Hinweis:
Das 1999 von Stefan Blankertz veröffentlichte Buch »Wenn der Chef das Problem ist« wurde für die vorliegende Ausgabe erheblich erweitert und überarbeitet.

Die Deutsche Bibliothek - CIP Einheitsaufnahme
Ein Titeldatensatz für die Publikation ist bei
Der Deutschen Bibliothek erhältlich.

Umschlaggestaltung: Magdalene Krumbeck
Herausgeber der Edition GIK im Peter Hammer Verlag:
Anke und Erhard Doubrawa
Satz: Edition GIK-Buchproduktion, Köln
Druck: Westermann Druck Zwickau
Printed in Germany
ISBN 3-7795-0019-1

INHALT

VORWORT

Klagen über immer härtere Arbeitsanforderungen stehen auf der einen Seite. Auf der andern wird immer mehr Wert nicht nur auf Gesundheit, sondern auch auf »Wellness« gelegt. Kann der eine Nachteil durch den anderen Vorteil aufgewogen werden?

Als Gestalttherapeuten verfolgen wir einen ganzheitlichen Ansatz, und unsere Erfahrung sagt auch ganz klar: Die »Wellness«, die dazu da ist, die Tücken eines unbefriedigenden oder überfordernden Arbeitsalltages auszugleichen, kann nur eine Ablenkung vom Unglück darstellen und zieht psychische und körperliche Probleme nach sich, die keine Pillen, keine Diäten und auch keine anderen Formen des »Gesundredens« heilen können.

Allerdings sind die Bemühungen um Verbesserung der Arbeitssituation meist auf gewerkschaftliche Abwehrkämpfe gegenüber unternehmerischen Ansprüchen beschränkt: Die »Arbeitnehmer« haben immer weitergehende »Rechte«, solche Anforderungen zurückzuweisen. Vergessen wird dabei, dass es für die meisten Menschen zum Selbstbewusstein beiträgt, gute und erfolgreiche Arbeit zu tun. Außerdem sind Dinge wie ein gutes Arbeitsklima für Gesundheit und Zufriedenheit viel wichtiger als formale Kenngrößen wie Arbeitszeit, Weisungsbefugnis und Gehaltshöhe.

In dem vorliegenden Buch zeigt Stefan Blankertz, wie Mitarbeiter und Vorgesetzte zu mehr Lebensqualität am Arbeitsplatz kommen können, ohne die Notwendigkeit auszuklammern, dass die Arbeit gut und effizient getan werden muss. Damit betritt er quasi ein Neuland sowohl für die Managementratgeber wie für die therapeutische Literatur. Es ist wirklich erstaunlich, dass die Gestalttherapie, der ein solcher Ansatz eigentlich sehr nahe liegt, sich bisher erst in so geringem Maße der Arbeitswelt und ihren Problemen zugewandt hat.

Mit dem Buch von Stefan Blankertz eröffnen wir unsere Reihe, mit der wir diese Lücke schließen möchten. Damit wollen wir einen Beitrag leisten, die heilsamen Einsichten der Gestalttherapie für den Bereich zu erschließen, dem die meisten Menschen den größten Teil ihres wachen Daseins widmen: der Arbeit.

Wir wünschen Ihnen, liebe Leserin und lieber Leser, dass Ihnen das vorliegende Buch hilft, entweder dass Sie unmittelbar in Ihrer eigenen Arbeitssituation besser zurecht kommen oder dass Sie als Berater, Therapeuten und Coaches Menschen in schwierigen Lagen – seien es Vorgesetzte oder Mitarbeiter – unterstützen können, zu einem angenehmeren Umgang mit der Umwelt zu gelangen.

Köln, im August 2004

Anke und Erhard Doubrawa, Gestalttherapeuten
Gestalt-Institut Köln / GIK Bildungswerkstatt
www.gestalt.de · gik@gestalt.de

1. WAS SICH ÄNDERN LÄSST UND WAS NICHT

Könnte besser sein

»Wie geht's?« Der eine sagt: »Es muss.« Der andere: »Geht so.« Ein dritter behauptet: »Danke, gut!« und denkt: »Beschissen.« Der vierte meint ausweichend: »Könnte besser sein.« Der fünfte orakelt: »Darf mich nicht beklagen.«

Nein, wir dürfen uns nicht beklagen. Täglich zeigen uns die Nachrichten, wie gut wir es haben: Anderswo auf der Welt herrschen Krieg, Elend und Hunger. Und aus den Geschichtsbüchern wissen wir: Früher mussten die Menschen härter arbeiten, bekamen keine Sozialhilfe und keine Rente, waren nicht arbeitslosenversichert und fanden kein hypermodernes Gesundheitswesen vor, sie starben früh. Sie heirateten Personen, die die Eltern ausgesucht hatten und durften sich nicht scheiden lassen. Sie ergriffen den Beruf des Vaters, ob er ihnen passte oder nicht. Und weil sie kein elektrisches Licht und kein Fernsehen hatten, langweilten sie sich, sobald die Sonne unterging.

Dürfen wir uns wirklich nicht beklagen? Alle Informationen nützen nichts: Uns prägt das Gefühl, gehetzt zu sein und keine Zeit zu haben. Wir klagen über den Chef. Wir regen uns auf über Kürzungen in den Sozialleistungen. Wir werden nicht glücklich mit den Partnern, die wir uns selbst ausgesucht haben. Die Berufe unserer Neigung stellen sich als Scheiß-Jobs heraus. Wir können Gene manipulieren, finden jedoch keine Antwort auf die Frage, inwieweit wir das dürfen. Wir werden so alt wie nie, aber weder wissen die Alten etwas mit sich anzufangen, noch weiß der Rest der Gesellschaft, was er mit den Alten anfangen soll.

Unsere alltäglichen Handlungen werden von einer Art »kulturellen Schizophrenie« begleitet. Wir essen *fast food* und klagen, wie ungesund das sei. Wir ziehen uns Videos rein und behaupten, es würde uns selbst dumm (andere aggressiv) machen. Wir fahren Auto und sind uns sicher, dass das unsere Umwelt zerstört. Wir rauchen und beteuern, dies durchaus nicht gern zu tun. Wir fahren in Urlaub, aber wir erholen uns nicht.

Keine Frage: Es könnte besser sein. Die meisten Deutschen sagen dies zu sich, ob sie es aussprechen oder nicht. Die Frage lautet: Was hindert uns daran, es uns besser gehen zu lassen?

Diese Frage verändert schon etwas: Sie zeigt uns, dass das »Wie-es-uns-geht« nicht einfach ein Schicksal ist. Wir sind ja auch noch selbst mit von der Partie. Wie es uns geht, das bestimmen wir mit. Natürlich bestimmen wir es nicht allein. Es gibt äußere Umstände. Es gibt die Mitmenschen. Allerdings sind wir selbst ein wichtiger Faktor in unseren Umständen und in unserem Familien-, Freundes- und Kollegenkreis.

Nochmals: Was hindert uns daran, es uns besser gehen zu lassen? Diese Frage zielt darauf, die Blockaden ausfindig zu machen, die uns daran hindern, es uns gut gehen zu lassen. Denn angesichts der allgemein guten Rahmenbedingungen in den westlichen Industriestaaten können wir die Blockaden schlecht in äußeren Umständen – Hunger, Elend, Krieg usw. – erblicken. Wir müssen uns schon mit uns selbst auseinandersetzen.

Warum dieses Buch?

In diesem Buch geht es um einen besonders vernachlässigten Bereich unserer Lebensqualität: den Arbeitsplatz. Dass die Arbeit »Scheiße« und der Boss ein »Schwein« ist, ist ebenso selbstverständlich wie es als Naturkatastrophe hingenommen wird. Daran kann man nichts ändern, »die da oben« sitzen eben am längeren Hebel!

Kann man da wirklich nichts machen? Das wäre traurig, denn immerhin verbringen wir die meiste Zeit unseres wachen Daseins im Job!

Nun gibt es allerdings Ratgeber zur Verbesserung Ihrer beruflichen Situation wie Sand am Meer. Warum behaupte ich, dass es sich um einen vernachlässigten Bereich handelt? Was ist an dem vorliegenden Buch anders? Wenn Sie einmal genau hinsehen, werden Sie feststellen: Die Ratgeber wollen Ihnen oft sagen, wie Sie sich als Führungskraft verhalten sollen. Sind Sie Führungskraft? Sehen Sie, diese Ratgeber fallen schon mal aus. Oder sie wollen Ihnen sagen, wie Sie Führungskraft werden, also Karriere machen. Schön und gut, aber was machen Sie in der Zwischenzeit? Leiden? Selbst wenn Sie dann Führungskraft geworden sind, werden Sie feststellen, dass Sie immer noch jemanden über sich haben. Und dass es sehr viel schwerer ist, mit denen über Ihnen als mit denen unter Ihnen auszukommen.

Genau für Sie habe ich dieses Buch geschrieben: Für Sie, der jemanden über sich hat und nicht weiß, wie er mit ihm umgehen soll – ohne entweder vor Duckmäuserei sein Rückgrat oder vor Trotz den Arbeitsplatz zu verlieren. Mein Ziel in diesem Buch ist es, Sie zu unterstützen, dass Sie Ihr Rückgrat und Ihren Arbeitsplatz behalten.

Ich habe einen zweiten, inhaltlichen Grund gehabt, dieses Buch zu schreiben: Die Ratgeber verfahren meist nach dem Prinzip der zehn Gebote: Du sollst dies, du sollst nicht das. Beispielsweise soll man als Führungskraft den Mitarbeitern einerseits viel freie Hand lassen, andererseits das, was man regeln will, mit fester Hand durchsetzen. Aber was tut »man«, wenn man zu ängstlich ist, um den Mitarbeitern freie Hand zu lassen (sie könnten ja Fehler machen, die den eigenen Vorgesetzten auf die Palme bringen)? Und wenn »man« zu konfliktscheu ist, bestimmte Grundsätze gegen die Mitarbeiter durchzusetzen? Kündigen?

Von den Autoren der Ratgeber wird oft vergessen, dass sie Menschen aus Fleisch und Blut vor sich haben. Menschen mit Stärken und Schwächen, mit Blockaden und Ängsten. Wenn Sie so ein Mensch sind (und ich meine, dass wir Menschen alle so sind), werden Sie nach der Lektüre der meisten Ratgeber sagen: »Das kann ich nicht. Das will ich nicht. Das klappt einfach nicht. Es ist unrealistisch. Mir kann sowieso keiner helfen.«

Mit diesem Buch möchte ich Sie in die Auseinandersetzung mit sich selbst führen. Das ist kein einfacher Weg. Es wird sich die eine oder andere schmerzliche Erfahrung oder Einsicht ergeben. Das Ziel dabei ist jedoch unverrückbar: dass Sie im Job besser klarkommen, besonders mit Ihren Vorgesetzten. Ich möchte Ihnen helfen. Ihnen, so wie Sie sind. Helfen, soweit Sie die Kraft zur Veränderung haben. Ich möchte, dass Sie Mut finden, etwas zu verändern, ohne Ihnen vorzugaukeln, dass Sie Maximalergebnisse erzielen werden. Jeder, auch der kleinste Schritt, Ihre Situation zu verbessern, wird Ihnen gut tun, Ihnen Zuversicht geben und Ihr Leben wertvoller machen.

»Besser klarkommen«, damit meine ich: Besser mit sich klarzukommen, um zufriedener und glücklicher zu werden. Besser mit den Mitmenschen klarzukommen, um in Beruf, Familie und Freizeit weniger Missverständnisse, weniger gegenseitige »Anmache«, weniger sinnlose Konflikte zu haben – dafür mehr Freude an der Geselligkeit und mehr Erfolg im Beruf. Ich weiß natürlich, dass Ihnen von der Tagespresse über die Monatsmagazine bis hin zu einem breitgefächerten Bücherangebot viele Ratgeber versprechen, Ihnen bei der Gestaltung eines glücklicheren oder erfolgreicheren Lebens behilflich zu sein. Was berechtigt mich dazu, Ihnen etwas zu versprechen, das schon andere nicht einhalten konnten? Gibt es noch etwas, das nicht gesagt wurde?

Das, was mich an den mir bekannten Ratgebern immer wieder stört, ist, dass sie mir sagen wollen, wie ich sein »sollte«. Die einen raten mir, sanft und nachgiebig zu sein. Die anderen meinen, ich sollte aggressiv und egoistisch sein. Wieder andere behaupten, wenn ich nur selbstbewusster wäre, würde ich Erfolg haben. Oder es wird mir gesagt, ich könnte alles, was ich nur »wollte« – wenn ich es nicht schaffe, habe ich eben nicht stark genug »gewollt«. Keiner sagt mir, wie ich »bin«. Und was zu tun möglich ist – so wie ich nun einmal bin.

Genau das möchte ich Ihnen anbieten: Ich möchte Sie dazu anleiten, sich selbst kennen zu lernen. Dann sollen Sie mit sich Freundschaft schließen. Sie sollen nicht versuchen, anders zu sein, als Sie sind: anders sein, weil das angeblich erfolgreicher ist oder zufriedener macht. Vorsichtig werde ich Sie dabei begleiten, dass Sie überlegen, was zu Ihnen passt. Was Sie wirklich möchten und was Sie wirklich wollen. Erst dann können Sie für sich entscheiden, was Ihnen gut tut. Wenn wir gemeinsam diesen Punkt erreicht haben, brauchen Sie meinen Rat nicht mehr. Sie werden allein besser klarkommen.

Es wird einem nichts geschenkt in dieser Welt. Bis zu dem Punkt zu gelangen, an welchem Sie besser klarkommen, ist harte Arbeit. Den Fragebogen auszufüllen, dauert zwar nur eine Viertelstunde. Aber die Auswertung wird Sie nicht nur mit den Seiten an Ihnen bekannt machen, die Sie mögen. Halten Sie das aus, werden Sie am Ende belohnt – durch Sie selbst.

An dieser Stelle möchte ich mich vorstellen: Meine Frau Isabell und ich haben das Trainingsinstitut »Pro Change« aufgebaut. Wir beraten Führungskräfte, organisieren und führen ausschließlich maßgeschneiderte Trainings in Unternehmen durch, weil wir meinen, dass nur diese Art von Trainings hilfreich sein kann – hilfreich für die trainierten Personen und hilfreich für das Unternehmen.

Ich bin Soziologe und Schriftsteller und habe mich unter anderem intensiv mit der Gestalttherapie (siehe Kapitel 6) auseinandergesetzt. Bei der Ausbildung von Gestalttherapeuten am Gestalt-Institut Köln (GIK) wirke ich im Theorie-Block mit. Eigene Erfahrung mit Chefs habe ich als langjähriger Angestellter einer mittelständischen Werbeagentur, eines Verbandes der beruflichen Bildung und eines großen privaten Bildungsträgers.

In den Trainings haben wir sehr oft gehört: »Wir können uns nicht so verhalten, wie wir es hier lernen (z. B. kundenorientiert), denn unser Chef mischt sich immer ein.« – »Eigentlich sollte unser Chef hier sitzen und nicht wir.« – »Können Sie uns sagen, was wir gegen unseren Chef tun können, um endlich effizient arbeiten zu dürfen?« – »Wenn Sie mal bei uns im Betrieb wären, wüssten Sie, dass wir nichts ändern können.«

So sind wir auf die Idee gekommen, dass wir eine Strategie entwickeln müssen, »wenn der Chef das Problem ist«. Die Chefs unter den Lesern seien jedoch sofort beruhigt: Dies ist kein Chef-Hass-Buch. Es geht nicht darum, Führungskräfte aufzumischen. Es geht nicht darum, zu sagen, dass sie wirklich immer das Problem sind. Ich beabsichtige nicht, jemanden dabei zu unterstützen, seinen Chef zu mobben.

Ganz im Gegenteil. Das Ziel ist es, dass die Führungskräfte und die Mitarbeiter besser miteinander auskommen – auskommen, so wie beide nun einmal sind. Mit all ihren Fehlern. Aber auch mit ihren Vorzügen.

Grenzen der Lösungsfindung

Es ist mir wichtig, Ihnen gleich am Anfang zu sagen, dass weder dieses Buch, noch Trainings, noch auch Psychotherapie unbegrenzte Möglichkeiten eröffnen. Es gibt ja Situationen, die sind, auf gut Deutsch gesagt, beschissen. Der Chef ist vielleicht ein Ekel. Daran ist nichts zu deuteln. Der Ratschlag, »na dann such' Dir doch 'nen anderen Job«, ist leicht gegeben. Wenn man eine Familie zu ernähren hat, geht man nicht gern ein Risiko ein. Vielleicht hilft ein Anti-Stress-Programm ein wenig – aber ich will nicht versprechen, dass ich eine Lösung für die härtesten Fälle auf dem Silbertablett serviere. Nehmen Sie von dem, was ich biete, das, was zu Ihnen passt und mit dem Sie sich wohlfühlen.

Neben der Flut von Ratgebern gibt es eine Reihe von Power-Gurus. Sie versprechen Ihnen, in kürzester (aber hochbezahltester) Zeit Ihr Leben völlig umzugestalten: Sie müssen eben »wollen« und schon rollt die erste Million. Wenn Sie alles, was Ihnen widerfährt, als »positiv« sehen können, passiert Ihnen nichts Schlechtes mehr. Der Trick dieser »Trainer« ist: Sie versetzen ihr Publikum in eine Art Trance, in welcher sich jeder stark, erfolgreich und akzeptiert fühlt. Dem Alltag hält dieses Gefühl jedoch nicht stand. Die Wirkung lässt nach, es ändert sich nichts. Also strebt man danach, eine neue Dröhnung von der Power-Droge zu bekommen. Man bezahlt erneut und der Kreislauf setzt wieder ein.

Diese Art von Trainings halten wir für wirkungslos. Und wir finden es unmoralisch, Geld zu verdienen, indem man anderen etwas vormacht. Eine weitere verbreitete Form des Erfolgstrainings halten wir für ethisch nicht vertretbar. Es handelt sich dabei um das Erlernen von Manipulationstechniken. Natürlich können Sie lernen, dass Sie in den Atemrhythmus Ihres Gesprächspartners fallen und ihn auf diese Weise auf sich einstimmen. Sie können lernen, wie Sie herzliche Freundlichkeit ausstrahlen, selbst wenn Sie stinksauer sind. Man kann Ihnen sagen, wann Sie bei einem Gespräch die Hand jovial auf die Schulter des Partners zu legen haben, damit der einem Kauf nicht widerstehen kann.

Ja, das ist möglich. Und es ist erfolgreich. Aber mal ehrlich: Möchten Sie in einer Welt voller Heuchelei leben, in der jeder versucht, den anderen zu manipulieren? Meine Vorstellung jedenfalls ist das nicht.

Ich will allerdings ganz deutlich machen: Die Entscheidung für Ehrlichkeit, Authentizität, Moral und einen fairen Umgang miteinander hat einen Preis – den Preis, dass sich nicht alle Konflikte lösen lassen.

So möchte ich das auch in diesem Buch halten: Ich habe nicht vor, Sie zu überreden oder gar zu manipulieren. Alles, was ich vorschlage, soll so transparent für Sie sein, dass Sie die eigene Entscheidung treffen, ob Sie es versuchen oder nicht.

Ich freue mich, wenn Sie an diesem Buch Spaß haben und wenn es Ihnen die eine oder andere Anregung gibt, die Ihnen in Ihrem beruflichen Alltag weiterhilft!

»Was kann ich tun, damit es dir schlechter geht?«

Als es mir einmal sehr schlecht ging, rief mich ein Freund (zufällig ein Gestalttherapeut) an. Auf seine Frage: »Na, wie geht's?« antwortete ich nicht wie üblich, sondern: »Nicht so gut.«

Unerwarteterweise fragte er mich: »Was kannst du tun, damit es dir so richtig schlecht geht?« Etwas verwundert, aber innerlich ein wenig grinsend, fragte ich zurück: »Wie meinst du das?« Er antwortete: »Ich möchte dir anbieten, dir zu helfen, dass es dir noch etwas schlechter geht.« In dem folgenden Gespräch machte er mir tatsächlich eine Reihe von Vorschlägen.

Ich erinnere mich nicht mehr an seine Vorschläge, auch nicht an das, was ich dann tat. Ich erinnere mich nur daran, dass ich etwas tat, das mir richtig gut getan hat. Später fragte ich meinen Freund, wie dieses paradoxe Ergebnis wohl zustande kam. Er erklärte: »Wenn es einem schlecht geht, meint man, nichts verändern zu können. Alle gut gemeinten Vorschläge, etwas zur Besserung seiner Lage zu tun, werden innerlich mit scheinbar unwiderleglichen Gründen zurückgewiesen. Wenn du dann jedoch merkst, dass du deine Lage durch dein Handeln verschlechtern kannst, merkst du, dass du sehr wohl an deiner Lage etwas verändern kannst – und dann fragst du dich natürlich, warum du nicht etwas zur Verbesserung tust. Das, was jemand braucht, dem es schlecht geht, sind nicht ›Lösungen‹, was er tun sollte, sondern Hilfe dabei, zu erkennen, dass er etwas tun kann. Denn was einem gut tut, weiß man schließlich am besten selbst.«

Diese kleine Episode hat mir gezeigt, warum Mitgefühl und gutgemeinte Lösungsvorschläge meist so wirkungslos sind: Jemandem, dem es schlecht geht, fehlt es in der Regel nicht an guten Ideen, sondern an dem Gefühl, etwas bewirken zu können.

Alle reden über das Wetter

Bei allem, was man tut, lautet die zentrale Frage: »Was kann ich schon bewirken?« Wenn man dann sein Konzept von »Bewirken« geschickt genug anlegt, kann man damit erreichen, dass die Verantwortung für alles Schlechte nicht bei einem selbst liegt.

Nehmen wir ein ganz alltägliches Beispiel. Es regnet. Sie empfinden das Wetter als »schlecht«. Ihre Gedanken sind trüb. Dann werden Sie gefragt: »Wie geht es Ihnen?« Und Sie können antworten: »Wie soll es mir bei dem schlechten Wetter schon gehen?«

Jeder weiß, dass sich das Wetter nicht durch unsere Wünsche beeinflussen lässt. Weder sind Sie für das Wetter verantwortlich, noch können Sie es ändern – niemand könnte von Ihnen verlangen, dass Sie etwas gegen Ihr »Mir-geht's-schlecht« unternehmen. Keiner käme auf die Idee, Ihnen mit einem guten Ratschlag helfen zu wollen.

Allerdings könnten Sie ganz anders an die Sache herangehen. Sie könnten sich fragen: »Was kann ich tun, damit es mir trotz des schlechten Wetters nicht auch schlecht geht?« In diesem Fall würden Sie ein anderes Konzept von »Bewirken« verfolgen: Unter »Bewirken« verstehen Sie nicht mehr die unmögliche Einflussnahme auf die Großwetterlage, sondern die durchaus mögliche Einflussnahme auf sich selbst.

Wenn Sie Ihre Vorstellung davon, was Sie bewirken wollen (und können), ändern, werden Sie feststellen, dass Sie viel mehr verändern als sich selbst. Werden Sie gefragt: »Wie geht es Ihnen?«, antworten Sie nun nicht: »Wie soll es mir bei dem schlechten Wetter schon gehen?«, sondern (lächelnd): »Es ist ja ein trüber Tag. Darum habe ich mich besonders farbenfroh angezogen – um ein wenig Farbe ins Leben zu bringen.« Bei der ersten Antwort wird Ihr Gegenüber genau so trüb dreinschauen wie Sie auch. Bei der zweiten Antwort dagegen wird er mit Ihnen lächeln. Probieren Sie es aus und schauen Sie, welcher Tag besser weitergeht…

Übrigens ist dies nicht mit dem »positiv denken« zu verwechseln. Ich rate Ihnen nicht, alles positiv durch die rosarote Brille zu sehen. Auch meine ich nicht, dass es Ihnen viel hilft, wenn Sie sich klar machen, dass der Regen für die Natur absolut notwendig ist. Diese Sichtweise hilft Ihnen nicht. Sie werden immer wieder depressiv sein, wenn es regnet, weil Sie das trübe macht. Das hat mit »Wissen« nichts zu tun.

Das kann ich nicht ändern

Es ist üblich, die Thesen der Ratgeber mit vielen Beispielen zu untermauern. Ich könnte Ihnen jetzt auch eine Vielzahl von tatsächlichen oder erfundenen Beispielen vorsetzen, um Sie davon zu überzeugen, dass Sie etwas dann ändern, wenn Sie die Unveränderlichkeit akzeptieren.

Damit möchte ich Sie jedoch verschonen. Wenn Sie an einem Beispiel, einem einzigen, aber wirklich überzeugenden Beispiel interessiert sind, lesen Sie ein Buch: »Wozu brauche ich Flügel?« von Arnold Beisser. Der Autor hatte eine großartige Sportlerkarriere vor sich, als er von Kinderlähmung heimgesucht wurde. Er überlebte, blieb allerdings vom Hals abwärts gelähmt. Beisser beschreibt in seinem Buch seinen Weg, auf dem er erst Psychologe und dann Gestalttherapeut wurde und zu einem erfüllten Leben fand – nachdem er gelernt hatte zu akzeptieren, dass er gelähmt ist und gelähmt bleiben würde.

Solche Beispiele mögen unterhaltsam sein. Helfen tun sie dagegen nicht. Denn Sie werden immer hundert – oder mehr! – Gründe finden, warum die Umstände in jedem Beispiel ganz anders und natürlich viel besser sind als bei Ihnen.

Der einzige, der Ihre Umstände genau genug kennt und der Ihnen helfen kann, sind Sie selbst. Und das können Sie tun, um sich in die Lage zu versetzen, sich zu helfen:

Schreiben Sie drei Umstände auf, die Sie daran hindern, glücklich zu werden. Zum Beispiel: »Ich habe einen Chef, der mir das Leben zur Hölle macht. Ich habe keinen Lebenspartner, der mich liebt. Ich habe nicht genug Geld, um mir das Auto kaufen zu können, das ich haben möchte.«

1 ______________________________

2 ______________________________

3 ______________________________

Beweisen Sie sich, dass Sie für die Umstände nichts können. Zum Beispiel: »Ich musste den Job annehmen, weil ich nichts anderes bekommen habe. Mein Lebenspartner hat sich nach der Hochzeit geändert. Mit meiner Ausbildung bekomme ich keinen gut bezahlten Job.«

1 ______________________________

2 ______________________________

3 ______________________________

Überlegen Sie sich eine einzige Kleinigkeit, die Ihnen, ohne Schwierigkeiten zu bereiten, in diesem Moment, da Sie den Punkt 2 bearbeitet haben, gut tun würde. Zum Beispiel: »Ich würde jetzt gern ein Eis essen gehen.«

■ ______________________________

Machen Sie sich klar, was Sie tun, um diese Kleinigkeit nicht zu bekommen. Beispiel: »Es regnet. Ich müsste mir meinen Anorak überziehen und das ist mir zu umständlich.«

■ ______________________________

Wägen Sie ab, was Ihnen wichtiger ist: Ihre Kleinigkeit zu bekommen oder an dem Hinderungsgrund festzuhalten. Machen Sie sich klar, dass Sie, egal wie Sie entschieden haben, sich für das entschieden haben, was für Sie in diesem Moment am besten ist.

■ ______________________________

Ich hoffe, dass Sie inzwischen entweder ein Eis essen gegangen sind oder sich behaglich auf dem Bett kuscheln, dem prasselnden Regen lauschen und sich freuen, bei dem Hundewetter nicht raus zu müssen. Dann sagen Sie sich bitte laut und deutlich vor, was Sie tun, damit sich die »großen Umstände«, die Ihnen Kummer bereiten, nicht ändern. Zum Beispiel: »Ich bleibe bei meinem Job, weil ich Angst habe, mich zu bewerben. Absagen könnte ich nicht ertragen.«

1 ______________________________

2 ______________________________

3 ______________________________

Machen Sie bitte nun bloß kleine großen Pläne, wie Sie Ihre Angst überwinden und alles doch noch verändern können. Sagen Sie sich: »So wie es ist, so soll es bleiben, weil ich das für mich für das Beste halte.«

Gehen Sie mit diesem beruhigenden Gedanken schlafen. Es soll sich erst was verändern, wenn Sie sich verändern wollen. Zwingen Sie sich nicht.

Vielleicht haben Sie sich dies nicht unter der Überschrift »Was sich verändern lässt und was nicht« vorgestellt. Ich meine jedoch: Sie haben es bestimmt genauso oft versucht, sich zur Veränderung zu zwingen, wie ich es getan habe – und nichts hat sich getan. Es ist Zeit, etwas anderes auszuprobieren.

Aufbau des Buches

Im folgenden Kapitel unter der Überschrift »Selbstzerstörerische Reaktionen« versuche ich, die wichtigsten Mitarbeiterhaltungen zu beschreiben, die nicht nur Konflikte herbeiführen, sondern auch deren Lösung unmöglich machen. Lesen Sie die Fallstudien und fragen Sie sich, ob Sie sich in dem einen oder anderen Fall wiederfinden. Die anderen Fälle, die auf Sie nicht zutreffen, nehmen Sie einfach als ein Stück amüsanter Unterhaltung …

Im nächsten Schritt werte ich die Fallstudien aus. Im Kapitel »Analyse des Problems« arbeite ich die Chef-Typen heraus und deren Zusammenspiel (oder Nicht-Zusammenspiel) mit verschiedenen Mitarbeiterhaltungen.

Das Herzstück der Analyse des Problems ist das von mir entwickelte »Konfliktogramm« (Kapitel 4). In diesem Konfliktogramm können Sie für sich erforschen, wie Sie mit Ihrem Chef zusammenarbeiten und Konflikte austragen. Das Konfliktogramm ist die Grundlage für Sie, um eine positive Veränderung im Umgang mit Ihrem Chef zu erreichen.

Die »Übungen zur Lösungsfindung« sind natürlich das Ziel des ganzen Buches. Alles, was ich Ihnen davor sage, dient dazu, die Lösungsfindung vorzubereiten. Mit den Erkenntnissen des Konfliktogramms in der Hinterhand können Sie unter den Übungen das herauspicken, was für Sie nützlich sein könnte.

Da ich Ihnen größtmögliche Transparenz versprochen habe, bieten ich Ihnen auch Einblicke in die »Psychologischen Grundlagen«, nach denen ich das Konfliktogramm und die Übungen zur Lösungsfindung entwickelt habe. Ich empfehle Ihnen, dieses Kapitel wirklich erst zum Schluss zu lesen – damit Sie sich nicht von der Theorie beeinflussen lassen.

Bitte übernehmen Sie von niemandem einen Rat, der Ihnen entweder zu risikoreich erscheint oder der nicht zu Ihnen passt – selbstverständlich auch nicht von mir.

Der Anhang enthält neben der Dokumentation eines Selbstversuches mit dem Konfliktogramm eine Fallstudie zur Personalentwicklung sowie die Ergebnisse einer empirischen Studie zu Ausmaß und Art der Probleme mit Vorgesetzten.

2. SELBSTZERSTÖRERISCHE REAKTIONEN

Die innere »Anleitung zum Unglücklichsein«

Früher blieb ich manchmal, besonders freitags, mit einigen Kollegen länger im Büro. Alle Arbeit war getan, doch wir hatten keine Lust, nach Hause zu gehen. Die ganze Woche hatte man gesagt, es solle endlich Wochenende werden. Aber jetzt, wo es da war, fragten wir uns, was wir denn zu Hause sollten. Der eine klagte über das triste »Single-Dasein«, der andere über den Stress mit Frau oder Kindern. So saßen wir da, schauten uns trübe an und klagten gemeinsam. Das hatte eine ungemein verbindende Wirkung.

Als ich dann meine Situation änderte und meine liebe Isabell kennen lernte, machte ich eine eigenartige Erfahrung: Die Kollegen, mit denen ich so schön mein Leid teilen konnte, waren viel weniger willens, mein Glück zu teilen. Glück macht argwöhnisch. Da muss doch ein Haken sein! Man sagte mir: »Warte ab, bald ist es wie früher. Das Leben ist nun mal so!« Als die erwartete Ernüchterung auf sich warten ließ, nahmen die persönlichen und vertraulichen Gespräche ab. Man erzählt jemandem, der glücklich ist, nichts. Ich war ausgeschlossen von der »normalen« Welt – der Welt, die es als normal ansieht, dass es einem anständigen Menschen schlecht zu gehen habe.

Die in unseren Breiten häufig anzutreffende Neigung, Unglück für den normalen menschlichen Zustand zu halten – und insbesondere für den normalen eigenen Zustand – hat der Kommunikationswissenschaftler Paul Watzlawick in einem Buch auf die Schippe genommen. Der Titel: »Anleitung zum Unglücklichsein.«

> Da wir überzeugt sind, dass das Unglück unser normaler Zustand zu sein habe, müssen wir viel dafür tun, auch ja immer unglücklich zu sein und zu bleiben. Warum? Um bloß nicht aus der vertrauten Gemeinschaft der »Klagenden« ausgeschlossen zu werden.

Wenn sich das Glück zeigt – Katastrophe! –, dann greifen wir zu einer »inneren« Anleitung, die uns sagt, wie wir das »ersehnte« Unglück schnell wieder herstellen können.

Im folgenden Kapitel stelle ich Ihnen die wichtigsten inneren Leitlinien dar, mit denen sich Mitarbeiter im beruflichen Alltag unglücklich halten. Es geht mir ausdrücklich nicht darum zu behaupten, eigentlich sei die Situation dieser Mitarbeiter gar nicht so schlecht. Ich rate Ihnen nicht, alles mit einer rosaroten Brille zu sehen. »Positiv denken« hilft nicht, wenn die Situation negativ ist.

Nein, die innere Anleitung zum Unglücklichsein besteht darin, auf Unglück so zu reagieren, dass sich nichts zum Besseren wenden kann. Solche Reaktionen nenne ich »selbstzerstörerisch«. Es ist komisch und gleichzeitig auch tragisch zu beobachten, wie sich Mitarbeiter, die von ihren Chefs drangsaliert werden, durch ihre eigene Reaktionen auch noch selbst bestrafen und zerstören. Damit verhalten sich die Mitarbeiter dann ebenso kontraproduktiv wie ihre Chefs.

Die vielleicht am weitesten verbreitete selbstzerstörerische Reaktion ist die, auf »Teufel komm heraus« mit den Kollegen gegen den Chef zusammenzuhalten und hinter seinem Rücken Dampf abzulassen. Man sucht sich Gleichgesinnte und je mehr man davon findet, desto mehr fühlt man sich in seiner Meinung bestätigt. Schließlich denkt die Gruppe, sie sei stark genug, »um etwas zu unternehmen«. Man sagt: »Zusammen sind wir unausstehlich.« Selten fragt sich einer, ob das wirklich zur Verbesserung des beruflichen Alltags führt. Ich meine, das Gegenteil tritt ein: Wut und Ärger verstärken sich nur. Die Kluft zwischen Chef und einem selbst wird immer größer.

Eine zweite, von Chefs häufig beklagte Reaktion besteht darin, dem Chef grundsätzlich Unrecht zu geben, einfach nur, weil er der Chef ist. Seine Argumente können noch so gut sein. Dies ist selbstzerstörerisch, weil man sich dadurch selbst ins Unrecht setzt. Allerdings sollten Chefs nicht aufgrund dieser Aussage triumphieren – denn sie tragen an der Reaktion der Mitarbeiter oft eine Mitschuld, weil sie es versäumen, den Mitarbeitern für ihre Anweisungen die guten Argumente ausdrücklich zu nennen.

Richtig bösartig wird es, wenn die Mitarbeiter meinen, »im Krieg ist jedes Mittel recht« oder »wie Du mir so ich Dir«. Weil der Chef sie ihrer Ansicht nach schlecht behandelt, bekommt er die geballte Kraft von »Dienst nach Vorschrift« oder sogar Sabotage zu spüren. Es gibt wohl keinen Mitarbeiter auf der Welt, der durch diese Reaktion glücklicher geworden ist. Geht es einem dann so richtig schlecht, kann man sich im Selbstmitleid suhlen und rufen: »Oh ich armes Opfer.« Dass man selbst einen Anteil an der untragbaren Situation hat, wird natürlich verdrängt.

»Zusammen sind wir unausstehlich«

Stellen Sie sich vor, Sie sind Programmierer in der EDV-Abteilung eines mittelständischen Unternehmens. Ihren Abteilungsleiter bezeichnen Sie als »hohle Nuss«: Von der EDV versteht er wenig. Bei seinen Vorgesetzten, der Geschäftsleitung, und bei seinen Mitarbeitern, Ihren Kollegen, kann er sich nicht durchsetzen. Er sitzt den ganzen Tag in seinem Büro. Keiner weiß so recht, was er da macht. Manchmal braucht die Abteilung etwas. Zuletzt war es ein größeres Budget für Investitionen. Dann gehen Sie mit Ihren Kollegen zu ihm. Er sagt Ihnen die Budgeterhöhung zu und verspricht, sich bei der Geschäftsführung dafür zu verwenden. Jedes Mal kommt er kleinlaut zurück und muss gestehen, dass er nur die Hälfte der Forderungen hat durchsetzen können. Auch wenn es unter den Kollegen Spannungen gibt, verdrückt er sich feige: Er hat dann eben einen wichtigen Termin außerhalb…

Ihr Chef »stört« Sie allerdings in Ihrer Arbeit nicht. Sie machen Ihre Arbeit gerne und gut. Doch unter Ihren Kollegen brodelt es heftig. Man verlangt nach einem Chef, der »weiß wo es langgeht«. Obwohl Sie selbst kaum Schwierigkeiten mit Ihrem Chef haben – man geht sich geflissentlich aus dem Weg – unterstützen Sie das Ansinnen Ihrer Kollegen. Weil Sie einigermaßen mutig und sprachgewandt sind, werden Sie sogar eine Art inoffizieller Sprecher Ihrer Kollegen. Eines Tages erhalten Sie schließlich Gehör bei der Geschäftsführung. Dort sieht man ein, dass ein solch »lahmer« Chef keine optimalen Ergebnisse in der Abteilung garantieren kann. Er wird entlassen.

Statt der »hohlen Nuss« bekommen Sie einen aufstrebenden,

karriereorientierten Vorgesetzten, der teuer aus einem andern Unternehmen eingekauft werden musste. Dem Mann eilt der Ruf voraus, mit harter Hand zu führen und sich nicht auf der Nase herumtanzen zu lassen.

Der erste Eindruck, den Sie von dem neuen Chef bekommen, ist sehr unangenehm: Bislang waren Sie irgendwann morgens eingetrudelt, weil es ja abends auch immer später geworden ist (denn es geht Ihnen gegen den Strich, eine wichtige Aufgabe zu unterbrechen, nur weil Feierabend ist). Sie hatten einen Schlüssel und konnten praktisch kommen und gehen, wann Sie wollten. Dass dies eine große Freiheit ist, war Ihnen gar nicht mehr bewusst. Nun wird es Ihnen bewusst: Ihr neuer Chef sammelt alle Schlüssel ein und verkündet: »Hier hat nur einer die Schlüssel zu den Räumen. Und der bin ich. Punkt.«

Dem ersten Schock folgt ein zweiter: Als Sie für die Anschaffung eines neuen Computer-Equipments ein höheres Budget verlangen, erhalten Sie eine völlig ungewohnte Antwort. Der neue Chef herrscht Sie an, dass Sie gefälligst mit dem Geld auszukommen haben, das Ihnen zugewiesen wurde. »Das ist ein gemeinsamer Beschluss von mir und der Geschäftsleitung. Wollen Sie ihn in Frage stellen?« Nein, das trauen Sie sich nicht.

So schleppen Sie sich morgens punkt acht zu Ihrem Arbeitsplatz und starten Ihren inzwischen viel zu langsamen Computer. Während er hochfährt (oder besser »hochkriecht«), besorgen Sie sich erst einmal eine Tasse Kaffee. Schwarz und stark. Doch es hilft nichts: Ihr Gehirn spuckt keine genialen Ideen aus. Die Augen fallen Ihnen zu. Doch abends, wo Sie bisher immer Ihre besten Lösungen erarbeitet hatten, geht der Chef rund und jagt die letzten Leute von ihren Plätzen. Es wird abgeschlossen. Basta.

Übrigens kommt manch einer Ihrer Kollegen sehr gut mit dem neuen Chef zurecht. Man fühlt sich wohl, weil man kalkulierbare Arbeitszeiten hat, keine Verantwortung für irgendetwas selbst übernehmen muss und immer genau weiß, was zu tun ist. Für Sie ist es ein Trauerspiel.

Einigen Kollegen, darunter die kreativsten, geht es allerdings genau so wie Ihnen. Der Output der Abteilung sinkt dramatisch. Die unkonventionellen Lösungen für die kniffligsten Fragen, die die Geschäftsleitung gewohnt war aus der Abteilung zu bekommen, lassen auf sich warten.

Man wendet sich an Sie, um Sie zu fragen, was denn da los ist. Sie erklären die Situation und sind nicht schlecht erstaunt, als Sie gefragt werden, ob Sie denn nicht die Abteilungsleitung übernehmen wollen. Oh ja. Sie haben sich schon oft vorgestellt, wie Sie das machen würden. Den Tag der Beförderung feiern Sie groß.

Der Alltag als Abteilungsleiter ist jedoch anders, als Sie es sich vorgestellt hatten. Zum Programmieren, Ihrer Leidenschaft, kommen Sie nicht mehr. Ständig sind irgendwelche Besprechungen zu führen. Oder Berichte zu schreiben. Das schlimmste jedoch ist: Mit den Kollegen, mit denen Sie sich immer so gut verstanden haben, kommen Sie gar nicht mehr aus. Sie versuchen zwar wie bisher zu helfen, wo es geht, Ihre Kollegen empfinden das jetzt allerdings als Einmischung. Niemand widerspricht Ihnen offen, trotzdem macht keiner, was Sie für richtig halten. Das bringt Sie auf die Palme: Warum machen die das so umständlich? So langsam? Es könnte doch viel glatter laufen…

Auf Dauer halten Sie das nicht aus: Die ehemaligen Kollegen und jetzigen Untergebenen hassen Sie. Die Geschäftsleitung übt ständig Druck auf Sie aus: Es soll zu geringeren Kosten mehr geleistet werden. Das ist schon schwer genug – aber gegen den Widerstand der Mitarbeiter? Ausgeschlossen! Viel zu spät erinnern Sie sich an das berühmte Parkinsonsche Gesetz: Jeder steigt so lange auf, bis er inkompetent wird. (»Inkompetent« bezogen auf die Aufgaben einer Führungskraft, die Abteilungsleiter ist!) Sie haben die Nase voll und kündigen.

Natürlich soll, weil es um Sie geht, die Geschichte ein Happy End haben: Ihr erster Chef hatte sich, weil er keinen neuen Job fand, inzwischen selbstständig gemacht – als IT-Berater. Er hat auch einige Kunden akquiriert, doch verfügt er nicht über die nötigen Sachkenntnisse, um die Aufgaben selbst umzusetzen. Diese Leistung kauft er sich teuer ein. Als Sie kündigen, fragt er Sie (wie hat er das mit der Kündigung nur herausbekommen?), ob Sie nicht als Teilhaber bei ihm einsteigen wollen. Zusammen mit ihm sind Sie erfolgreich.

Diese Geschichte ist nur Fiktion insofern, als ich keine Namen nenne. Sie findet statt. Jeden Tag in Deutschland. Nicht nur in EDV-Abteilungen. Sie zeigt eine der verbreitetsten selbstzerstörerischen Reaktionen auf Unzufriedenheit mit dem Chef: Jemand »heult mit den Wölfen« und handelt nach dem Motto: »Zusammen sind wir unausstehlich.« Und ist dann am Schluss selbst der Dumme (wenn es nicht zu dem oben beschriebenen Happy End kommt – und selbst das hätten Sie, wie ich meine, mit weniger Leiden herbeiführen können).

Es ist richtig, dass Mitarbeiter fast jeden Chef »kleinkochen« können, wenn sie gemeinsam handeln. Der Chef kann psychisch so fertig gemacht werden, dass er aufgibt, dass er krank wird und um sich schlägt. Oder er kann vor seinen Vorgesetzten so blamiert werden, dass er ausgetauscht wird. Doch was kommt danach? Darauf haben die Mitarbeiter dann in der Regel keinen Einfluss mehr. Sie müssen nehmen, was immer da kommen mag.

Bevor Sie sich entschließen, bei destruktiven kollektiven Aktionen mitzumachen, sollten Sie sich eine Reihe von Fragen und Überlegungen ernsthaft durch den Kopf gehen lassen:

1 Ist mein Chef wirklich die schlimmste aller Möglichkeiten?

■ ______________________________

Kann es wirklich nicht noch schlimmer werden?

■ ______________________________

Gibt es wirklich keine Möglichkeit, mit ihm ins Gespräch zu kommen und eine für beide Seiten akzeptable Lösung zu finden?

■ ____________________

2 Ist mein Chef wirklich für mich unerträglich? Oder nur für andere, die mich zur Solidarität drängen, um ihre eigenen Interessen und Bedürfnisse zu befriedigen? Will ich mich wirklich für eine solche Absicht hergeben? Es mag ja sein, dass er für *sie* unerträglich ist!

■ ____________________

■ ____________________

3 Es ist immer leichter, eine Ablehnungsfront zu bilden, als konstruktive Vorschläge zu machen: Dem einen ist der Chef schon zu lasch, dem anderen noch zu streng. Beide schimpfen auf den Chef. Beide stellen sich jedoch als Lösung das Gegenteil vom anderen vor.

4 Wenn Sie mit Ihren Kollegen so verbunden sind, dass Sie auch deren Wohl mitbedenken wollen, können Sie sich fragen: Gibt es eine Lösung, um auch für sie eine bessere Arbeitssituation herzustellen?

■ ____________________

■ ____________________

Wenn ich ein tragfähiges Verhältnis zu meinem Chef aufbaue, der zu mir passt, kann ich mit ihm vielleicht im Vertrauen sprechen und auch etwas für meine Kollegen erreichen.

5 Wird Ihnen dann sein Job angeboten, ist es für Sie selbst günstig, sich zu prüfen: Ist das wirklich der Job, den ich tun will?

■ ______________________________

Ist mir klar, dass ich dann etwas völlig anderes als jetzt machen muss?

■ ______________________________

Ist es das, womit ich mich wirklich wohlfühle? Und wo ich meine Stärken habe?

■ ______________________________

6 Um herauszufinden, wie Sie mit Ihrem Chef zu einer Basis guter Zusammenarbeit gelangen, machen Sie eine **Liste.** Auf die eine Seite schreiben Sie die Antworten auf die Frage: Worüber ärgere ich mich wirklich? Was hätte ich stattdessen gern? Auf die andere Seite schreiben Sie: Was habe ich für Vorteile mit meinem Chef? Gibt es Punkte, die ich inzwischen für selbstverständlich nehme, die jedoch speziell an die Person meines Chefs gekoppelt sind?

Das ärgert mich an meinem Chef	Das sind die Vorteile meines Chefs

7 Haben Sie Ihrem Chef schon einmal gesagt, was Sie an ihm schätzen?

- ___
- ___
- ___
- ___
- ___
- ___
- ___
- ___
- ___
- ___

Danach hat er ein viel offeneres Ohr auch für Ihre Kritik!

Damit allerdings greife ich vor: Natürlich weiß ich, welche inneren Widerstände überwunden werden müssen, um ein Lob auszusprechen. Das ist oberpeinlich! Viele können nicht einmal Kritik vorbringen, weil sie zu ängstlich sind. Ich hoffe, dass Sie im Verlauf dieses Buches lernen, die Peinlichkeit und die Angst zu begrenzen, die richtigen Fragen zu stellen und Konsequenzen aus den Antworten zu ziehen.

»Der Chef hat immer Unrecht«

Stellen Sie sich vor, Sie sind ein Außendienstmitarbeiter in einem mittelständischen Unternehmen. Verkaufen ist Ihre Welt. Zu den Bestandskunden pflegen Sie ein gutes, zu manchen ein herzliches und sogar freundschaftliches Verhältnis. Stolz können Sie darauf verweisen, dass Sie den Kundenstamm ständig ausweiten. Und wenn Sie einen neuen Kunden anbaggern, schauen Sie auch nicht auf die Uhr. Was für Sie zählt, ist der Erfolg.

Allerdings hat Ihr Job auch eine Kehrseite: Papierkram, Administration, Dokumentation und dergleichen sind Ihnen ein Greuel. Ihr Chef dagegen ist ein »alter Korinthenkacker«, wie Sie sagen. Er beäugt argwöhnisch Ihre unkonventionellen Methoden (also Ihren Schlendrian). Ab und zu kann er Ihnen nachweisen, dass Sie einen Fehler machen: Bei der einen Bestellung etwa war es zu einem Missverständnis mit der Produktion gekommen, weil alles, was Sie weitergegeben haben, ein unleserlicher Schmierzettel war. Das hatte eine teure Reklamation ergeben. »Wer arbeitet macht auch Fehler«, gaben Sie Ihrem Chef zur Antwort, als er Ihnen Vorhaltungen machte.

Der Kollege von der Produktion, der bei dem Gespräch zugegen war, bewunderte Sie für Ihren Mut, dem Chef solche Antworten zu geben. Als der Chef brummelig abgezogen war, sagten Sie zu Ihrem Kollegen freudestrahlend: »Er muss mich halt nehmen, wie ich bin. Wer schafft ihm denn schließlich all die Kunden ran?«

Eines Tages beruft Ihr Chef missmutig wie immer eine Besprechung aller Außendienstler ein. Er hält ein neues Formular hoch. Er zeichnet einen Ablaufplan auf die Flipchart:

»Wir sind jetzt gottseidank ISO-9000-zertifiziert. So werden Kundenakquisition und Auftragsabwicklung in Zukunft laufen. Jeder Termin wird in ein Termin-Überwachungsprogramm eingegeben. Nach jedem Termin ist dieses Formular hier mit dem PC auszufüllen. Vollständig. Natürlich muss es auch ausgedruckt und abgeheftet werden. Sofort sind die Daten via Intranet an die Produktion weiterzuleiten. Unmittelbar ist der Kollege der Produktion zu fragen, ob es Unklarheiten oder Schwierigkeiten z.B. beim Termin gibt. – Niemand«, sagt Ihr Chef unheilsvoll und lässt den Blick in die Runde schweifen. An Ihnen bleibt sein Blick kleben und er wiederholt:

»Niemand! verlässt das Haus, ohne seinen Termin eingegeben zu haben. Und niemand kehrt zurück, ohne zu allererst das Formular auszufüllen. Gibt es noch irgendwelche Fragen?«

Nein, niemand hat eine Frage. Alle schauen ein wenig zerknirscht aus: »Noch mehr Bürokratie!« stöhnen sie, nachdem sie den Besprechungsraum verlassen.

In der Gewissheit, selbst nicht gemeint zu sein, machen Sie jedoch weiter wie bisher. Doch diesmal meint es Ihr Chef bitterernst. Aus »heiterem Himmel« erhalten Sie eine Abmahnung.

Da Sie Ihren Arbeitsplatz nicht verlieren wollen, fügen Sie sich zähneknirschend der vorgegebenen Ordnung. Innerlich brodelt es. Wütend ziehen Sie sich in die innere Emigration zurück. Ihr Engagement verblasst. Statt die Kunden zu besuchen, sitzen Sie bei den Kollegen und schimpfen auf den Chef, diesen »Korinthenkacker«.

Langsam fällt die ganze Abteilung in den Dornröschenschlaf. So hätte es auch ewig weitergehen können, wenn nicht eine Meldung alle wachgerüttelt hätte: Umsatzeinbruch! Krise des Unternehmens!

Ihr Chef erinnert sich an Ihre früheren Erfolge und ruft Sie zu sich. Er fragt Sie und schaut dabei zwar ernst, doch sachlich aus: »Wie konnte es denn dazu kommen?«

Sie nehmen sich ein Herz und antworten ehrlich: »Wissen Sie, seit diese bürokratischen Regeln eingeführt wurden… dieser ganze bürokratische Kram im Zusammenhang mit der ISO-9000-Zertifizierung… ich kann das einfach nicht ertragen…«

»Ja, ja, Sie meinen die Einführung der PC-Formulare. Ich habe damals sehr genau wahrgenommen, dass Sie das hintertrieben haben. Aber wissen Sie eigentlich, warum ich zu der Maßnahme damals gegriffen habe?«

»…«

»Die Kosten für die Regulierung der Reklamationen nahmen so dramatisch zu, dass es uns das Genick gebrochen hätte. Schauen Sie, hier, das sind die Zahlen von damals!«

Sie überfliegen die Unterlage, die er Ihnen zeigt, und erschrecken innerlich. Das hatten Sie nicht gewusst. Plötzlich war aus den vereinzelten Reklamationen eine ganze Flut geworden. »Ich kann mir das nicht erklären«, fangen Sie ausweichend an. Dann kommt Ihnen die

Erleuchtung: »Ja, genau, zu der Zeit war ich ganz besonders erfolgreich bei der Neuakquisition. Ich muss einfach den Überblick verloren und mehr Fehler als sonst gemacht haben.«

»Warum haben Sie denn nichts gesagt? Ich hätte Ihnen doch gerne einen Assistenten zugewiesen. Ich weiß doch, wie gut Sie sind.«

»Ja, vielleicht hätte ich etwas sagen sollen. Allerdings Sie haben ja die Einführung der Formulare nicht begründet. Ich wusste nichts von der damaligen Entwicklung.«

Auch diese Geschichte wollen wir mit einem Happy End versehen: Ihr Chef gibt seinen Fehler zu. Gemeinsam beschließen Sie, einen Neuanfang zu versuchen. Das Unternehmen wird gerettet. Sie bekommen einen penibler Innendienstmitarbeiter für die »Bürokratie« und finden wieder Freude an Ihrer Arbeit.

Oft schließen Geschichten dieser Art nicht mit einem Happy End ab: Das Unternehmen ist groß genug, um den Dornröschenschlaf länger zu ertragen. Dagegen ertragen Sie ihn nicht und werden krank. Oder es gibt eine Krise, jedoch keine Lösung: Ihr Chef könnte, anstatt sachlich zu sein, Sie anschnauzen. Und Sie schalten dann auf stur. Oder Sie könnten auf die sachliche Frage des Chefs hin aufbrausen und sagen: »Wollen Sie mich angreifen? Sie können mir keinerlei Verfehlungen nachweisen!«

Sicherlich hat in dieser Geschichte Ihr Chef den ersten Fehler begangen: Er hat Ihnen nicht gesagt, warum es notwendig ist, nach einer Lösung für die Flut von Reklamationen zu suchen. Er hat eine Maßnahme ergriffen, die er »im stillen Kämmerlein« ausgebrütet hat. Versäumt hat er es, mit Ihnen gemeinsam nach einer Lösung zu suchen, mit der Sie zufrieden sind und mit der das Unternehmen leben kann. Das ist übrigens eine verbreitete Chef-Krankheit: Keine Informationen »nach unten« zu geben und Mitarbeiter in die Lösungsfindung nicht einzubeziehen.

Gleichwohl hat Ihre Reaktion – der Rückzug in die so genannte »innere Kündigung« – die Sache auch nicht gelöst. Die Situation, in die Sie sich manövriert haben, war für Sie alles andere als befriedigend. Ihre Arbeit hat Ihnen ja vorher Spaß gemacht. Die Arbeitsverweigerung entstand aus einer Selbstunterdrückung – des Ärgers wegen.

Die Übungsfolge 4 zur Lösungsfindung (Kapitel 5) handelt von dem »Perspektivwechsel«: Der Mitarbeiter kann lernen, die Sache, die ihn ärgert, auch einmal aus der Sicht des Chefs zu betrachten. Er muss die Meinung des Chefs nicht übernehmen. Es geht dabei darum, die Motivation zu verstehen, die Ihren Chef zu einer für Sie ärgerlichen Maßnahme bewegt. Nur wenn Sie diese Motivation kennen, können Sie angemessen reagieren.

Hier eine kleine »Vorübung«:

1 Wenn Sie so richtig sauer auf etwas sind, das Ihr Chef von Ihnen verlangt, fragen Sie ihn offen nach seinen Gründen. Dann können Sie eventuell etwas vorschlagen, das genau das gleiche Ziel erreicht, aber dabei für Sie erträglicher ist.

- ____________________
- ____________________
- ____________________
- ____________________
- ____________________
- ____________________
- ____________________

2 Wenn Ihr Chef, was durchaus vorkommt, nicht mit den Gründen herausrückt, fragen Sie sich selbst, welche

Gründe er haben könnte. Das tun Sie nicht um seinetwillen, sondern um Ihretwillen.

- ______________________________
- ______________________________
- ______________________________
- ______________________________
- ______________________________
- ______________________________
- ______________________________

3 Mit dem Rückzug in die innere Kündigung als Reaktion auf eine Maßnahme des Chefs, die Sie ärgert, zerstören Sie sich hauptsächlich die Freude an der Arbeit – Sie haben keine Erfolgserlebnisse mehr.

4 Außerdem gefährden Sie mit einem solchen Rückzug schlimmstenfalls das Unternehmen – und damit Ihren Arbeitsplatz. Es sollte doch eine bessere Lösung geben. Zumindest lohnt es sich, nach ihr zu suchen.

Leider ist es verbreitet, ganz anders auf das Gefühl, der Chef habe immer Unrecht, zu reagieren: mit der Vorstellung, im Krieg gegen den Chef sei jedes Mittel recht. Davon handelt das nächste Lehrstück.

»Im Krieg ist jedes Mittel recht«

Stellen Sie sich vor, Sie sind Chefsekretärin des Marketingleiters in einer international tätigen Aktiengesellschaft. Lange Jahre haben Sie einem älteren Herrn gedient, der zwar wenig für sein Geld tat, sich Ihnen gegenüber jedoch immer ausgesprochen großzügig verhielt. Zu Konferenzen in Rom, Paris, New York nahm er Sie mit und zeigte Ihnen die besten Shopping-Plätze. Ihre Freundinnen beneideten Sie. Um Ihren Job. Und noch mehr um Ihren Chef. Denn natürlich wusste er immer, was sich gehört, und er ist Ihnen nie zu nahe getreten.

Wie es so der Lauf der Dinge ist, wurde Ihr Chef eines Tages in den Ruhestand versetzt. Es kam ein junger, dynamischer – Rüpel. Er schimpfte auf seinen Vorgänger und wollte alles umkrempeln. Sein Ziel war es, dass »meine Abteilung« etwas erreicht, dass sie im ganzen Unternehmen als produktiv und wichtig wahrgenommen wird.

Das gefiel Ihnen gar nicht. Keine Konferenzen im Ausland mehr. Nur Arbeit, Arbeit, Arbeit... Da wollen Sie nun einen Riegel vorschieben. Sie erledigen die Dinge in umgekehrter Reihenfolge, als er Sie anweist und sagen: »Ach, ich habe das aber so verstanden. Drücken Sie sich das nächste Mal doch genauer aus!«

Wenn Sachen, die er unbedingt fertig haben will, liegen bleiben, bittet er Sie, länger zu bleiben. Sie gehen prompt zum Betriebsrat und lassen ihm das verbieten. Überstunden machen? Das ist doch unsozial! Bei so vielen Arbeitslosen ...

Für die Imagebroschüre des Unternehmens hat sich Ihr Chef die Gründungsurkunde ausgeliehen. Sie ist im Unternehmen ein Heiligtum wie Dagobert Ducks erster selbstverdienter Taler. Als die Urkunde von der Werbeagentur zurückkommt, schieben Sie sie hinter Ihren PC. Damit ist sie weg. Verloren. Und Ihr Chef ist bis auf die Knochen blamiert. – Zu Ihrem Unglück findet eine Kollegin, die Sie in Ihrem Urlaub vertritt, die Urkunde Monate nach dem Vorfall. Dadurch misstrauisch geworden, rekonstruieren die Kollegin und Ihr Chef eine ganze Kette von Sabotageakten, die Sie begangen haben. Angesichts der überwältigenden Beweise verweigert Ihnen jetzt sogar der Betriebsrat die Solidarität und stimmt Ihrer Entlassung zu. Als einziger Trost bleibt Ihnen, dass die fristlose in eine fristgerechte Kündigung umgewandelt wird.

Diese Geschichte hat kein Happy End. Soll sie auch nicht haben. Wenn Sie solch ein Miststück sind, wie in dieser Geschichte beschrieben, sollten Sie dieses Buch schleunigst zu machen und sich Hilfe woanders suchen.

Auch diese Geschichte gehört zum Alltag deutscher Unternehmen. Das Happy End dieser Geschichte ist, dass der Chef hinter die Sabotage gekommen ist. Vielfach geht es ziemlich schlimm aus: Der Chef wird so bloßgestellt, dass er entlassen wird. Oder er erträgt das schlechte Betriebsklima nicht und wird krank. Natürlich kann er auch verbiestern und zu einem unerträglichen Choleriker werden.

Um keine Missverständnisse aufkommen zu lassen: In der Geschichte ist die Mitarbeiterin eindeutig im Unrecht. Aber ich weiß selbstverständlich auch, dass Akte der Sabotage oft die Rache für wirklich erfahrenes Leid darstellen. Dennoch glaube ich, dass Sabotage nie die richtige Antwort ist, weil sie nie zu einer guten Lösung führt. Der Betrieb ist kein Schlachtfeld, auf dem man nach dem Motto »Im Krieg ist jedes Mittel recht« agieren kann. Wenn andere – zum Beispiel der Chef – ein solches Schlachtfeld anrichten, ist es immer besser zu versuchen, es in einen erträglichen Arbeitsplatz zurückzuverwandeln, als sich dem Krieg anzuschließen.

Bevor Sie sich von Rachegedanken und unbändiger Wut übermannen lassen, sollten Sie also überlegen:

1 Warum will ich mich bestrafen?

- ______________________________
- ______________________________

Die Rache wird mit großer Wahrscheinlichkeit auf mich

selbst zurückfallen. Zumindest erreiche ich durch sie nicht, dass etwas besser wird.

2 Ist mein Chef ein so verächtliches Individuum, dass es ihm nicht mehr gebührt, wie ein Menschen behandelt zu werden?

- ______________________
- ______________________

Bin ich mir über die Konsequenzen bewusst, die mein Handeln für ihn persönlich haben wird? (Zum Beispiel: Krankheit, Entlassung usw.)

- ______________________

Will ich Unrecht mit Unrecht vergelten?

- ______________________

3 Will ich dauerhaft an einem Arbeitsplatz arbeiten, der ein Schlachtfeld ist?

- ______________________
- ______________________

Und wenn nicht: Dann werde ich also nach vollzogener

Rache kündigen müssen! Warum nicht gleich kündigen und ihm und mir das Leid ersparen?

■ ______________________________

■ ______________________________

4 Wird es überhaupt möglich sein, dauerhaft an diesem Arbeitsplatz zu arbeiten?
Oder wird die Sabotage das Ergebnis haben, dass der Betrieb schließlich »dicht macht« bzw. die Abteilung geschlossen wird?

■ ______________________________

Kann ich es mir leisten, meinen eigenen Arbeitsplatz kaputt zu machen? Welche Alternative habe ich?

■ ______________________________

■ ______________________________

5 Ist mir klar, dass ich mit meinem Handeln nicht nur den vermeintlichen Feind treffe, sondern auch die Kollegen? Dass ein schlechtes Arbeitsergebnis nicht nur meinem Chef schadet, sondern auch auf die Kollegen zurückfällt?

■ ______________________________

Dass ein schlechtes Betriebsergebnis Chancen auf Arbeitsplatzsicherheit, Gehaltserhöhung und Karriere verringert? Nicht nur für den Chef und für mich, sondern auch für den Rest der Belegschaft oder der Abteilung?

■ ______________________________

6 Habe ich gar kein Interesse am guten Gelingen meiner Arbeit? Wenn nicht: Warum tue ich die Arbeit dann überhaupt?

■ ______________________________

Sollte ich mir nicht Gedanken machen, wo ich arbeiten könnte, anstatt mich in Rachegedanken zu suhlen? Woran hätte ich Spaß? Welche Möglichkeiten dazu gibt der Arbeitsmarkt her?

■ ______________________________

Es wäre eine große Leistung, ein so starkes Gefühl wie Wut und Rache kontrollieren zu wollen. Ich möchte Ihnen gar nicht nahelegen, auf Ihre Wut zu verzichten! Wenn Sie Grund zur Wut haben, seien Sie wütend. Selbst wenn Sie keinen Grund zur Wut haben, hat niemand das Recht, Ihnen Ihre Gefühle streitig zu machen. Ich rate Ihnen nicht, mit Ihrem Chef »sachlich darüber zu reden«. Schreien Sie ihn an. Sagen Sie Ihm die Meinung. Schlagen Sie ärgerlich die Tür.

Aber um Gottes willen, vermeiden Sie es, sich dabei selbst und anderen unwiederbringlichen Schaden zuzufügen. Das ist es nicht wert! Niemals! Unter keinen Umständen!

»Oh ich armes Opfer«

Stellen Sie sich vor, Sie sind »Intranet«-Spezialist in der Hauptverwaltung eines weitverzweigten Unternehmens. Ihre Zuständigkeit ist, dafür zu sorgen, dass das unternehmensinterne Netzwerk funktioniert. Darüber hinaus helfen Sie, je nach dem, wie Sie Zeit haben, bei der Anwenderunterstützung. Hier »Exel« neu aufspielen, da einen abgestürzten PC retten oder einen Tipp geben, wie das mit der Fußnotenverwaltung in »Word« geht. Die Kollegen schätzen Sie als hilfsbereit, freundlich und geduldig. Man fragt lieber Sie, als bei dem arroganten »Hotline-Support« des Softwarehauses anzurufen.

Das läuft auch alles prima, bis diese zwei wunderhübschen kaufmännischen Auszubildenden in der Buchhaltung auftauchen. Die eine dunkelhaarig, die andere blond. Sie wissen gar nicht, welcher Sie lieber bei ihren PC-Problemen helfen. Natürlich helfen Sie auch allen anderen Kollegen viel intensiver, denn es wäre Ihnen ja peinlich, wenn jemand »etwas merken« würde. Eigenartigerweise treten immer mehr Schwierigkeiten auf, bei denen Sie helfen sollen.

Ihre eigentliche Aufgabe vernachlässigen Sie. Sich um das Netzwerk zu kümmern, haben Sie nun wirklich keine Zeit. Solange das Netz einigermaßen gut läuft, ist das auch kein Problem. Aber eines Tages ist ein Update fällig. Ihr Chef weist Sie an, sich darum zu kümmern. Aufgebracht antworten Sie, woher Sie denn die Zeit dazu nehmen sollten. Ihr Chef erinnert Sie jedoch daran, dass Sie für das Netzwerk zuständig seien. »Wer PC-Probleme hat, soll sich gefälligst an den ›Support‹ wenden. Wir bezahlen denen jeden Monat ein Schweinegeld dafür«, sagt er.

Zwar sind die beiden Auszubildenden inzwischen längst weg. Sie haben sich jedoch daran gewöhnt – und Ihre Kollegen auch –, sich um die PCs zu kümmern. Darum fällt es Ihnen schwer, zu dem geringeren Maß der Unterstützung der Kollegen zurückzukehren. Man erwartet von Ihnen, dass Sie sich all ihrer kleinen PC-Wehwehchen annehmen. Wie können Sie das Ihren »lieben Kollegen« abschlagen? Also machen Sie sich an ihre eigentliche Aufgabe, dem Networking, am Abend, wenn die anderen pünktlich wie die Feuerwehr schon nach Hause gegangen sind.

Mit der Zeit gerät bei den Kollegen auch in Vergessenheit, dass Sie ihnen aus purer Freundlichkeit in PC-Angelegenheiten weiterhelfen. Statt bei Ihnen vorsichtig anzufragen, werden Sie jetzt herzitiert und herumkommandiert. Wenn Sie eine Antwort nicht wissen, schnauzt man Sie an. Wenn Sie in der Hektik einen Fehler machen, braust man auf und beschwert sich.

Wenn Sie dann abends allein in Ihrem Büro sitzen und an Ihrem Netzwerk-Plan arbeiten, seufzen Sie: »Oh ich armes Opfer! Alle zerren an mir, wollen etwas von mir. Und niemandem kann ich es recht machen. Jetzt sitze ich hier ganz allein und muss Tag ein Tag aus Überstunden kloppen. Mein Chef, der unbarmherzige, nutzt mich total aus.« Und wenn Sie nicht gestorben sind, machen Sie noch heute Ihre Überstunden…

Ich bin wirklich gemein: Ich habe diese Geschichte so erzählt, dass wohl jeder gemerkt hat, welchen Anteil Sie, das arme Opfer, an Ihrer unerträglichen Situation haben. Es ist jedoch nicht leicht, dies selber zu merken. Und wenn Sie bei Freunden über Ihre Situation klagen, bekommen Sie auch jede Menge Mitgefühl. Mitgefühl hilft Ihnen allerdings nicht weiter.

Helfen werden Ihnen in derartigen Situationen dahingegen folgende selbstkritische Fragen:

1 Wenn Sie das Gefühl haben, in Ihrer Freundlichkeit und Hilfsbereitschaft ausgenutzt zu werden, fragen Sie sich: Was tue ich dafür, dass mich andere ausnutzen?

- ■ ____________________
- ■ ____________________
- ■ ____________________

Warum sage ich nicht »Nein«?

- ■ ____________________

Habe ich Angst davor, dass die anderen mich nicht mehr mögen?

- ■ ____________________

Habe ich Angst vor Sanktionen?

- ■ ____________________

Hat es auch Vorteile für mich, für hilfsbereit gehalten zu werden?

- ■ ____________________
- ■ ____________________

Lohnt es sich, »everybody's darling« zu sein, wenn der Preis dafür die Selbstaufgabe ist?

- ____________________

2 Wollen Sie wirklich Ihr Leben lang den Anforderungen und Wünschen anderer nachkommen, also von außen gesteuert werden?

- ____________________

Oder könnte es nicht ein besseres Ziel sein, souverän, ehrlich und selbstbestimmt zu handeln?

- ____________________

Fragen Sie sich: Was muss ich ändern, um das Ziel der Selbstbestimmung erreichen zu können?

- ____________________
- ____________________
- ____________________
- ____________________
- ____________________
- ____________________

3 Was könnte im schlimmsten Fall passieren, wenn ich einmal »Nein!« sagte?

- ________________________________
- ________________________________
- ________________________________
- ________________________________

Meine Vermutung ist, dass der »schlimmste Fall« so schlimm nicht ist, während Sie viele Vorteile finden… Welche Vorteile könnte das »Nein« für mich haben?

- ________________________________
- ________________________________
- ________________________________
- ________________________________
- ________________________________

Ich weiß natürlich, dass sich diese Fragen leicht aufschreiben lassen. Eine Titanenaufgabe ist es dagegen, wirklich NEIN! zu sagen, wenn Sie als »netter Bursche« oder »liebes Mädchen« bekannt sind: immer zur Stelle, wenn man ruft. Es lohnt sich allerdings, die Lösung dieser Aufgabe in Angriff zu nehmen.

3. ANALYSE DES PROBLEMS

Der Chef »an sich«

Führungskräfte werden in ihrem Verhalten gern in Schubladen gepackt. Man spricht von seinem Chef beispielsweise als »autoritär« oder als »cholerisch«, als »schwach« oder als »launenhaft«.

Fatal daran ist, dass bei einer solchen Betrachtungsweise alle konkreten Verhaltensweisen über einen Kamm geschoren werden. Selbst ein sehr durchsetzungsorientierter Chef ist zum Beispiel auch einmal traurig und schwach. Wenn der Mitarbeiter nicht differenziert und ihm nicht gibt, was der Chef jetzt braucht – (vielleicht Trost oder Zuwendung) –, wird sich der Chef unverstanden fühlen, gekränkt sein und unter Umständen autoritär reagieren. Damit meint der Mitarbeiter wieder den Beweis zu haben, dass sein Chef ein »autoritärer Knochen« ist. Das Vorurteil hat sich »durch sich selbst bewahrheitet« (»self-fulfilling prophecy«).

Die meisten Mitarbeiter haben Probleme damit, ihren Chef differenziert zu betrachten. Sie suchen ständig Situationen herbeizuführen, die nach dem Prinzip der »self-fulfilling prophecy« gestrickt sind und merken nicht, wie unproduktiv das ist.

Dies ist nicht nur ein Fehler in der Alltagstheorie, sondern kommt auch in der Managementliteratur vor. Oft wird dort so getan, als könne die Führungskraft zwischen verschiedenen Stilen der Führung »wählen« – ohne dass es eine Rolle spielt, wie er selbst als Person ist oder wie seine Mitarbeiter als Personen sind.

Ein autoritärer Führungsstil gilt mittlerweile als ziemlich »out«. Die Literatur sagt dies vornehmer: Ein solcher Stil lasse den Mitarbeitern nicht genügend Freiraum für ihre eigenen Ideen. Unternehmen vergeuden damit wertvolle Ressourcen. Dabei wird vergessen, dass viele Mitarbeiter lieber einen autoritären Chef haben als einen Chef, der sie mit Verantwortung überfordert.

Natürlich »sollte« eine Führungskraft den Mitarbeitern, die Führung brauchen, diese auch gewähren, ebenso wie sie den eigenständigen Mitarbeitern freie Hand lassen »sollte«. Sollte. Sollte. Sollte. Diese Formulierungen gehen schlicht an der Realität vorbei.

Der ideale Chef müsste der gängigen Vorstellung entsprechend folgende Voraussetzungen erfüllen:

1 Er müsste immer genau wissen, was seine Mitarbeiter brauchen. (Das setzt überdurchschnittlich viel Menschenkenntnis voraus.)

2 Er müsste in der Lage sein, das, was seine Mitarbeiter brauchen, auch immer bieten zu können. (Er müsste eine »eierlegende Wollmilchsau« sein.)

3 Er müsste sein Verhalten immer so unter Kontrolle haben, dass er sich niemals durch Stress, Ärger, Trauer, Übermüdung, Enttäuschung oder ähnliche Gefühle »beeinträchtigen« ließe: Er dürfte sich zum Beispiel niemals hinreißen lassen, ungerecht, übermütig oder verletzend zu sein. (Dieser Chef ist ein Roboter.)

Der berühmte Psychotherapeut Fritz Perls (Mitbegründer der Gestalttherapie) hat einmal ein Experiment gemacht: Er ließ eine Gruppe von Klienten nach Herzenslust über ihre Eltern schimpfen. Jeder aus der Gruppe hatte seinen Eltern größere oder kleinere Verfehlungen vorzuwerfen. Der eine war nicht oft genug gelobt worden (angebliche Folge: mangelndes Selbstwertgefühl), der andere hatte zu viel Süßigkeiten bekommen (angebliche Folge: Probleme mit dem Übergewicht) und so weiter.

Nach einer Weile ging Fritz Perls das Gemecker auf die Nerven und er sagte sarkastisch: »Na, mit Gott als Vater oder Mutter wärt ihr wohl zufrieden gewesen, was?«

Betreten schwieg die Gruppe. Mit dieser einen Frage hatte der Psychotherapeut allen klar gemacht, dass sie eins vergessen hatten: Ihre Eltern waren Menschen aus Fleisch und Blut. Mit Fehlern. Mit eigenen Problemen.

Man kann sich auch umgekehrt fragen: Möchte ich so streng bewertet werden, wie ich meine Eltern bewerte? Möchte ich, dass mir jeder Fehler angekreidet wird? Dass es keine Möglichkeit des Verzeihens gibt? Dass mir immer vorgehalten wird, jener Fehler habe zu unbehebbaren negativen Konsequenzen geführt? Nein, eine solch strenge Beurteilung empfänden die meisten von uns als unmenschlich.

Im Bezug auf Eltern sind heutzutage unnachsichtig strenge Beurteilungen gesellschaftlich jedoch akzeptabel – für Chefs gilt das gleiche. Dem Chef wird, wie den Eltern, meist nicht zugebilligt, dass er fehlbar ist. Jeder Fehler ist eine angeblich absichtliche Kränkung.

Was haben Eltern und Führungskräfte gemeinsam? Beide haben Macht über uns – im Positiven wie im Negativen. Die Menschen gehen unterschiedlich mit der Macht um, der sie ausgesetzt sind:

Die einen ordnen sich unter und nehmen alles kritiklos hin. Andere bemitleiden sich und sehen sich als arme Opfer. Wieder andere gehen in Konkurrenz mit dem Inhaber der Macht und fordern ihn heraus. Manche schlagen auch in blindem Trotz wütend drauf los.

An diesen Reaktionen auf Macht ist folgendes gleichartig: Sie setzen unausgesprochen voraus, dass der Inhaber der Macht keine Fehler machen dürfe. Da eine solche Voraussetzung unrealistisch ist, führt sie zu keiner Lösung. Am Ende steht eine Situation, die niemand gewollt hat. Die Mitarbeiter nicht. Der Chef nicht. Und jeder fragt sich: Wie konnte es nur so weit kommen?

Mir ist es wichtig, Ihnen »Werkzeuge« an die Hand zu geben, mit denen Sie unproduktive Verhaltensmuster erkennen und vermeiden können. Auf diese Weise erhalten Sie mehr Kontrolle über die Konsequenzen Ihres Tuns. Dann können Sie sich Ziele für Ihr Verhältnis zu Ihrem Chef setzen und so handeln, dass Sie diese Ziele auch erreichen.

Selbst wenn Sie Ihren Chef völlig losgelöst von seinem sozialen Umfeld (zu dem übrigens auch Sie gehören) betrachten wollen, können Sie von einer feststehenden Tatsache ausgehen:

> Was auch immer Ihr Chef tut, er wird Gründe dafür haben. Ob Sie die Gründe gutheißen oder verstehen, tut dabei nichts zur Sache.

Jeder Mensch hat Gründe für das, was er tut. Der Psychiater Thomas Szasz behauptet sogar, dass selbst psychisch schwer gestörte Menschen nichts ohne Absicht machen. Man braucht so weit nicht zu gehen. Aber normale Menschen handeln, weil sie Gründe haben. Wenn Sie jemanden, der sich Ihrer Meinung nach völlig unmöglich oder irrational verhält, darauf hinweisen, wird er Ihnen antworten: »Ich tue das, weil…«

Es ist stets nützlich, die Gründe für das Handeln unseres Gegenübers zu kennen. Die Kenntnis dieser Gründe hilft uns, uns angemessen zu verhalten. »Angemessen« kann auch heißen: mit Wut, Ärger oder Trauer zu reagieren – wenn das angemessen ist.

Das Handeln zwischen Menschen wird in der Wissenschaft mit dem Fremdwort »Interaktion« bezeichnet. Ich spreche hier dagegen von Transaktion. Das hat folgenden Hintergrund:

Man war in der Psychologie auf der Suche nach einem Wort, mit dem ein Handeln beschrieben werden kann, das eine bestimmte Absicht verfolgt, diese Absicht jedoch verfehlen kann. Diesen abstrakten Gedanken macht ein Beispiel anschaulich: Sie wollen Ihrem Chef zu verstehen geben, dass Sie vor Arbeitsüberlastung nicht ein noch aus wissen. Sie sagen: »Das ist mir zuviel.« Er fasst das auf, als wollten Sie die Arbeit verweigern. Er antwortet: »Was glauben Sie, wofür Sie bezahlt werden?«

Die Interaktion besteht darin, dass Sie beide miteinander reden. Mit dem Begriff Transaktion wird bezeichnet, dass Sie die Nachricht an Ihren Chef haben: »Bitte helfen Sie mir.« Im übertragenen Sinne sprechen Sie als hilfesuchendes Kind Ihren Chef als hilfreichen Vater an. Ihr Chef sieht sich nicht so und antwortet auf eine Nachricht, die Sie gar nicht versenden wollten. Er sieht sich als »strenger Vater« und Sie als »trotziges Kind«.

Die beschriebene Betrachtungsweise von Verhalten wird mit dem Begriff »Transaktionsanalyse« benannt. Die Transaktionsanalyse eignet sich, das Verhalten im beruflichen Alltag verstehen zu lernen. Dieses Verständnis eröffnet Chancen, aus dem Kreislauf der ewigen Missverständnisse auszusteigen und echte Verbesserungen herbeizuführen.

Wenn Sie an der Begrifflichkeit der Transaktionsanalyse interessiert sind, können Sie eine kurze Einführung im Kapitel 6 nachlesen.

Ich habe aufgrund der Erfahrungen und der entsprechenden neueren Managementliteratur die ursprüngliche Begrifflichkeit an die Bedürfnisse der heutigen Arbeitssituation angepasst.

Da ich in diesem Kapitel den Chef »an sich« behandele, betrachten wir zunächst nur den ersten Schritt einer Transaktion: Der Chef formuliert mit seinem Verhalten eine bestimmte Erwartung. Was im sozialen Kontext mit dieser Erwartung passiert, ist Thema des Abschnittes »Der Chef und wir« weiter unten.

Die fünf Chef-Transaktionen

A Ihr Chef sagt: »Ich will, dass Sie…« Er erwartet dann ein pflichtbewusstes: »Ja, wird sofort erledigt.« Ihr Chef übt seine Autorität oder Macht über Sie aus. Diese Transaktion nenne ich **»machtorientiert«.**

B In einer Besprechung wirft Ihr Chef in die Runde: »Wir müssten doch mal ... machen.« Dabei schaut er niemanden an. Er gibt niemandem eine klare Anweisung. Er übt seine Macht nicht aus. Damit formuliert er die Erwartung, dass die Mitarbeiter sich untereinander selbstständig absprechen, wer die Sache übernimmt, und dass sie sie erledigen. Diese Transaktion nenne ich **»nicht-direktiv«.**

C Ein anderer Chef sagt: »Zur Sanierung des Unternehmens werden folgende Maßnahmen ergriffen: erstens…, zweitens…, drittens…« dass diese Ankündigung bei den Mitarbeitern Sorgen und Ängste auslöst, nimmt er nicht wahr. Er erwartet, dass sie seine Gründe nachvollziehen und im Interesse der Firma umsetzen. Diese Transaktion nenne ich **»sachlich«.**

D Vielleicht hören Sie Ihren Chef auch mal hilflos fragen: »Sie kennen doch meine Zwangslage. Ohne den Dienstweg einzuhalten, kann ich gar nichts machen. Was können wir tun, ohne die Regeln zu verletzen?« Dann erwartet er, dass Sie ihm einen Tipp, ja vielleicht sogar eine Art Anweisung geben. Er achtet nicht auf die formalen Rollen – er Autoritätsperson, Sie Befehlsempfänger. Vielmehr sieht er es als seine Pflicht an, seine eigene Schwäche zu kompensieren, indem er sich Ihres fachmännischen Rates versichert. Diese Transaktion nenne ich **»pflichtbewusst«.**

E Bisweilen rastet Ihr Chef auch mal aus: »So eine verdammte Scheiße! Immer diese Fehler! Das kotzt mich an!« Nein, sachlich ist das nicht. Auch enthält dieser Ausbruch keine autoritäre Anweisung. Erst recht nicht hört sich das pflichtbewusst an. Diese Transaktion nenne ich **»emotional«.**

Die fünf »Transaktionsebenen« von Chefs werde ich im Folgenden für die Analyse des betrieblichen Verhaltens anwenden:

- A **Machtorientiert** (autoritär, patriarchalisch, aber auch fürsorglich)
- B **Nicht-direktiv** (»laufen lassen«, Selbstständigkeit voraussetzend, aber auch die Mitarbeiter mit ihren Problemen allein lassend)
- C **Sachlich** (unpersönlich, gefühllos, aber auch gerecht)
- D **Pflichtbewusst** (die Erfüllung von Anweisungen und Vorgaben in den Vordergrund stellend, aber auch eher schwach und hilflos in Krisensituationen)
- E **Emotional** (engagiert, gefühlvoll, aber auch unkontrolliert, undiszipliniert, launisch, cholerisch)

Die Analyse der Transaktionsebene eines bestimmten Verhaltens ist keine Bewertung. Es ist nicht so, als ob die machtorientierte Transaktion immer schlecht und die nicht-direktive immer gut wäre, die sachliche immer angemessen und die emotionale immer unangemessen. Die Bewertung hängt von der Situation ab.

Vor allem muss man sich davor hüten, einen Menschen ganz und gar, immer und überall einer einzigen Transaktionsebene zuzuordnen. Auch der machtorientierte Chef hat seine Emotionen. Selbst wenn er Transaktionen vorwiegend auf der Ebene von Machtorientierung anstrebt, wird es auch emotionale Transaktionen von ihm geben. Wie jeder andere Mensch wird auch er mit Trauer, Wut oder beleidigtem Rückzug antworten, wenn der Gesprächspartner auf seine Emotionen nicht eingeht.

Es ist zwar richtig, dass sich Sachlichkeit und Emotionalität gegenseitig ausschließen. Gleichwohl: Nichts hindert einen Menschen daran, das eine Mal sachlich und das andere Mal emotional zu handeln (oder wenigstens handeln zu wollen).

Vor allem kommt die Kombination der sich ausschließenden Führungsstile »Machtorientierung« und »Nichtdirektivität« häufiger vor, als man annehmen sollte: Einem schwächeren Mitarbeiter gegenüber wird dann der Machtaspekt voll ausgespielt, einem selbstbewussten Mitarbeiter gegenüber eher Zurückhaltung gezeigt.

Jedoch auch Mitarbeiter sind weder nur »schwach« noch nur »stark«, sodass deren Chef dann, wenn ein Mitarbeiter sich stark fühlt, sich eher zurückzieht, während er, wenn der gleiche Mitarbeiter sich schwach fühlt, ihn seine Macht spüren lässt. – Diese Überlegung zeigt, dass wir den Chef eben nicht »an sich« betrachten können, sondern nur im Zusammenspiel mit dem Verhalten seiner Mitarbeiter: Ihnen.

Wenn ich in dem Folgenden Transaktionen als »machtorientiert«, »pflichtbewusst« usw. bezeichne, so betrachten wir damit immer nur einen Ausschnitt aus einer sehr viel komplexeren Interaktion. Mich interessiert nur der Anteil an der Interaktion, in welchem das Konfliktrisiko bzw. die Konfliktlösung liegt.

Der Chef und »wir«

Morgens um 10:15 Uhr in Deutschland.

»Wir müssten doch mal klären, wie überhaupt die rechtlichen Grundlagen in diesem Fall sind«, sagte unser Chef.

Wir schauten alle geflissentlich woanders hin – und der nächste Punkt auf der Agenda wurde diskutiert.

Bei der nächsten Sitzung fragte mich der Chef erwartungsvoll: »Hatten Sie schon mal Gelegenheit, die rechtlichen Grundlagen zu klären?« Betreten schwieg ich.

»Das ist wohl nicht der Fall«, sagte unser Chef enttäuscht. »Wir hatten aber doch in der letzten Sitzung gesagt, dass wir die rechtlichen Grundlagen klären wollten! Warum ist das nicht geschehen?«

Ein Kollege nahm sich ein Herz und meinte provozierend: »Ja, warum haben Sie das denn nicht gemacht?«

»Wir hatten keine Zeit«, kam die schwammige Antwort. »Ich dachte ja, dass Sie sich vielleicht darum kümmern«, hängte er an und schaute nun meinen Kollegen erwartungsvoll an.

»Dann müssen Sie mir das schon direkt sagen!«

»Wir müssen wohl andere Saiten aufziehen. Sie scheinen es ja nicht anders zu wollen…«, brach es aus unserem Chef heraus…

So viel kann in so kurzer Zeit schief laufen. Sie haben natürlich sofort analysiert, dass hier ein nicht-direktiver Chef sprach. Seine Mitarbeiter jedoch sabotierten ihn.

Dabei hätte es ganz anders kommen können. Wenn »wir« engagiert und an der Sache interessiert gewesen wären, wäre geschehen, was unser Chef hatte erreichen wollen. Wir hätten uns mit der Aufgabe emotional identifiziert, und die ungeschickte Verwendung des unbestimmten »wir« vom Chef hätte uns nicht weiter gestört.

Es zeigt sich, dass die Führungskräfte tatsächlich *nicht* »völlig losgelöst« agieren, sondern immer in einem sozialen Zusammenhang. Dieser soziale Zusammenhang entscheidet darüber, ob eine Transaktion gelingt oder nicht. Eine abstrakte, »losgelöste« Betrachtung von Führungsverhalten ist da völlig unangebracht. Die Betrachtung der Transaktionsebenen, die wir im vorherigen Kapitel angefangen haben, muss also ergänzt werden um den sozialen Zusammenhang:

1 Chef: »Ich will, dass Sie…« Erwartung: »Ja, wird sofort erledigt!« Eine pflichtbewusste Reaktion harmoniert mit Machtorientierung. Diese Transaktion folgt den traditionellen Rollen von Chef und Mitarbeiter.
  Konflikte stehen meist ins Haus, wenn der Chef auf einen ebenfalls machtorientierten Mitarbeiter stößt, der ihm entgegenhält: »Machen Sie erst einmal Ihre Hausaufgaben!« Die Transaktion des Mitarbeiters steht in Konkurrenz zum Chef. Auch die emotionale Reaktion (»So lasse ich nicht mit mir umspringen.«) birgt ein hohes Konfliktrisiko. Der emotionale Mitarbeiter fühlt sich vom machtorientierten Chef schnell verletzt.
  Antwortet der Mitarbeiter nicht-direktiv (»Mal sehen, wie sich das einrichten lässt.«) oder sachlich (»Die Erledigung der Aufgabe

würde erfordern erstens…, zweitens…, drittens…«), so trifft das die Erwartung des Chefs nicht 100%ig. Das Konfliktrisiko ist jedoch begrenzt.

2 Das nicht-direktive Verhalten des Chefs muss auf eine hohe emotionale Identifikation mit der Aufgabe stoßen. Er sagt: »Dieses müsste erledigt werden.« Er hofft, dass der Mitarbeiter die Sache als wichtig genug ansieht, um ihre Erledigung in die Hand zu nehmen. In einer solchen Transaktion wäre der Mitarbeiter engagiert. Doch selbst wenn der Mitarbeiter mit emotionaler Ablehnung reagiert und antwortet: »Das tue ich nicht!« kann der nicht-direktive Chef gut damit umgehen. Er erwidert dann: »Lassen Sie sich etwas einfallen.« Damit gibt er den »schwarzen Peter« ohne Groll zurück an den Mitarbeiter.
Ist der Mitarbeiter dagegen nicht-direktiv (»Soll das ein anderer machen.«) oder pflichtbewusst (»Was genau soll ich machen?«), führt das dazu, dass der Chef böse aufläuft: In der Kombination nicht-direktiver Chef mit nicht-direktivem Mitarbeiter verhält sich der Mitarbeiter abwartend, in der Kombination nicht-direktiver Chef mit pflichtbewusstem Mitarbeiter ist der Mitarbeiter orientierungslos.
Der machtorientierte Mitarbeiter, der dem nicht-direktiven Chef das Heft aus der Hand nimmt, erledigt zwar die Aufgabe, sägt jedoch an dem Stuhl des Chefs. Das wird er sich nicht gefallen lassen. Der sachliche Mitarbeiter kann auch über weite Strecken mit dem nicht-direktiven Chef harmonieren, jedoch gerät er mit ihm aneinander, wenn er von ihm detaillierte sachliche Angaben erwartet.

3 »Zur Sanierung des Unternehmens ist notwendig…, erstens…, zweitens…, drittens…« Eine so sachliche Ankündigung können nur ebenso sachlich-analytische Mitarbeiter positiv aufnehmen. Emotionale Mitarbeiter werden sie als herzlos ansehen und können entsprechend »bockig« reagieren: Sie fühlen sich abgestoßen. Machtorientierte Mitarbeiter werden versuchen, sich mit Gegenmaßnahmen zu wehren. Sie wollen Dominanz erlangen.

Formen der Zusammenarbeit
(gelungene Transaktionen)

Ihr Chef			...und Sie
A (machtorientiert)	»Ich will, dass Sie…« →	← »Wird sofort erledigt.«	(pflichtbewusst) **D**
B (nicht-direktiv)	»Lassen Sie sich was einfallen.« →	← »Ich hab da ne super Idee!«	(emotional) **E**
C (sachlich)	»Es ist zu erörtern…« →	← »Hier sind die Fakten…«	(sachlich) **C**
D (pflichtbewusst)	»Ist das nicht gegen die Vorschrift?« →	← »Ich verantworte das!«	(machtorientiert) **A**
E (emotional)	»Ich bin sauer auf Sie!« →	← »Kann ich gut verstehen.«	(nicht-direktiv) **B**

Konfliktszenario 1
(konfliktreiche Transaktionen)

Ihr Chef			...und Sie
A (machtorientiert)	»Ich will, dass Sie…« →	← »Ich will, dass Sie…«	(machtorientiert) **A**
B (nicht-direktiv)	»Lassen Sie sich was einfallen.« →	← »Fällt Ihnen etwas ein?«	(nicht-direktiv) **B**
C (sachlich)	»Es ist zu erörtern…« →	← »Greifen Sie mich an?«	(emotional) **E**
D (pflichtbewusst)	»Ist das nicht gegen die Vorschrift?« →	← »Was soll ich tun?«	(pflichtbewusst) **D**
E (emotional)	»Ich bin sauer auf Sie!« →	← »Und ich erst…«	(emotional) **E**

Konfliktszenario 2
(konfliktreiche Transaktionen)

Ihr Chef			...und Sie
A (machtorientiert)	»Ich will, dass Sie…« →	← »Was erlauben Sie sich?«	(emotional) **E**
B (nicht-direktiv)	»Lassen Sie sich was einfallen.« →	← »Sie sind der Chef!«	(pflichtbewusst) **D**
C (sachlich)	»Es ist zu erörtern…« →	← »Das ist meine Aufgabe!«	(machtorientiert) **A**
D (pflichtbewusst)	»Ist das nicht gegen die Vorschrift?« →	← »Und wer klärt das?«	(nicht-direktiv) **B**
E (emotional)	»Ich bin sauer auf Sie!« →	← »Fakt ist…«	(sachlich) **C**

Zwiespältig ist die Reaktion von nicht-direktiven Mitarbeitern auf sachliche Ankündigungen: Sie versuchen, die auf sie entfallenden Zusatzaufgaben so weit wie möglich abzuwälzen. Auf andere Weise zwiespältig ist die Transaktion mit pflichtbewussten Mitarbeitern: Sie sind prinzipiell bereit, sich zu fügen, haben jedoch Probleme, die Konsequenzen aus der sachlichen Ankündigung umzusetzen.

4 Wenn Sie gefragt werden: »Sie kennen doch meine Zwangslage. Ohne den Dienstweg einzuhalten, kann ich gar nichts machen. Was können wir tun, ohne die Regeln zu verletzen?« Dann sollten Sie Machtorientierung und Zivilcourage aufbringen, um Ihrem Chef zu sagen »wo es langgeht«. In dieser Transaktion verhalten Sie sich selbstbewusst.
Gehören Sie dagegen zu denen, die pflichtbewusst eine Anweisung ausführen oder nicht-direktiv darauf warten, dass andere die Problemlösung übernehmen, ist »tote Hose« im Betrieb. Es passiert nämlich nichts, denn Sie verhalten sich ängstlich respektive zögerlich.
Der sachliche Mitarbeiter kommt mit dem pflichtbewussten Chef solange aus, bis der Chef eine sachlich begründete Maßnahme aus Angst vor seinen eigenen Vorgesetzten (oder anderen Personen, von denen er abhängig ist, z. B. Kunden) nicht ergreift. Auch der emotionale Mitarbeiter kann mit dem pflichtbewussten Chef eine gewisse Zeit zusammenarbeiten – bis der Chef ihm ängstlich vorwirft, er habe sich mal wieder nicht an die Vorschriften gehalten.

5 Und wer stoppt einen rasenden Chef? »So eine verdammte Scheiße! Immer diese Fehler von Ihnen! Das kotzt mich an!« Am besten ganz nicht-direktiv verbal Verständnis zeigen – »Kann ich gut verstehen, dass Sie sich ärgern!« –, nichts tun und warten, bis er sich beruhigt hat.
Wenn Sie allerdings emotional dagegen halten (»Arbeitsüberlastung ohne Ende und dann dieser Undank! Ich hab die Nase voll!«), ist ein überhitzter unsachlicher Konflikt vorprogrammiert. Auch eine sachlich kalte Entgegnung wird er eher als Provokation

auffassen: »Die Gründe für den aufgetretenen Fehler sind....« Viele Menschen glauben, eine sachliche Entgegnung hole den Konfliktpartner »auf den Teppich«. Sie vergessen, dass jemand, der aufgebracht ist, zuerst in seiner Emotionalität verstanden werden will, bevor er sich dem sachlichen Aspekt widmen kann. Einen machtorientierten Mitarbeiter kann der emotionale Chef durchaus ertragen, allerdings könnte dessen berechnende Art zu Konflikten führen. Der pflichtbewusste Mitarbeiter wird in den emotionalen Ausbrüchen seines Chefs immer Anweisungen sehen, die er sofort umzusetzen versucht – das ergibt leicht »Kuddelmuddel«.

Die fünf Transaktionsebenen sind dadurch definiert, dass sie jeweils eine bestimmte Reaktion erwarten. Abweichungen von der erwarteten Reaktion bergen mehr oder weniger große Konfliktrisiken.

A Machtorientiert **erwartet:** pflichtbewusste (D) Reaktion
größte Konfliktrisiken: machtorientierte (A) und emotionale (E) Reaktion

B Nicht-direktiv **erwartet**: emotionale (E) Reaktion
größte Konfliktrisiken: nicht-direktive (B) und pflichtbewusste (D) Reaktion

C Sachlich **erwartet:** sachliche (C) Reaktion
größte Konfliktrisiken: emotionale (E) und machtorientierte (A) Reaktion

D Pflichtbewusst **erwartet:** machtorientierte (A) Reaktion
größte Konfliktrisiken: pflichtbewusste (D) und nicht-direktive (B) Reaktion

E Emotional **erwartet:** nicht-direktive (B) Reaktion
größte Konfliktrisiken: emotionale (E) und sachliche (C) Reaktion

Formen der Zusammenarbeit		
A	Machtorientierter Chef	+ Reaktion pflichtbewusst (D) = traditionelles Team
B	Nicht-direktiver Chef	+ Reaktion emotional (E) = engagiertes Team
C	Sachlicher Chef	+ Reaktion sachlich (C) = sachliches Team
D	Pflichtbewusster Chef	+ Reaktion machtorientiert (A) = selbstbewusstes Team
E	Emotionaler Chef	+ Reaktion nicht-direktiv (B) = verständnisvolles Team
Konfliktszenario 1		
A	Machtorientierter Chef	+ Reaktion machtorientiert (A) = Konkurrenz
B	Nicht-direktiver Chef	+ Reaktion nicht-direktiv (B) = Nichtstun
C	Sachlicher Chef	+ Reaktion emotional (E) = Unverständnis
D	Pflichtbewusster Chef	+ Reaktion pflichtbewusst (D) = Ängstlichkeit
E	Emotionaler Chef	+ Reaktion emotional (E) = Überreaktion
Konfliktszenario 2		
A	Machtorientierter Chef	+ Reaktion emotional (E) = Verletztheit
B	Nicht-direktiver Chef	+ Reaktion pflichtbewusst (D) = Orientierungslosigkeit
C	Sachlicher Chef	+ Reaktion machtorientiert (A) = Dominanzstreben
D	Pflichtbewusster Chef	+ Reaktion nicht-direktiv (B) = Zögerlichkeit
E	Emotionaler Chef	+ Reaktion sachlich (C) = Einfühlungsmangel

Manchmal lassen sich Konflikte nicht vermeiden. Das ist auch gut so. Anstatt den Ärger »herunterzuschlucken« und »die Faust in die Tasche zu stecken« – das macht unglücklich und krank –, ist es oft besser, dem anderen den eigenen Standpunkt klarzumachen und ihm zu verstehen zu geben, dass er Sie beispielsweise verletzt hat. Das hilft dem Konfliktpartner zu erkennen, wie Sie behandelt werden wollen.

Die Erkenntnis darüber, welche Transaktionen konfliktfrei sind und welche Transaktionen Konfliktrisiken enthalten, dient nicht dazu, Konflikte völlig zu vermeiden. Vielmehr ist folgendes das Ziel:

1 Sie lernen, überflüssige oder unproduktive Konflikte zu vermeiden.
2 Sie werden in die Lage versetzt, Konfliktrisiken einzuschätzen und zu kontrollieren, um Überreaktionen zu verhindern, mit denen Sie sich selbst schaden.
3 Einen Konflikt, für den sich ein Risiko lohnt, können Sie so handhaben, dass Sie eine reale Chance erhalten, ihn mit einem positiven Ausgang für sich und den Konfliktpartner zu lösen.

Die transaktiven Eigenschaften

Die fünf Transaktionsebenen sind jeweils Zusammenfassungen für eine Reihe von verschiedenen Eigenschaften, die eine Botschaft haben kann. Die auf der nächsten Seite aufgezählten Eigenschaften, die zu den jeweiligen Transaktionsebenen gehören, können sich untereinander widersprechen, auch wenn sie zur gleichen Transaktionsebene gehören: Die machtorientierte Transaktion (A) eines Chefs beispielsweise kann entweder darauf zielen, die Tradition zu bewahren oder seine Vorstellungen von Neuerung durchzusetzen. Die meisten Widersprüche beinhaltet naturgemäß die emotionale Transaktionsebene, weil hier kein disziplinierender Filter vor die Handlung gesetzt wird: Bei emotionalen Transaktionen lässt man, ungeachtet der Konsequenzen, seinen Gefühlen freien Lauf.

Die folgende Aufzählung der Eigenschaften der Transaktionsebenen erhebt nicht den Anspruch, alle möglichen menschlichen Eigenschaften zu beschreiben. Das Ziel ist es, Konfliktthemen auszumachen. Die Auswahl der aufgezählten Eigenschaften richtet sich nach diesem Ziel. Sie enthält die Eigenschaften, die besonders konfliktträchtig sind. Das sind in der Regel eher negativ bewertete Eigenschaften. Es fallen aber auch positive Eigenschaften darunter. So kann Hilfsbereitschaft (A = machtorientiert) in der Transaktion mit Empfindsamkeit (E = emotional) oder Sachlichkeit (C = sachlich) als »gängelnd« empfunden werden. Ebenso können allgemein negativ bewertete Eigenschaften wie ein patriarchalisches Verhalten (A = machtorientiert) positiv werden, wenn es zu Hilfs- und Schutzbereitschaft unselbstständigen Personen (D = pflichtbewusst) gegenüber führt.

Das sind m. E. die Eigenschaften in den Chef-Mitarbeiter-Transaktionen, die über Harmonie bzw. Konflikt entscheiden:

Machtorientiert

- **Ziel:** Der andere soll tun, was der Handelnde will (unabhängig davon, was der andere will oder welche Gründe es dafür gibt).
- **Positive Aspekte:** Energisch, erfolgsorientiert, führungsstark, fürsorglich, krisenfest, risikofreudig, selbstbewusst, verantwortlich, verlässlich, vorausschauend, willensstark, zielbewusst.
- **Problematische Aspekte:** Altväterlich, anmaßend, Aufgaben und Kompetenzen an sich ziehend, autoritär, dominant, egozentrisch, einmischend, gängelnd, geltungssüchtig, geringschätzig, in Konkurrenz gehend, patriarchalisch, starrsinnig, streitbar, teamunfähig, intolerant, unkollegial.
- **Neutrale Aspekte:** Berechnend, hierarchiebewusst, informell führend, karriereorientiert, kontrollierend, neuerungsorientiert *oder* traditionalistisch.
- **Kurzbeschreibung:** Autoritär, patriarchalisch, aber eben auch fürsorglich.

Nicht-direktiv

- **Ziel:** Dem anderen will der Handelnde keine Vorschriften machen (aber auch selbst keine bekommen).
- **Positive Aspekte:** Achtungsvoll, duldsam, Fähigkeiten anderer wertschätzend, Freiräume gebend, intelligent führend, kollegial, kommunikativ, lobend, zustimmend, Selbstständigkeit fördernd, teamfähig, tolerant, unabhängig, vertrauensvoll.

- **Problematische Aspekte:** Andere mit Problemen allein lassend, faul, naiv, Selbstständigkeit unbefragt voraussetzend, unengagiert, uninteressiert, Verantwortung scheuend, vertrauensselig.
- **Neutrale Aspekte:** Aufgaben und Kompetenzen abgebend, in der Sache unsicher, immer das Positive hervorhebend, risikobereit oder risikoscheu, optimistisch, Selbstständigkeit fordernd, »weiter-so«-sagend, wenig Kritik übend, zustimmend.
- **Kurzbeschreibung:** »Laufen lassen«, Selbstständigkeit voraussetzend, tolerant, aber auch die anderen mit ihren Problemen allein lassend.

Sachlich

- **Ziel:** Den anderen will der Handelnde mit Argumenten überzeugen (und sind bereit, sich von ihm überzeugen zu lassen).
- **Positive Aspekte:** Allen Argumenten gegenüber aufgeschlossen, bedacht, ergebnisorientiert, gerecht, informiert, objektiv, sachkompetent.
- **Problematische Aspekte:** Emotionslos, faktengläubig, humorlos, instrumentell, kein persönliches Lob und keinen persönlichen Tadel aussprechend, kein persönliches Vertrauen spendend, Menschen wie Sachen behandelnd, menschenverachtend, persönliche Gegebenheiten (z. B. Probleme) völlig ignorierend, phantasielos, »roboterhaft«, rücksichtslos, taktlos, unerbittlich, ungesellig, im Umgang unnahbar, unpersönlich, »verklemmt«, verschlossen.
- **Neutrale Aspekte:** Distanziert, formal und formell, hinterfragend, kritisch jedem Argument gegenüber, Leistungserbringung als selbstverständlich nehmend, technikorientiert, zu Überstunden bereit oder auf Einhaltung der vertraglichen Arbeitszeit pochend.
- **Kurzbeschreibung:** Unpersönlich, gefühllos, aber auch gerecht.

Pflichtbewusst

- **Ziel:** Der Handelnde will umsetzen, was er als Pflicht, Aufgabe oder Norm ansieht, erwartet von Gleichgestellten ein ebensolches Pflichtbewusstsein sowie von Höhergestellten präzise Vorgaben darüber, was zu tun ist.

- **Positive Aspekte:** Arbeitsam, diszipliniert, fleißig, freundlich, genau, gewissenhaft, loyal, penibel, umsichtig, vorsorgend.
- **Problematische Aspekte:** Abhängig, ängstlich, aufdringlich, außen- und fremdgesteuert, depressiv, führungsschwach, fraternisierend (stellt sich z. B. als Führungskraft verbal »auf die Seite der Mitarbeiter«, heult als Mitarbeiter mit den Wölfen), hilflos, intolerant, konfliktscheu, langsam, ohne großen Überblick, opportunistisch, selbstmitleidig, unbeholfen, unbegründet, unentschieden, unflexibel, unselbstständig, verantwortungsscheu, ziellos.
- **Neutrale Aspekte:** Anhänglich, anlehnungsbedürftig, dienstbar, folgsam, hilfesuchend, normorientiert, schamhaft, unselbstsicher, scheu, schwach, unsicher, unterwürfig.
- **Kurzbeschreibung:** Die Erfüllung von Anweisungen und Vorgaben in den Vordergrund stellend, aber auch eher schwach und hilflos in Krisensituationen.

Emotional

- **Ziel:** Der Handelnde will Gefühle, Befindlichkeiten und Bedürfnisse in den Vordergrund stellen (»ausleben«, »ausagieren«).
- **Positive Aspekte:** Altruistisch, geduldig, gutmütig, engagiert, großzügig, harmoniebetont, ideenreich, innengesteuert, kreativ, herzlich, humorvoll, lobend, mitleidig, mitreißend, nachgiebig, offen, personenorientiert, schnell, selbstständig, selbstmotiviert.
- **Problematische Aspekte:** Ablenkbar, egoistisch, aufbrausend, bösartig, dickköpfig, eifersüchtig, eitel, empfindsam, kleinlich, streitsüchtig, impulsiv, krisenanfällig, launenhaft, tadelnd, mäkelig, nachtragend, planlos, subjektiv, trotzig, überreagierend, undiszipliniert, ungerecht, unsachlich, unstet, unzuverlässig, verletzlich, voreilig, willkürlich.
- **Neutrale Aspekte:** Antiautoritär, arbeitswütig *oder* »freizeitorientiert«, auf Lob und Zuspruch angewiesen, dramatisch, gefühlsbetont, rebellisch, sich selbst darstellend, stolz, überschwänglich, unordentlich, Verständnis fordernd, verträumt, visionär.
- **Kurzbeschreibung:** Engagiert, gefühlvoll, aber auch unkontrolliert, cholerisch.

Diese Transaktionsebenen stellen für sich genommen *keine* Wertung dar, selbst wenn Sie eine Bezeichnung für einen Chef wie »vorschreibend« (als Teil von Machtorientierung) oder für einen Mitarbeiter wie »gehorsam« (als Teil von Pflichtbewusstsein) als unakzeptabel empfinden. Dies ist eine subjektive Einstellung, keine objektive Aussage.

Es ist für das Verständnis von Konflikten und für die mögliche Lösung zentral, sich klar zu machen, dass sich kein Mensch ausschließlich auf einer Transaktionsebene bewegt:

Ein Chef, den Sie oft als machtorientiert (A) wahrnehmen, wird gleichwohl auch Emotionen (E) haben. Wenn Sie erkennen, dass seine gelegentlichen Wutausbrüche nicht Teil seiner autoritären, sondern seiner emotionalen Transaktionen sind, wird Ihnen sein Verhalten durchsichtiger. Sie können auf diese Weise zwischen den verschiedenen Ebenen differenzieren. Erst das versetzt Sie in die Lage, angemessen zu reagieren. Sie brauchen dann auf seine Wut nicht mehr zu antworten, als enthalte sie eine Vorschrift, die Sie ablehnen wollen, um Ihre Unabhängigkeit zu schützen. Vielmehr sind Sie in der Lage, auf sein in der Wut ausgedrücktes emotionales Bedürfnis einzugehen.

Man muss auch bedenken, dass Menschen oft zu in sich widersprüchlichen Handlungsweisen tendieren.
Ein Chef kann das eine Mal machtorientiert (A), das andere Mal nicht-direktiv (B) oder sogar pflichtbewusst (D), mal sachlich (C), mal emotional (E) agieren.
Selbst in einer einzigen Transaktion können mehrere Ebenen eine Rolle spielen.
Der Chef sagt zu Ihnen: »Machen Sie das bitte so, wie ich es Ihnen gesagt habe!« Das ist zweifellos eine machtorientierte (A) Aussage. Hat seine Stimme dabei einen fragenden Tonfall, kann sich ein sachlicher (C) Anteil darin verbergen, der Ihnen Gelegenheit gibt zu erklären, warum Sie es anders gemacht haben. Oder die Aussage hat einen klagenden Beiklang. Dann hat Ihr Chef möglicherweise Angst, von seinen eigenen Vorgesetzten kritisiert zu werden, wenn Sie etwas anders als vorgesehen machen. Dies wäre ein pflichtbewusster (D) Hintergrund. Oder Ihr Chef klingt wütend: Das wäre dann eine emotionale (E) Beimischung.

Ein großer Anteil an der Lösung von Konflikten besteht darin, »das Gute im Schlechten« (statt das »Schlechte im Guten«) zu sehen. Dies bedeutet nicht, dass Sie sich als Mitarbeiter dem Chef unkritisch fügen sollen, weil er »es ja nicht so meint«. Vielmehr führt die Analyse der wirklichen Motive von Transaktionen dazu, angemessen zu handeln: Das setzt Sie in die Lage, mehr Chancen wahrnehmen zu können, Ihre eigenen Bedürfnisse, Ideen, Vorstellungen und Wünsche durchzusetzen.

Vielleicht vermissen Sie in dieser Liste Eigenschaften, mit denen gängigerweise Chefs und Mitarbeiter beurteilt werden. Chefs sprechen von Mitarbeitern gern als »faul«. Aber was ist denn damit gemeint? Ist der Mitarbeiter formal auf Vertragserfüllung aus? Dann gehört er zur Kategorie »pflichtbewusst« (D). Oder ist er rebellisch eingeschnappt und macht »Dienst nach Vorschrift«? Dann ist das eine »emotionale« Reaktion (E) auf Demotivierung durch den Chef.

Eine weitere gern benutzte Klassifizierung ist »intrigant«. Dabei handelt es sich um eine Zusammensetzung aus Emotionalität (E) und Machtorientierung (A). Ein intrigantes Verhalten ist sehr störend. Um es jedoch aufzuklären und womöglich in produktive Bahnen zu lenken, muss es erklärt und auf die wirklichen Ursachen zurückgeführt werden.

Eine wichtige positive Bewertung von Mitarbeitern ist die Aussage, sie seien »eigenständig«. Eigenständigkeit ist für sich genommen keine transaktive Eigenschaft. Wie reagiert der eigenständige Mitarbeiter auf die Vorschriften des machtorientierten Chefs? Auf sachliche Einwände von ihm? Auf ein Bremsen durch den pflichtbewussten Chef? Auf die Mäkelei eines emotionalen Chefs? Der eigenständige Mitarbeiter kann sich wütend wehren (E = emotional), kann sich verschreckt unterordnen (D = pflichtbewusst), kann die Sache achselzuckend laufen lassen (B = nicht-direktiv), kann einen Machtkampf (A = machtorientiert) aufnehmen. Die Tatsache, dass jemand eigenständig ist, hat keinen prägenden Einfluss auf seine Transaktionsebene.

Chefs ihrerseits werden von eigenständigen Mitarbeitern gern als »inkompetent« eingestuft: »Der hat ja keine Ahnung.« Auch hier bedarf es eines genaueren Hinsehens: Ist mit der Bewertung als »inkompetent« gemeint, dass er sich im Sachgebiet des Mitarbeiters inhaltlich nicht genau auskennt? Dazu ist der Chef nicht da! Oder heißt es, dass er die Mitarbeiter nicht stark genug führt? Dann fehlt ihm die Machtorientierung (d. h. er ist D = pflichtbewusst). Hinter dem Urteil, der Chef sei »inkompetent«, kann sich auch verbergen, dass die Mitarbeiter meinen, er mische sich zu stark ein (A = machtorientiert) bzw. umgekehrt, er lasse ihnen zu viel freie Hand (B = nicht-direktiv).

Eine weitere gängige Kritik an (Zwischen-)Chefs ist der Vorwurf des »Radfahrens«: Nach oben buckeln und nach unten treten. Dies ist ein hauptsächlich aus dem Pflichtbewusstsein (D) und der Machtorientierung (A) zusammengesetztes Verhalten (mit einem Anteil von Emotionen, die jedoch unterdrückt werden): Auf der einen Seite wird gegenüber »denen noch weiter oben« Gehorsam geübt, die dabei erlittenen Kränkungen durch willkürliche Machtausübung an den Mitarbeitern kompensiert.

Auf diese Weise lassen sich alle Eigenschaften von Chefs und von Mitarbeitern aus den fünf Grundelementen zusammensetzen.

Der Vorteil einer Betrachtungsweise, die die Eigenschaften nicht als unüberwindliche »Blöcke« sieht, sondern sie in Grundelemente zerlegt, liegt in Folgendem: Ein noch so konfliktträchtiges Verhalten wie »Dienst nach Vorschrift« oder wie »Radfahren« kann auf akzeptable Bedürfnisse zurückgeführt und »entwirrt« werden. Die Entwirrung eröffnet Möglichkeiten, auf die dem Konflikt zugrundeliegenden Bedürfnisse einzugehen, ohne sich den negativen Auswirkungen beugen zu müssen. Wie das geht, ist das Thema im Kapitel 5.

Von der Transaktionsanalyse zur Konfliktlösung

Mein Ziel ist nicht, dass Sie keine Konflikte mit Ihrem Chef eingehen. Konflikte haben immer eine Ursache: Die Konfliktparteien wollen etwas erreichen, was sich gegenseitig ausschließt. Oder auszuschließen scheint.

Nehmen wir an, Ihr Chef fordert Sie auf, an einem bestimmten Tag Überstunden zu machen. Sie möchten das nicht. Es scheint hier ein unüberbrückbarer Gegensatz vorzuliegen. Gibt es wirklich keine

Möglichkeiten, diesen Konflikt zu lösen? Ich meine: Meist *gibt's* Möglichkeiten!

Es könnte Ihnen sehr helfen, wenn Sie analysieren würden, ob Ihr Chef eine sachliche, eine machtorientierte oder eine emotionale Transaktion beabsichtigt. Er könnte ganz sachlich daran interessiert sein, dass eine bestimmte Arbeit bis zu einem Termin erledigt ist. Er könnte aber auch machtorientiert die Gelegenheit nutzen, auszutesten, wie »pflichtbewusst« (in der Ausprägung »dienstbar«) Sie sind. Oder er kann sich emotional unter Druck sehen – etwa macht ihm der immer näher rückende Termin für eine Vorlage bei der Geschäftsführung selbst Angst – und möchte das nicht allein durchstehen.

Um Ihr Ziel, die Überstunden nicht machen zu müssen, ohne große Nachteile für sich erreichen zu können, können Sie die Erkenntnisse der Transaktionsanalyse einsetzen.

Ihr Chef wird Ihnen nicht nachgeben, wenn Sie auf seine sachliche Aufforderung, eine Arbeit zu erledigen, emotional beleidigt reagieren: »Immer ich!« Vielmehr müssen Sie eine sachliche Lösung finden, dass die Arbeit ohne Überstunden termingerecht fertig gestellt werden kann: Ein Kollege könnte helfen. Es ist vielleicht nicht nötig, dass die Arbeit so umfangreich zu sein hat (z. B. reichen in der Vorlage Stichpunkte, der Geschäftsführer liest sowieso nicht mehr). Teile der Arbeit können problemlos später erledigt werden (z. B. wird bei dem kommenden Termin nur der erste Teil der Vorlage diskutiert, der zweite erst in der folgenden Sitzung). Der Termin ist nicht zwingend (z. B. ist bekannt, dass der Geschäftsführer an der fraglichen Sitzung gar nicht teilnehmen kann, weil er im Ausland weilt).

Wenn Sie allerdings mit solchen sachlichen Argumenten kommen, Ihr Chef jedoch machtorientiert agiert, werden Sie wenig Erfolg haben. Reagieren Sie emotional, haben Sie schon verloren: Für jemanden, der die Machtfrage stellt, bedeutet eine emotionale Reaktion des Gegenübers das Eingeständnis von Schwäche. Sie könnten es auf die Machtprobe ankommen lassen (»Ich gehe zum Betriebsrat!«) – aber das ist gefährlich. Am besten, Sie appellieren an seine Macht: »Sie bringen mich in Schwierigkeiten, weil ich meine Tante aus Amerika vom Flughafen abholen muss. Können Sie bitte eine andere Lösung finden?« Obschon Sie nicht tun wollen, was er sagt, ist dies eine Transaktion auf der pflichtbewussten Ebene.

Gesetzt, Ihr Chef möchte Sie nur als Unterstützung »dabei« haben, ist die Lösung einfach und schwierig zugleich. Einfach ist sie, weil Sie ihm die Unterstützung ja auch ohne Überstunden gewähren können (Sie können ihm etwa sagen, wie gut seine Vorschläge sind, und ihm damit die Angst nehmen). Schwierig, weil es eben schwierig ist, seinem Chef so zu helfen. Das ist eine Verletzung der Rollenverteilung. Vielleicht ergibt sich eine Möglichkeit, ihn etwas von dem Druck zu entlasten, indem Sie Ihm irgend eine der Aufgaben, die ihn »drücken«, abnehmen: Sagen Sie ihm etwa: »Ich übernehme es, dass Sie die englische Fassung der Vorlage bis zum Termin haben.« Denn Sie wissen ja, dass sein Englisch höllisch schlecht ist und dass er das sehr genau im Gefühl hat…

Auf jeden Fall verschlimmert eine sachliche oder machtorientierte Reaktion die Sache, wenn Ihr Chef eine emotionale Botschaft aussendet. Er fühlt sich auf verletzende Art missverstanden und wird blindlings um sich schlagen. Keine sehr angenehme Vorstellung. Trotzdem ist das Um-sich-schlagen häufig Realität am Arbeitsplatz.

Der Chef, der keiner sein wollte: Ein Fall für den Coach

Robert sitzt zusammengesunken vor mir. Den Kopf hat er schützend zwischen die Schultern gezogen. Die Schenkel presst er fest aneinander, und damit sie sich auch wirklich nicht öffnen, drückt er mit den Händen von beiden Seiten nach. Er ist sich des jämmerlichen Bildes, das er abgibt, nicht bewusst. Vielmehr ist er völlig mit sich selbst und mit seinem »Unglück« beschäftigt. »Nein«, murmelt er immer wieder, »nein, das will ich nicht.«

Robert ist kein »Loser«. Außer mir kennt ihn nur seine Frau so, wie er sich jetzt darstellt. Denn er ist erfolgreich und bekannt. Er hält mehrere Patente. Weil er den »richtigen Riecher« für kommende Entwicklungen hat, ist er ein gefragter Experte bei Unternehmern, Verbänden und Politikern. Mehr und mehr wird er zum Berater. Schließlich hat er sich vor zwei Jahren selbstständig gemacht. Er hat viele Aufträge, und schließlich stellt er neben seiner Sekretärin zwei Leute ein, die ihn konzeptionell unterstützen sollen. Seine beiden »Jungs«, wie er die Mitarbeiter nennt, sind Top-Leute von der Uni, Prädikatsexamen. Damit sie sich auch richtig wichtig fühlen, bietet er ihnen neben einem stattlichen Einstiegsgehalt auch gleich je einen Dienstwagen an.

Doch irgendwie läuft's nicht so, wie Robert es sich gedacht hatte. Er rackert sich ab, arbeitet mehr als vorher (wo er allein war), aber wenn er einen Strich drunter macht, subventioniert er seine Firma aus den Einnahmen der Patentrechte. Auf den Punkt gebracht: Wenn er nichts arbeiten würde, bliebe ihm mehr. Doch weder möchte sich Robert vorzeitig zur Ruhe setzen, noch reichen die Einnahmen, um seinen Lebensstil zu finanzieren. Also denkt er, dass er einfach mehr arbeiten muss. Manchmal wachsen ihm die Ausgaben über den Kopf, und er weiß nicht, wie er den nächsten Monat überstehen soll.

Bei einem gemeinsamen Kunden lernte ich Robert zufällig kennen. Es dauerte eine Weile, bis er mich dann um Unterstützung bat. Ob ich nicht mal seine beiden »Jungs« auf »Vordermann« bringen könnte, die seien zwar lieb und nett, aber bei deren Arbeit würde nichts »rumkommen«. Stattdessen würden sie ihm »auf der Nase herumtanzen«. Ich schaute mir seine Mitarbeiter an und fand, dass sie nicht nur lieb und nett waren, sondern auch loyal ihrem Chef ergeben und arbeitswillig. Was ihnen fehlte, war jemand, der sagte, was sie tun sollten. Zwar versuchen sie stets, das zu tun, von dem sie meinten, Robert würde es von ihnen erwarten, aber selten genug klappte das. Weil sie ihren Chef bewunderten, litten sie besonders darunter, dass er nie Zeit für sie hatte.

Vorsichtig sprach ich bei Robert an, dass ich meinte, nicht seine Mitarbeiter, sondern er brauche Unterstützung. Das war ein herber Schlag für sein Selbstbewusstsein. Es ist immer ein großes Risiko dabei, so etwas bei seinem Kunden anzusprechen – manchmal führt das zum Abbruch der Geschäftsbeziehungen. Robert bat sich Bedenkzeit aus, aber eine Woche später war er soweit. »Es muss etwas geschehen«, sagte er. »Und wenn Sie meinen, ich müsse auf die Couch, dann meinetwegen. Ich muss ja wirklich auch verrückt sein, bei dem was ich arbeite, nur um die hungrigen Mäuler der Jungs zu stopfen.« Ein solches Umschlagen von Selbstbewusstsein in Selbstbezichtigung erlebe ich oft bei Coaching-Klienten.

Nur langsam komme ich an Robert heran. Wenn er zum Coaching-Termin kommt, sehe ich ihm zwar die Überarbeitung an, aber er setzt sein Gewinner-Lächeln auf. Sofort erzählt er, was er alles zu tun hat. Wer alles mit ihm sprechen will. Wer alles seine Beratung braucht. Jeder möchte etwas von ihm. Jeder kennt und mag ihn.

»Ich kann mir das hier eigentlich gar nicht leisten, zeitlich gesehen«, beginnt er diesen Vormittag die Sitzung, »bei dem, was ich zu tun habe.« Ich wende ein, es könnte nützlich sein, vor der Arbeit nachzudenken. »Lieber arbeiten als nachdenken«, sagt er und freut sich über sein Bonmot.

»Wenn Sie gleich ins Büro fahren, was wird Sie dort erwarten?«, frage ich.

»Es warten ungefähr 50 eMails, die ich lesen möchte, vier wichtige Anrufe gab es schon, da muss ich zurückrufen. Dann kommt es wahrscheinlich ganz dicke und jeder ruft gleichzeitig an. Da ist auch noch dieser Journalist, ja, für den muss ich mir Zeit nehmen. Da lasse ich mich dann von keinem stören.« Robert erblüht in Wichtigkeit.

»Und Ihre Mitarbeiter? Stellen Sie sich bitte vor, was sie machen, wenn Sie zur Tür herein kommen«, fordere ich ihn auf.

»Oh, die Jungs? Da darf ich gar nicht dran denken«, lacht Robert etwas peinlich berührt und versteckt sein Gesicht hinter den Händen. »Die vier aufgerissenen braunen Augen, die mir folgen und erwarten, dass ich ihnen sage, was sie tun sollen. Aber dafür habe ich sie nicht eingestellt. Sie sollen schließlich was wegarbeiten und mir nicht im Wege stehen!«

»Die Jungs«, wiederhole ich und mache eine kleine Pause. »Sie nennen Ihre Mitarbeiter Ihre Jungs. Wenn das Ihre Jungs sind, was sind Sie dann eigentlich?«

Roberts aufgesetztes Lächeln erstirbt. Er nimmt die Hände vom Gesicht. »Ich nehme an, na, dass ich dann ihr – Vater bin.«

Hilfesuchend schaut Robert mich an. Doch ich biete ihm keinen Halt an. Er muss da durch. »Was erwarten Jungs von ihrem Vater?«

»Dass er ihnen hilft, dass er ihnen sagt, wo's lang geht. Aber das will ich nicht. Sie sollen doch meine Partner sein, gleichberechtigt. Ich will niemandem sagen, was er tun soll. Sie sollen einfach tun, was nötig ist, um die Jobs abzuarbeiten!«

»Nennt man Partner seine ›Jungs‹?«, frage ich.

»Das ist doch nur so gesagt…«, wehrt Robert ab.

Keine Ausflüchte! Ich unterbreche den Versuch, die Sache auf billige Weise herunterzuspielen. »Sie haben sich die Anrede doch selbst gesucht. Oder haben Ihre Mitarbeiter Sie gebeten, sie ›Jungs‹ zu nennen? Es ist nur ein Name, aber er steht für etwas. Wieviel Erfahrung in der Branche haben Sie jetzt?«

»Rund zehn Jahre.«

»Wieviel Erfahrung haben Ihre Mitarbeiter?«

»Na, gar keine, sie kommen gerade von der Uni.«

»Und Sie, haben Sie, als Sie mit dem Studium fertig waren, direkt alles gewusst? Brauchten Sie niemanden, der Ihnen Unterstützung gegeben hat?«

Robert antwortet nicht, sondern sinkt in die Position zusammen, die ich am Anfang geschildert habe. Dann jammert er: »Ja, ich mache alles falsch. Es ist mein Fehler, die Jungs können nichts dafür. Aber was soll ich tun? Ich habe keine Zeit.«

»Sie haben eben von dem Termin mit dem Journalisten gesprochen«, sage ich, ohne auf sein Spiel mit der Hilflosigkeit einzugehen. »Es dürfe Sie niemand stören, wenn der da wäre, haben Sie gesagt. Können Sie sich das zeitlich eigentlich leisten?«

»Die Zeit muss ich mir nehmen, mir schaffen! Schließlich lebe ich von solchen Kontakten. Meine Bekanntheit ist mein Kapital!« empört sich Robert.

»Und die Arbeit Ihrer Mitarbeiter ist nicht Ihr Kapital?« frage ich und sehe Robert fest in die Augen. »Papa wird sich von jetzt an jeden Morgen eine halbe Stunde Zeit für seine ›Kinder‹ nehmen. Er wird ihnen sagen, was sie gut und was sie schlecht gemacht haben. Was sie an diesem Tag tun sollen und was sie anders machen sollen als am Tag zuvor. Basta!«

Ich habe noch viel mit Robert üben müssen, wie er mit seinen Mitarbeitern spricht. Auch den Unterschied zwischen »Jungs« und Mitarbeitern haben wir herausgearbeitet. Aber schon unmittelbar, nachdem Robert angefangen hatte, sich Zeit für seine Mitarbeiter zu nehmen und sie auch bisweilen zu kritisieren, stellten sich sensationelle Verbesserungen in der kleinen Firma ein. Robert berichtete etwa: »Wenn ich mal Kritik übe, dann kommt das gar nicht so schlecht an, wie ich befürchtet habe. Einer hat mir gesagt: ›Endlich sagst du, was du willst, und ich bin nicht darauf angewiesen, es zu raten!‹ Klappt prima.«

Vielleicht kommt Ihnen diese Geschichte absonderlich vor. Chefs sind doch böse Menschen. Natürlich gibt es nach wie vor böse Chefs (von ihnen berichte ich ein anderes Mal). Aber meine Erfahrung sagt, dass es sehr viele Chefs gibt, die eigentlich gar keine Chefs sein wollen. Sie »arbeiten« lieber, als dass sie führen. Sie meinen, Führen bringe nichts ein, sei keine Arbeit. Sie haben Angst, von den Mitarbeitern nicht gemocht zu werden, wenn sie Anweisungen geben oder Kritik üben. Eine Untersuchung hat ergeben, dass die Mitarbeiter viel mehr Schwierigkeiten mit den Vorgesetzten haben, die ihre Chef-Rolle nicht übernehmen, als mit denen, die bisweilen autoritär auf den Tisch klopfen.

Die abstrakten Prinzipien des Führens sind schnell aufgezählt. Diese Prinzipien helfen den Vorgesetzten jedoch nicht, ihre inneren Widerstände zu überwinden. Sie helfen auch nicht den Mitarbeitern, die unter solchen Nichtchef-Chefs leiden.

Drei einfache Vorschläge, wie Sie als Vorgesetzter Ihre Führungsrolle besser übernehmen können:

1 »Warum lehne ich die Führungsrolle ab?« Durch diese Frage kommen Sie den Widerständen auf die Spur, die Sie hindern, Chef zu sein. Dabei werden Sie oft feststellen, dass Sie Erfahrungen aus anderen Zeiten (z. B. Kindheit) oder aus anderen Lebens-Zusammenhängen (z. B. Beziehung) auf Ihre Führungsrolle übertragen. Eine solche Übertragung ist sehr hinderlich: Ihre führungsschwache Position war oder ist Ihnen in jenem anderen zeitlichen oder lebens-weltlichen Zusammenhang bestimmt hilfreich, aber behindert Sie jetzt bei der angemessenen Erfüllung Ihrer Aufgaben.

2 »Was würde ich verlieren, wenn ich versuche, die Führungsrolle ernst zu nehmen?« Durch diese Frage können Sie die irrationalen Ängste vermindern, die Sie mit dem Führen verbinden. Sie brauchen sich nicht zu fragen, was Sie gewinnen, wenn Sie die Führungsrolle ernst nehmen, denn das wissen Sie ja. Machen Sie sich

klar, dass Sie nichts (oder wenig) verlieren, wenn Sie die Führungsrolle ernst nehmen und Sie werden es leichter haben, damit anzufangen.

3 »Wie kann ich meine Führungsrolle übernehmen, ohne mich dabei zu verbiegen?« Orientieren Sie sich nicht an von außen vorgegebenen Modellen! Lassen Sie sich von niemandem sagen, wie Sie sein sollten! Ihre Mitarbeiter werden Sie in Ihrer Führungsrolle dann akzeptieren, wenn Sie sich »authentisch« verhalten. Fast alle Menschen sind unbewusst sehr sensibel gegenüber »aufgesetzten« und »unehrlichen« Verhaltensweisen. Darum müssen Sie sich mit sich selbst auseinandersetzen, um zu dem Führungsstil zu finden, der zu Ihnen passt.

Drei einfache Vorschläge, wie Sie als Mitarbeiter mit einem führungsschwachen Chef umgehen können:

1 »Er ist, wie er ist.« Es hat wenig Zweck, sich vorzustellen, wie Ihr Chef sein sollte. Sie haben nicht die Möglichkeit, ihn zu ändern. Ständig zu versuchen, ihn zu erziehen, schafft nur schlechte Stimmung. Möchten Sie nicht auch so akzeptiert werden, wie Sie sind? Bringen Sie diese Akzeptanz auch Ihrem Chef gegenüber auf, so ist das bestimmt der erste Schritt zu einer besseren Arbeitssituation.

2 »Es hat auch Vorteile, so wie er ist.« Machen Sie sich klar, welche guten Seiten ein führungsschwacher Chef hat. Zumindest lässt er Ihnen mehr Freiraum als ein autoritärer Chef. Wenn Sie sich etwas im Bekanntenkreis umschauen, werden Sie bestimmt Beispiele dafür finden, wie schlecht es einem bei einem Hau-drauf-Chef geht.

3 »Ich tue, was ich kann.« Füllen Sie den Freiraum, den Ihnen Ihr Chef lässt, positiv aus. Lassen Sie ihrer Kreativität freien Lauf. Dabei müssen Sie auch Risiken eingehen. Aber wer nichts wagt, gewinnt nichts. Wenn Sie Ihr bestes gegeben haben, brauchen Sie sich keine Vorwürfe zu machen, auch wenn mal etwas schief geht. Besser, es geht ab und zu etwas schief, als dass aufgrund der Kombination eines pflichtbewussten Mitarbeiters mit einem führungsschwachen Chef gar nichts Produktives geschieht.

Der Chef und »ich«

Transaktionen können nur im sozialen Zusammenhang sinnvoll betrachtet werden. Soweit, so gut. Solange Sie jedoch in der Perspektive »der Chef und wir« bleiben, wird es kaum möglich sein, verändernd einzugreifen. Wir gehen einmal davon aus, Sie seien im Kollegenkreis nicht so einflussreich, dass Sie das Verhalten der gesamten Gruppe verändern können. (Wer kann das schon?) Was Sie verändern können, ist Ihr eigenes Verhalten.

Mit dem »Konfliktogramm« im folgenden Kapitel können Sie ermitteln, wie Sie mit Ihrem Chef in Konflikte geraten und welche Chance es gibt, diese Konflikte im Zaum zu halten, ohne sich blindlings unterwerfen oder selbst verleugnen zu müssen.

Bevor Sie jedoch das Konfliktogramm ausfüllen und auswerten, ist es gut, wenn Sie sich Zeit für folgende Fragen nehmen:

1 Wann gerate ich mit meinem Chef aneinander? Was sagt er? Was sage ich?

2 Welches Verhalten meines Chefs verursacht mir Ärger, den ich aber unterdrücke? Wie fühlt sich das im Bauch an? Welche versteckten Racheakte unternehme ich, um ihn dafür zu »bestrafen«?

3 Welche Situation am Arbeitsplatz möchte ich gern haben? Was sollte auf der einen Seite ohne Konflikte ablaufen? Wo müsste ich auf der anderen Seite Konflikte eingehen? Für was lohnt es sich, Konflikte auf mich zu nehmen?

4. DAS KONFLIKTOGRAMM

Etwas verändern kann man nur, wenn man weiß, was man verändern muss und wohin man will. Ich habe einen Fragebogen entwickelt, mit dessen Hilfe Sie sich ein objektiveres Bild von den Konflikten machen können, die Sie mit Ihrem Chef haben.

Der Fragebogen besteht aus typischen Chef-Aussagen und typischen Mitarbeiter-Aussagen. Natürlich ist es nicht in allen Fällen so, dass diese Formulierungen wortwörtlich in Ihren Gesprächen oder Auseinandersetzungen mit Ihrem Chef gebraucht werden. Versuchen Sie, die vorgegebenen Aussagen auf Ihren Betrieb, auf Ihr Arbeitsgebiet, auf die Person Ihres Chefs und auf Sie selbst zu beziehen. Fragen Sie sich jeweils, ob solche Formulierungen sinngemäß in Ihren Gesprächen fallen. Es ist dabei nicht die Frage, ob diese Aussagen der Beginn eines Konfliktgespräches sind, vielmehr ob sie überhaupt fallen (es sollen ja auch die Punkte ermittelt werden, an denen eine gedeihliche Zusammenarbeit zwischen Ihnen und Ihrem Chef möglich ist).

Ziel ist es, die spezifischen Transaktionen zwischen Ihnen und einem bestimmten Chef zu analysieren. Wenn Sie Ihr Verhältnis zu verschiedenen Chefs ermitteln wollen, erstellen Sie bitte auch Ihr eigenes Profil jeweils neu – denn Sie verhalten sich jedem Chef gegenüber anders.

Bitte versuchen Sie, sich an Ihre wirklichen Gespräche zu erinnern. Sie werden keinen großen Erkenntnisgewinn aus der Auswertung des Fragebogens ziehen, wenn Sie Aussagen ankreuzen, die Sie Ihrem Chef gern unterstellen (aber gar nicht hören), oder solche, die Sie Ihrem Chef gern an den Kopf werfen würden (es allerdings nicht tun).

Kreuzen Sie bitte in allen der folgenden sechzehn »Pakete« jeweils **2** der häufigsten Formulierungen an, die **Ihr Chef im Gespräch mit Ihnen** gebraucht (unabhängig davon, ob diese Aussage zum Konflikt führt oder nicht).

Bitte bedenken Sie: Nicht der genaue Wortlaut ist entscheidend, sondern der Inhalt.

Paket 01 (wählen Sie bitte 2 Formulierungen aus):

A ☐ Wer ist denn hier der Chef? Sie oder ich?
B ☐ Sehr gut, prima, machen Sie weiter so!
E ☐ Ich will dazu nichts mehr hören!
E ☐ Da habe ich ein ungutes Gefühl.
C ☐ Das ist von der Sache her noch nicht in Ordnung.
A ☐ Na, wenn Sie sich etwas anstrengen, bekommen Sie das schon hin.
D ☐ Damit müssen wir nun mal leben.
B ☐ Wollen Sie das vielleicht übernehmen?
E ☐ Ich träume davon, dass…

Paket 02 (wählen Sie bitte 2 Formulierungen aus):

D ☐ Damit müssen wir nun mal leben.
C ☐ Haben Sie schon diesen Bericht zu Rate gezogen?
E ☐ Ich will dazu nichts mehr hören!
B ☐ Das ist nicht meine Sache.
A ☐ Wollen Sie unsere Gepflogenheiten in Frage stellen?
D ☐ Es ist wirklich 'ne Sauerei, was die Geschäftsleitung da…
A ☐ Das regeln wir beiden schon unter uns.
B ☐ Wofür werden Sie hier eigentlich bezahlt?
D ☐ Was ist da noch zu retten?

Paket 03 (wählen Sie bitte 2 Formulierungen aus):

C ☐ Wer fragt schon, was wir »wollen«?

B ☐ Dafür müssen Sie schon selbst gerade stehen!
D ☐ Wir möchten niemandem zu nahe treten, darum...
A ☐ Wenn Sie wirklich so schlau sind, warum machen Sie dann nicht meinen Job?
E ☐ Und was habe ich davon?
C ☐ Welche Gründe gibt es dafür?
A ☐ Ich will, dass Sie das *so* machen. Das ist sehr wichtig für mich.
B ☐ Wir müssten da mal was machen...
D ☐ Ja, was sollen wir denn da machen?

Paket 04 (wählen Sie bitte 2 Formulierungen aus):
D ☐ Das habe ich nicht zu verantworten, glauben Sie mir bitte...
A ☐ Ich würde das mit links machen.
B ☐ Das müssen Sie schon selber wissen.
D ☐ Wer könnte uns denn sagen, wie...
C ☐ Finden Sie das etwa witzig?
E ☐ Für Sie nehme ich mir gern die Zeit...
B ☐ Da müssen wir uns mal Gedanken drüber machen...
A ☐ Das machen Sie besser so und so...
D ☐ Das bringt ja doch nichts.

Paket 05 (wählen Sie bitte 2 Formulierungen aus):
A ☐ Tun Sie einfach, wie ich es Ihnen erklärt habe!
B ☐ Fällt Ihnen vielleicht dazu etwas ein?
E ☐ Das hat mir ja noch nie jemand gesagt!
D ☐ Es scheint ja einiges dafür zu sprechen, aber...
E ☐ Dabei fällt mir gerade ein...
B ☐ Wie Sie das machen, ist mir egal.
C ☐ Das Persönliche soll aus dem Spiel bleiben!
A ☐ Verlassen Sie sich auf mich!
E ☐ Ich möchte gerne, dass Sie mich verstehen.

Paket 06 (wählen Sie bitte 2 Formulierungen aus):

C ☐ Können dazu weitere Informationen besorgt werden?

A ☐ Schließlich wollen Sie ja auch weiterkommen.

B ☐ Schauen Sie mal, wo was zu tun ist.

A ☐ Bis morgen hat das vorzuliegen.

B ☐ Fragen Sie einfach mal rum, wer Unterstützung braucht.

E ☐ …also, dann werde ich sauer!

C ☐ Das bedarf einer weiteren Erörterung.

D ☐ Ich bin ganz Ihrer Meinung…

E ☐ Denen will ich mal den Marsch blasen!

Paket 07 (wählen Sie bitte 2 Formulierungen aus):

A ☐ Nein! Das würde mir Probleme machen.

D ☐ Ach, ich weiß nicht so recht…

A ☐ Wenn Sie das für mich tun könnten, würde ich für Sie…

C ☐ Reichen dazu die Informationen aus?

B ☐ Schauen Sie mal, wie Sie das durchsetzen.

A ☐ Ich sage Ihnen jetzt mal, wie ich das mache.

B ☐ Verschaffen Sie sich einen Überblick…

A ☐ Das hat Konsequenzen!

B ☐ Können Sie sich vielleicht mal darum kümmern, dass…

Paket 08 (wählen Sie bitte 2 Formulierungen aus):

D ☐ Das wird sich schon irgendwie regeln lassen.

A ☐ Da lasse ich mir nicht von irgendjemanden reinreden.

C ☐ Man hat mich aber dahingegen informiert, dass…

B ☐ Ich habe dafür im Moment keine Zeit.

A ☐ Das ist mein letztes Wort.

D ☐ Wir können aber doch nicht gegen die Regeln verstoßen!

E ☐ Also, Ärmel aufgekrempelt, und alle mit Freude und Elan an die Arbeit. Dann packen wir's und zeigen es »denen«…

C ☐ Ach ja, so verhält sich das…

D ☐ Da sind uns die Hände gebunden.

Paket 09 (wählen Sie bitte 2 Formulierungen aus):

C ☐ Ist schon bedacht worden, dass…?

D ☐ So steht es in den Verträgen.

B ☐ Na, halb so schlimm.

C ☐ Dazu würde ich gern Ihre eigene Meinung hören!

D ☐ Haben Sie vielleicht eine Idee, was man da machen könnte?

E ☐ Kommen Sie mir bloß nicht so!

D ☐ So wichtig ist das ja nun auch wieder nicht.

C ☐ Die Informationen lauten anders.

A ☐ Gründe hat jeder, da könnte ja jeder kommen…

Paket 10 (wählen Sie bitte 2 Formulierungen aus):

E ☐ Zum verrückt werden, immer diese Fehler.

D ☐ Das werde ich mitnehmen und am Wochenende durcharbeiten.

B ☐ Ich vertraue Ihnen das völlig an.

C ☐ Wenn mehr bekannt ist, reden wir weiter.

E ☐ Das kann und will ich nicht glauben!

B ☐ Machen Sie sich mal darüber Gedanken.

E ☐ So 'n Quatsch – das ist meine Meinung!

A ☐ Ich trage ja schließlich auch die Verantwortung dafür.

E ☐ Bedanken Sie sich nicht, es ist mir eine Freude gewesen…

Paket 11 (wählen Sie bitte 2 Formulierungen aus):

B ☐ Sie sind der Fachmann.
C ☐ Können Sie mir das irgendwie belegen?
E ☐ Ich bin zutiefst enttäuscht. Das hätte ich von Ihnen nicht erwartet!
C ☐ Was richtig ist, bleibt auch richtig.
E ☐ Wollen Sie mich angreifen?
D ☐ Glauben Sie, es geht mir besser als Ihnen?
E ☐ Was kümmert mich mein Geschwätz von gestern?
D ☐ Wir halten uns an die Gepflogenheiten dieses Hauses.
E ☐ Ich weiß nicht, wo mir der Kopf steht!

Paket 12 (wählen Sie bitte 2 Formulierungen aus):

D ☐ Die allgemeine Meinung hat sich in diesem Punkt geändert.
B ☐ Klären Sie das gelegentlich.
A ☐ Das schaffe ich in der Hälfte der Zeit.
E ☐ Warum verstehe ich das denn nicht?
D ☐ Wie stehe ich denn jetzt da?
E ☐ Quatschen Sie mich bloß nicht an, sonst passiert was!
D ☐ Das kann jetzt nicht entschieden werden.
E ☐ Na gut, da Sie es sind!
C ☐ Das Argument hat mich noch nicht überzeugt.

Paket 13 (wählen Sie bitte 2 Formulierungen aus):

D ☐ Was soll ich denen da oben denn jetzt sagen?
C ☐ Das ist also geklärt. Nächster Punkt…
E ☐ Hauen Sie mich ruhig in die Pfanne! Dann werden Sie mich schon kennen lernen!
C ☐ Auf Einzelschicksale kann da keine Rücksicht genommen werden.

E ☐ Reizen Sie mich nicht, dann werde ich bösartig!
D ☐ Sie würden mich damit in arge Schwierigkeiten bringen…
A ☐ Ich entscheide, was gemacht wird.
B ☐ Da lasse ich Ihnen freie Hand.
D ☐ Wenn es nach mir ginge, sähe es hier ganz anders aus.

Paket 14 (wählen Sie bitte 2 Formulierungen aus):
E ☐ Dazu hab' ich jetzt keine Lust.
B ☐ Bis die Sache fertig ist, will ich nichts mehr davon hören.
E ☐ Bei nächster Gelegenheit kriegen »die« einen reingewürgt!
C ☐ Da müssen noch mehr Argumente her!
E ☐ Warum versteht mich denn niemand?
A ☐ Ich will nicht, dass das noch einmal passiert.
E ☐ Wo sind wir denn hier überhaupt? Im Affenzirkus?
C ☐ Welche Sicherheit gibt es dafür?
A ☐ Sie müssen sich hier schon an unsere Spielregeln halten.

Paket 15 (wählen Sie bitte 2 Formulierungen aus):
D ☐ Nichts wird so heiß gegessen, wie es gekocht wird.
E ☐ Damit haben Sie mich vor einem Jahr schon mal genervt!
C ☐ Wie lässt sich das Problem lösen?
E ☐ Das brauchen wir nicht so eng zu sehen.
D ☐ Da muss noch eine Genehmigung eingeholt werden.
C ☐ Ich habe mir dazu überlegt, dass…
D ☐ Das kann niemand ändern!
A ☐ Sie schaden sich damit nur selbst.
C ☐ Dazu liegen aber noch nicht alle Fakten auf dem Tisch.

Paket 16 (wählen Sie bitte 2 Formulierungen aus):

A ☐ Ich regle das.

E ☐ Mich kotzt hier alles an! Ich hab' die Schnauze gestrichen voll!

B ☐ Sie brauchen nicht wegen jeder Kleinigkeit zu kommen.

D ☐ Ist denn nicht abgemacht worden, dass…?

E ☐ Machen Sie mich damit bloß nicht verrückt!

D ☐ Wie stehe ich denn jetzt da?

B ☐ Inhaltlich will ich da gar nichts zu sagen. Da mische ich mich nicht ein.

E ☐ Ich will, was ich will. Punkt. Aus.

C ☐ Würden Sie das bitte noch mal überprüfen?

Zählen Sie nun bitte die Häufigkeit der alles in allem angekreuzten Buchstaben in den Paketen 01-16:

A ______________________

B ______________________

C ______________________

D ______________________

E ______________________

Die Summe muss 32 betragen!

Kreuzen Sie bitte in allen der folgenden sechzehn «Pakete« jeweils **2** der häufigsten Formulierungen an, die **Sie im Gespräch mit Ihrem Chef** gebrauchen (unabhängig davon, ob diese Aussage zum Konflikt führt oder nicht).

Bitte bedenken Sie: Nicht der genaue Wortlaut ist wichtig, sondern der Inhalt.

Paket 17 (wählen Sie bitte 2 Formulierungen aus):

D ☐ Sie sind doch der Chef!
E ☐ Lassen Sie mich das machen. Das mache ich so gerne.
A ☐ Das gehört zu meinen Entscheidungsbefugnissen!
C ☐ Die Überlegungen lauten, dass...
E ☐ Mit Frau Schulz werde ich nicht mehr zusammen arbeiten. Die geht mir ja sowas von tierisch auf die Nerven.
A ☐ Wie können Sie mir da reinreden?
D ☐ Ich tue doch bloß, was man mir aufträgt.
C ☐ Ich habe mich kundig gemacht...
E ☐ So eine gottverdammte Scheiße!

Paket 18 (wählen Sie bitte 2 Formulierungen aus):

A ☐ Das sehe ich nicht ein!
C ☐ Sachzwänge lassen sich nun mal nicht wegdiskutieren.
A ☐ Das lasse ich mir ungern aus der Hand nehmen!
D ☐ Ich arbeite ab, was Sie mir auf den Tisch legen.
B ☐ Mal sehen, was das gibt.
C ☐ Wie ist das gerechtfertigt?
D ☐ Auf Ihre Verantwortung hin!
E ☐ Ich flehe Sie an...
C ☐ Uns liegen Ergebnisse vor, die besagen, dass...

Paket 19 (wählen Sie bitte 2 Formulierungen aus):

E ☐ Darüber brauchen Sie sich keine Gedanken mehr zu machen.
C ☐ Das ist recherchiert worden.
E ☐ Darauf können wir ja gemeinsam »einen fahren lassen«.
A ☐ Unkonventionell? Ich sage: hochgradig erfolgreich!
E ☐ Kein Problem für mich. Ist mir eine Ehre!
B ☐ Das findet sich schon.
A ☐ Das Risiko gehe ich dafür ein.
C ☐ Die Sachlage ist…
D ☐ Das genau zu machen, braucht eben seine Zeit.

Paket 20 (wählen Sie bitte 2 Formulierungen aus):

C ☐ Alle Informationen deuten darauf, dass…
A ☐ Nicht mit mir!
E ☐ Schon erledigt!
A ☐ Es ist doch schon verbindlich beschlossen worden, dass…
E ☐ Ich mache, was ich mache.
B ☐ Ich frage die Kollegen, wer das vielleicht übernehmen will.
A ☐ Das ist die Anweisung, die mir gegeben wurde. Ich gebe sie hiermit an Sie weiter.
D ☐ Dafür bin ich nicht zuständig.
A ☐ Das hat Konsequenzen. Das werde ich nicht auf mir sitzen lassen.

Paket 21 (wählen Sie bitte 2 Formulierungen aus):

C ☐ Können Sie mich bitte informieren, wenn…
D ☐ Ist das denn so in Ordnung, wie ich das gemacht habe?
B ☐ Ist es meine Aufgabe, den Kollegen reinzureden?

E ☐ He, Chef! Das ist *die* Lösung.
D ☐ Man richtet sich da am besten einfach nach der Mehrheit.
A ☐ Überschreitet das nicht Ihre Befugnis?
C ☐ Sie müssen uns noch überzeugen, dass…
A ☐ Das habe ich nicht nötig.
D ☐ Wenn Sie mir das sagen, wird das schon seine Richtigkeit haben.

Paket 22 (wählen Sie bitte 2 Formulierungen aus):
E ☐ Immer meckern Sie mich an!
A ☐ Lassen Sie uns doch Herrn Müller und Frau Schulz hinzuziehen.
B ☐ Das wird sich schon klären.
E ☐ Man kann auch mal 5 gerade sein lassen.
B ☐ Als so schlimm empfinde ich das gar nicht.
C ☐ Wenn man das Pro und Contra abwägt…
A ☐ Ich will ja die Kollegen nicht anschwärzen, aber…
C ☐ Dafür müssen wir ermitteln, ob…
B ☐ Das wird schon werden, warten wir einfach.

Paket 23 (wählen Sie bitte 2 Formulierungen aus):
A ☐ Das steht Ihnen nicht zu!
E ☐ Man muss ja nicht immer ausgelatschte Pfade gehen.
B ☐ Warum sollte ich da eingreifen?
B ☐ Das regelt sich ganz von allein.
C ☐ Man muss da sachlich sein.
B ☐ Wir setzen uns zusammen und machen uns Gedanken…
E ☐ Warum probieren wir denn eigentlich nie mal etwas Neues aus?
A ☐ Bin ich Ihnen das schuldig?
B ☐ Ist das unsere Sache?

Paket 24 (wählen Sie bitte 2 Formulierungen aus):

C ☐ Gefühle tun hier nichts zur Sache.

E ☐ Ich brauche dazu keine Hilfe, ich bin doch schließlich kein Baby.

D ☐ Ich habe das genau so gemacht, wie Sie mir gesagt haben.

B ☐ Muss ich das wirklich machen?

A ☐ Das ist meiner Meinung nach so zu machen.

B ☐ Die Kollegen machen das schon.

E ☐ Wie soll ich unter den beschissenen Bedingungen was schaffen!

B ☐ Da kann man ja gespannt sein, was dabei herauskommt.

E ☐ Hier soll sich doch jeder wohlfühlen, oder?

Paket 25 (wählen Sie bitte 2 Formulierungen aus):

A ☐ Ich an Ihrer Stelle würde ja…

B ☐ Wir können das sich selbst überlassen.

A ☐ Ist das Ihr Ernst?

B ☐ Wenn ein Kollege etwas macht, mische ich mich da grundsätzlich nicht ein.

E ☐ Ich lasse mir nie reinreden!

D ☐ Wo soll ich denn jetzt anfangen?

B ☐ Vielleicht sollten wir das etwas gelassener angehen.

C ☐ Das tangiert mich nicht.

E ☐ Bei meiner Ehre! Ich werde auf keinen Fall klein beigeben!

Paket 26 (wählen Sie bitte 2 Formulierungen aus):

D ☐ Da wären ganz präzise Anweisungen nützlich.

E ☐ Lassen Sie mich das doch bitte in Ruhe machen.

C ☐ Es fehlt noch der Bericht von…

E ☐ Nein, tun Sie mir das nicht an! Bitte!

D ☐ Was soll ich Ihrer Meinung nach tun?
B ☐ Zerbrechen Sie sich doch nicht den Kopf von anderen.
A ☐ Wenn der das nicht entscheidet, dann mach ich's halt eben!
C ☐ Wer Recht hat, hat Recht!
E ☐ Das finde ich supertoll!

Paket 27 (wählen Sie bitte 2 Formulierungen aus):
B ☐ Da mische ich gar nicht erst mit.
D ☐ Bin ich denn auch dafür zuständig?
C ☐ Das muss man nicht so persönlich sehen.
B ☐ Wir machen das schon irgendwie.
D ☐ Wird das auch keinen Ärger geben?
C ☐ Sind dafür überhaupt Ressourcen vorhanden?
B ☐ Es gibt dabei ja auch einen positiven Aspekt.
D ☐ Könnten Sie bitte noch mal sagen, wie Sie das haben wollen?
A ☐ Da haben Sie gar keine Ahnung von!

Paket 28 (wählen Sie bitte 2 Formulierungen aus):
D ☐ Was soll ich denn jetzt zuerst machen?
E ☐ Toll, lassen Sie uns das doch mal ausprobieren! Bitte! Bitte!
C ☐ Die verfügbaren Mittel erlauben, dass…
B ☐ Soll der das weitermachen, der damit angefangen hat.
C ☐ Dabei ist noch zu beachten, dass…
E ☐ Kontrollieren Sie mich nicht! Ich halte meine Termine!
C ☐ In Anbetracht der zur Verfügung stehenden Zeit…
E ☐ Sie haben es wohl auf mich abgesehen!
D ☐ Man will sich ja nicht streiten, darum…

Paket 29 (wählen Sie bitte 2 Formulierungen aus):

- A ☐ Können Sie das überhaupt entscheiden?
- C ☐ Hier geht es nur um die Sache.
- B ☐ Muss das sein?
- D ☐ Auf wen soll ich denn jetzt hören?
- C ☐ Die Überprüfung hat ergeben, dass…
- B ☐ Wer bin ich denn, dass ich anderen Vorschriften mache?
- D ☐ …das würde ich nie tun…
- D ☐ Ich bin die Liste wieder und wieder durchgegangen und trotzdem…
- B ☐ Was jemand anderes zu verantworten hat, geht mich nichts an.

Paket 30 (wählen Sie bitte 2 Formulierungen aus):

- E ☐ Herrgott! Ich kann auch nicht alles gleichzeitig machen!
- D ☐ Da wäre ich aber mal vorsichtig.
- B ☐ Ich mache meine Sache – »die« machen ihre Sache.
- D ☐ Man will sich da ja nicht querstellen.
- C ☐ Man sollte die Sache noch vertiefen.
- A ☐ Es sollte mich vielleicht nichts angehen, aber…
- B ☐ Wenn jemand etwas macht, werde ich das doch nicht kritisieren.
- D ☐ Bitte, wie Sie meinen.
- A ☐ Das sollten Sie ruhig mir überlassen.

Paket 31 (wählen Sie bitte 2 Formulierungen aus):

- E ☐ Das kriege ich schon hin.
- B ☐ Das hat Kollege Müller schon optimal erledigt.
- D ☐ Ich werde mich nach Kräften bemühen.
- B ☐ Jeder muss selbst sehen, wie er klarkommt.
- D ☐ Immer bleibt alles an mir hängen!

A ☐ Das sehe ich als Sache auf Gegenseitigkeit!
C ☐ Die Unternehmensinteressen haben Priorität.
B ☐ Das kriegen wir schon irgendwie hin!
D ☐ Für Sie erledige ich das gerne…

Paket 32 (wählen Sie bitte 2 Formulierungen aus):
A ☐ Wenn ich Ihnen einen Tip geben darf…
B ☐ Darüber würde ich mir jetzt keine Gedanken machen.
D ☐ Da wäre halt Unterstützung nötig.
B ☐ Das brauchen wir jetzt nicht zu entscheiden
E ☐ Typisch, damit habe ich schon gerechnet.
B ☐ Manchmal ist Warten die beste Lösung.
D ☐ Sie haben mir ja noch nicht gesagt, wie ich das machen soll…
E ☐ Wenn das klappt, spendieren Sie 'ne Flasche Schampus!
B ☐ Die anderen können auch mal was machen.

Zählen Sie nun bitte die Häufigkeit der angekreuzten Buchstaben in den Paketen 17-32:

A ______________________________

B ______________________________

C ______________________________

D ______________________________

E ______________________________

Die Summe muss 32 betragen!

Diese **Schnellauswertung** gibt Ihnen einen ersten Überblick. Tragen Sie die Punktzahlen aus den Seiten 84 bzw. 91 ein und lesen Sie die

Punkte aus den Paketen 17-32 (S. 91) **Ihr Chef**	**...und Sie** Punkte aus den Paketen 01-16 (S. 84)	Punkte **A** machtorientiert	Punkte **B** nicht-direktiv
machtorientiert – Punkte **A**	= Chef-Punkte ungefähr *gleich* wie Ihre (+/- 3)	○ Konfliktrisiko wegen beidseitiger Konkurrenz um Macht, Befugnis oder Entscheidungskompetenzen	
	< Chef-Punkte um über 3 Punkte *weniger* als Sie	○ *siehe* DA, *check* BE, CC, EB	
	> Chef-Punkte um über 3 Punkte *mehr* als Sie	○ *siehe* AD, *check* AE	
nicht-direktiv – Punkte **B**	= Chef-Punkte ungefähr *gleich* wie Ihre (+/- 3)		○ Konfliktrisiko, weil beide dazu neigen, den Dingen ihren Lauf zu lassen und nichts zu tun
	< Chef-Punkte um über 3 Punkte *weniger* als Sie		○ *siehe* EB, *check* AD, CC, DA
	> Chef-Punkte um über 3 Punkte *mehr* als Sie		○ *siehe* BE, *check* BD
sachlich – Punkte **C**	= Chef-Punkte ungefähr *gleich* wie Ihre (+/- 3)	○ Konfliktrisiko, weil Sie eventuell als Machtfrage ansehen, was Ihr Chef sachlich meinen könnte	
	< Chef-Punkte um über 3 Punkte *weniger* als Sie	○ *siehe* DA, *check* AD, BE, EB	
	> Chef-Punkte um über 3 Punkte *mehr* als Sie	○ *siehe* CC, *check* CE	
pflichtbewusst – Punkte **D**	= Chef-Punkte ungefähr *gleich* wie Ihre (+/- 3)	○ Gute Zusammenarbeit möglich aufgrund Ihres Selbstbewusstseins (angesichts einer Entscheidungsschwäche Ihres Chefs): Sie nehmen die Dinge in die Hand	○ Konfliktrisiko, weil Ihr Chef entscheidungsschwach ist und Sie nachlässig sind
	< Chef-Punkte um über 3 Punkte *weniger* als Sie	○ Konfliktrisiko, wenn Sie mit Ihrem Chef um die Macht konkurrieren, *check* AD	○ *siehe* EB, *check* AD, BE, CC
	> Chef-Punkte um über 3 Punkte *mehr* als Sie	○ Konfliktrisiko, wenn Sie auf eine Entscheidungsschwäche Ihres Chefs nicht mit Selbstbewusstsein reagieren und die Dinge in die Hand nehmen, *check* DD, DB	○ *siehe* DA, *check* DD
emotional – Punkte **E**	= Chef-Punkte ungefähr *gleich* wie Ihre (+/- 3)		○ Gute Zusammenarbeit möglich aufgrund Ihrer Toleranz für seine Emotionalität
	< Chef-Punkte um über 3 Punkte *weniger* als Sie		○ Konfliktrisiko, wenn Ihr Chef nicht mit Ihrer Nachlässigkeit zurecht kommt, *check* BE
	> Chef-Punkte um über 3 Punkte *mehr* als Sie		○ Konfliktrisiko, wenn Sie für seine Emotionalität nicht genügend Toleranz aufbringen, *check* EC, EE

zutreffenden Aussagen an den jeweiligen Schnittpunkten. Ein Beispiel folgt auf den nächsten Seiten. Eingehende Auswertung ab 98ff.

Punkte **C** sachlich	Punkte **D** pflichtbewusst	Punkte **E** emotional
	AD ○ Gute Zusammenarbeit möglich in den traditionellen Chef-Mitarbeiter-Rollen ○ Konfliktrisiko, wenn Ihr Chef Ihnen nicht die nötigen/gewünschten Angaben oder Vorgaben macht, *check* DA ○ Konfliktrisiko, wenn Sie gegen die Macht Ihres Chefs Widerstand leisten, *check* AA, AE	**AE** ○ Konfliktrisiko, weil Sie dazu neigen, sich von der Machtentfaltung Ihres Chefs verletzt zu fühlen ○ *siehe* BE, *check* CC, DA, EB ○ *siehe* AD, *check* AA
	BD ○ Konfliktrisiko, weil Sie von Ihrem Chef Führung erwarten und er von Ihnen Selbständigkeit ○ *siehe* AD, *check* CC, DA, EB ○ *siehe* BE, *check* BB	**BE** ○ Gute Zusammenarbeit möglich, weil Sie mit Engagement die Nachlässigkeit Ihres Chefs wettmachen ○ Konfliktrisiko, wenn Ihr Chef nicht über Ihre Emotionalität hinwegsehen kann, *check* EB ○ Konfliktrisiko, wenn Sie die Nachlässigkeit Ihres Chefs nicht mit Engagement wettmachen, *check* BB, BD
CC ○ Gute Zusammenarbeit möglich aufgrund beiderseitiger Sachlichkeit ○ Konfliktrisiko, wenn Ihr Chef nicht sachlich auf Sie eingeht, *check* EC ○ Konfliktrisiko, wenn Sie nicht sachlich auf Ihren Chef eingehen, *check* CA, CE		**CE** ○ Konfliktrisiko, weil Ihr Chef kein Verständnis für Ihre Emotionalität hat und Sie seine Sachlichkeit "kalt" finden ○ *siehe* BE, *check* AD, DA, EB ○ *siehe* CC, *check* CA
	DD ○ Konfliktrisiko, weil beide Seiten es vermeiden, Entscheidungen zu treffen und Verantwortung zu übernehmen ○ *siehe* AD, *check* BE, CC, EB ○ *siehe* DA, *check* DB	
EC ○ Konfliktrisiko, weil Ihr Chef emotional ist, wo Sie Sachlichkeit erwarten ○ *siehe* CC, *check* AD, BE, DA ○ *siehe* EB, *check* EE		**EE** ○ Konfliktrisiko, weil beide Seiten zu emotionalen Überreaktionen neigen ○ *siehe* BE, *check* AD, CC, DA ○ *siehe* EB, *check* EC

Dieses **Beispiel** zeigt Ihnen, wie die Schnellauswertung ausgefüllt wird. Auf Seite 96 sind die Aussagen zusammengestellt, die aufgrund

Mitarbeiter Punkte aus den Paketen 01-16 (S. 84) / **Beispiel-Chef** Punkte aus den Paketen 17-32 (S. 91)			Punkte A 3 machtorientiert	Punkte B 8 nicht-direktiv
machtorientiert	Punkte A 7	= Chef-Punkte ungefähr *gleich* wie Ihre (+/- 3)	[AA] ○ Konfliktrisiko wegen beidseitiger Konkurrenz um Macht, Befugnis oder Entscheidungskompetenzen	
		< Chef-Punkte um über 3 Punkte *weniger* als Sie	○ *siehe* DA, *check* BE, CC, EB	
		> Chef-Punkte um über 3 Punkte *mehr* als Sie	☒ *siehe* AD, *check* AE	
nicht-direktiv	Punkte B 10	= Chef-Punkte ungefähr *gleich* wie Ihre (+/- 3)		[BB] ☒ Konfliktrisiko, weil beide dazu neigen, den Dingen ihren Lauf zu lassen und nichts zu tun
		< Chef-Punkte um über 3 Punkte *weniger* als Sie		○ *siehe* EB, *check* AD, CC, DA
		> Chef-Punkte um über 3 Punkte *mehr* als Sie		○ *siehe* BE, *check* BD
sachlich	Punkte C 6	= Chef-Punkte ungefähr *gleich* wie Ihre (+/- 3)	[CA] ○ Konfliktrisiko, weil Sie eventuell als Machtfrage ansehen, was Ihr Chef sachlich meinen könnte	
		< Chef-Punkte um über 3 Punkte *weniger* als Sie	○ *siehe* DA, *check* AD, BE, EB	
		> Chef-Punkte um über 3 Punkte *mehr* als Sie	☒ *siehe* CC, *check* CE	
pflichtbewusst	Punkte D 8	= Chef-Punkte ungefähr *gleich* wie Ihre (+/- 3)	[DA] ○ Gute Zusammenarbeit möglich aufgrund Ihres Selbstbewusstseins (angesichts einer Entscheidungsschwäche Ihres Chefs): Sie nehmen die Dinge in die Hand	[DB] ☒ Konfliktrisiko, weil Ihr Chef entscheidungsschwach ist und Sie nachlässig sind
		< Chef-Punkte um über 3 Punkte *weniger* als Sie	○ Konfliktrisiko, wenn Sie mit Ihrem Chef um die Macht konkurrieren, *check* AD	○ *siehe* EB, *check* AD, BE, CC
		> Chef-Punkte um über 3 Punkte *mehr* als Sie	☒ Konfliktrisiko, wenn Sie auf eine Entscheidungsschwäche Ihres Chefs nicht mit Selbstbewusstsein reagieren und die Dinge in die Hand nehmen, *check* DD, DB	○ *siehe* DA, *check* DD
emotional	Punkte E 1	= Chef-Punkte ungefähr *gleich* wie Ihre (+/- 3)		[EB] ○ Gute Zusammenarbeit möglich aufgrund Ihrer Toleranz für seine Emotionalität
		< Chef-Punkte um über 3 Punkte *weniger* als Sie		☒ Konfliktrisiko, wenn Ihr Chef nicht mit Ihrer Nachlässigkeit zurecht kommt, *check* BE
		> Chef-Punkte um über 3 Punkte *mehr* als Sie		○ Konfliktrisiko, wenn Sie für seine Emotionalität nicht genügend Toleranz aufbringen, *check* EC, EE

der Schnellauswertung für die Beispielperson gelten würden. Auf Seite 97 tragen Sie dann die für Sie geltenden Aussagen ein.

Punkte C 7 sachlich	Punkte D 4 pflichtbewusst	Punkte E 10 emotional
	AD [X] Gute Zusammenarbeit möglich in den traditionellen Chef-Mitarbeiter-Rollen [ ] Konfliktrisiko, wenn Ihr Chef Ihnen nicht die nötigen/gewünschten Angaben oder Vorgaben macht, *check* DA [ ] Konfliktrisiko, wenn Sie gegen die Macht Ihres Chefs Widerstand leisten, *check* AA, AE	**AE** [X] Konfliktrisiko, weil Sie dazu neigen, sich von der Machtentfaltung Ihres Chefs verletzt zu fühlen [ ] *siehe* BE, *check* CC, DA, EB [ ] *siehe* AD, *check* AA
	BD [ ] Konfliktrisiko, weil Sie von Ihrem Chef Führung erwarten und er von Ihnen Selbständigkeit [ ] *siehe* AD, *check* CC, DA, EB [X] *siehe* BE, *check* BB	**BE** [X] Gute Zusammenarbeit möglich, weil Sie mit Engagement die Nachlässigkeit Ihres Chefs wettmachen [ ] Konfliktrisiko, wenn Ihr Chef nicht über Ihre Emotionalität hinwegsehen kann, *check* EB [ ] Konfliktrisiko, wenn Sie die Nachlässigkeit Ihres Chefs nicht mit Engagement wettmachen, *check* BB, BD
CC [X] Gute Zusammenarbeit möglich aufgrund beiderseitiger Sachlichkeit [ ] Konfliktrisiko, wenn Ihr Chef nicht sachlich auf Sie eingeht, *check* EC [ ] Konfliktrisiko, wenn Sie nicht sachlich auf Ihren Chef eingehen, *check* CA, CE		**CE** [ ] Konfliktrisiko, weil Ihr Chef kein Verständnis für Ihre Emotionalität hat und Sie seine Sachlichkeit "kalt" finden [X] *siehe* BE, *check* AD, DA, EB [ ] *siehe* CC, *check* CA
	DD [ ] Konfliktrisiko, weil beide Seiten es vermeiden, Entscheidungen zu treffen und Verantwortung zu übernehmen [ ] *siehe* AD, *check* BE, CC, EB [X] *siehe* DA, *check* DB	
EC [ ] Konfliktrisiko, weil Ihr Chef emotional ist, wo Sie Sachlichkeit erwarten [X] *siehe* CC, *check* AD, BE, DA [ ] *siehe* EB, *check* EE		**EE** [ ] Konfliktrisiko, weil beide Seiten zu emotionalen Überreaktionen neigen [X] *siehe* BE, *check* AD, CC, DA [ ] *siehe* EB, *check* EC

Die Schnellauswertung des Beispiels

Folgen Sie von den Schnittpunkten zu den Zahlen und vergleichen Sie sie. Je nachdem, ob die Punktzahl des Chefs ungefähr gleich hoch, geringer oder höher ist als die des Mitarbeiters gilt die erste, zweite oder dritte Zeile. In der jeweils zutreffenden Zeile wird in den Kreis ein Kreuz gemacht. Daraus ergeben sich folgende Aussagen für diesen Beispiel-Mitarbeiter:

1 Gute *Zusammenarbeit* möglich in den traditionellen Chef-Mitarbeiter-Rollen (AA, AD).

2 Gute *Zusammenarbeit* möglich aufgrund beiderseitiger Sachlichkeit (CA, CC).

3 **Konfliktrisiken,** wenn die Beispielperson auf eine Entscheidungsschwäche des Chefs nicht mit Selbstbewusstsein reagiert und die Dinge in die Hand nimmt (DA).

4 **Konfliktrisiko,** weil beide dazu tendieren, den Dingen ihren Lauf zu lassen und nichts zu tun (BB).

5 **Konfliktrisiko,** weil der Chef der Beispielperson entscheidungsschwach ist und die Beispielperson nachlässig ist (DB).

6 **Konfliktrisiko,** wenn der Chef der Beispielperson nicht mit deren Nachlässigkeit zurecht kommt (EB).

7 Gute *Zusammenarbeit* möglich, weil die Beispielperson mit Engagement die Nachlässigkeit ihres Chefs wettmacht (BD, BE, EE).

8 **Konfliktrisiko,** weil die Beispielperson dazu neigt, sich von der Machtentfaltung ihres Chefs verletzt zu fühlen (AE).

Wie diese Aussagen zustandekommen, erfahren Sie durch die ausführliche Auswertung ab Seite 98. Die Schnellauswertung gibt nur erst einen groben Überblick über die Konfliktrisiken und die Bereiche, in denen eine gedeihliche Zusammenarbeit zwischen Chef und Mitarbeiter möglich scheint.

Auf der folgenden Seite können Sie die Aussagen aus der Schnellauswertung eintragen, die Sie im Test für sich ermittelt haben.

Fragen Sie sich, ob diese Aussagen etwas in Ihnen »zum Klingeln« bringt. Denn ein Test ist nur ein Test – wichtig ist, dass Sie sich mit sich und Ihrer Situation auseinandersetzen. Dies ist als Vorbereitung für die Übungen zur Lösungsfindung im nächsten Kapitel besonders gut geeignet.

Mein Ergebnis der Schnellauswertung

So füllen Sie das Konfliktogramm aus:

1 Tragen Sie jeweils in der von links aus gesehen **ersten** Spalte die entsprechenden Punktzahlen aus den Paketen 01-16 (Aussagen Ihres Chefs) von Seite 84,

2 in der **dritten** Spalte die Punktzahlen aus den Paketen 17-32 (Aussagen von Ihnen) von Seite 91 ein.

3 In der **zweiten** Spalte bilden Sie die Differenz zwischen den Zahlen der ersten und dritten Spalte (Vorzeichen nicht vergessen!).

4 In der **vierten** Spalte bilden Sie die Summe zwischen den Zahlen der ersten und dritten Spalte.

5 Zur visuellen Unterstützung der Auswertung machen Sie in das Gitterraster jeweils an dem zutreffenden Schnittpunkt einen Kreis.

Das Ergebnis wird zum Beispiel so aussehen:

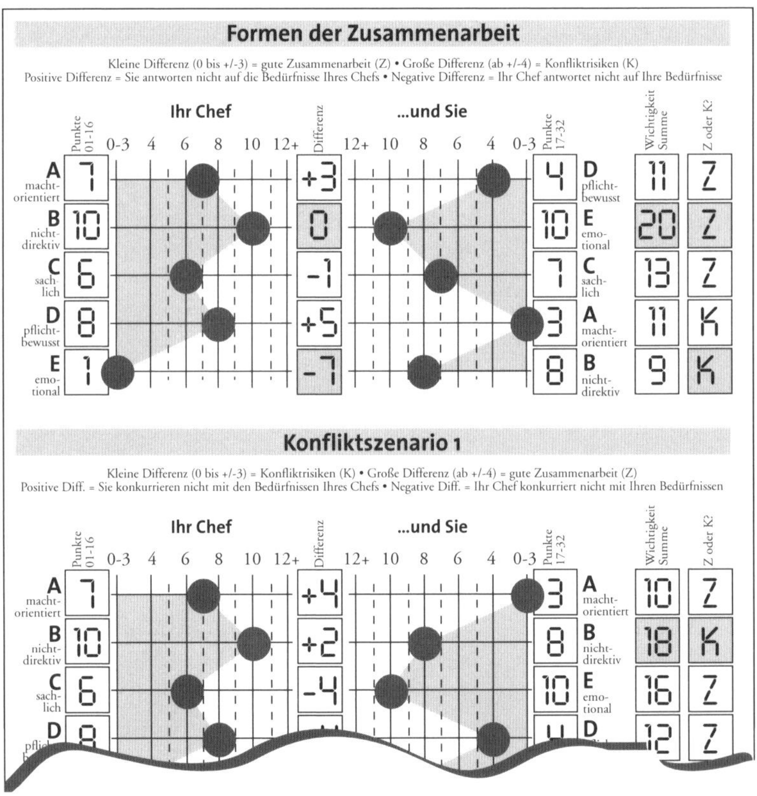

Formen der Zusammenarbeit

Kleine Differenz (0 bis +/-3) = gute Zusammenarbeit (Z) • Große Differenz (ab +/-4) = Konfliktrisiken (K)
Positive Differenz = Sie antworten nicht auf die Bedürfnisse Ihres Chefs • Negative Differenz = Ihr Chef antwortet nicht auf Ihre Bedürfnisse

Ihr Chef	Punkte 01-16	0-3	4	6	8	10	12+	Differenz	12+	10	8	6	4	0-3	Punkte 17-32	...und Sie	Wichtigkeit Summe	Z oder K?
A macht-orientiert																**D** pflicht-bewusst		
B nicht-direktiv																**E** emo-tional		
C sach-lich																**C** sach-lich		
D pflicht-bewusst																**A** macht-orientiert		
E emo-tional																**B** nicht-direktiv		

Konfliktszenario 1

Kleine Differenz (0 bis +/-3) = Konfliktrisiken (K) • Große Differenz (ab +/-4) = gute Zusammenarbeit (Z)
Positive Diff. = Sie konkurrieren nicht mit den Bedürfnissen Ihres Chefs • Negative Diff. = Ihr Chef konkurriert nicht mit Ihren Bedürfnissen

Ihr Chef	Punkte 01-16	0-3	4	6	8	10	12+	Differenz	12+	10	8	6	4	0-3	Punkte 17-32	...und Sie	Wichtigkeit Summe	Z oder K?
A macht-orientiert																**A** macht-orientiert		
B nicht-direktiv																**B** nicht-direktiv		
C sach-lich																**E** emo-tional		
D pflicht-bewusst																**D** pflicht-bewusst		
E emo-tional																**E** emo-tional		

Konfliktszenario 2

Kleine Differenz (0 bis +/-3) = Konfliktrisiken (K) • Große Differenz (ab +/-4) = gute Zusammenarbeit (Z)
Positive Diff. = Sie konkurrieren nicht mit den Bedürfnissen Ihres Chefs • Negative Diff. = Ihr Chef konkurriert nicht mit Ihren Bedürfnissen

Ihr Chef	Punkte 01-16	0-3	4	6	8	10	12+	Differenz	12+	10	8	6	4	0-3	Punkte 17-32	...und Sie	Wichtigkeit Summe	Z oder K?
A macht-orientiert																**E** emo-tional		
B nicht-direktiv																**D** pflicht-bewusst		
C sach-lich																**A** macht-orientiert		
D pflicht-bewusst																**B** nicht-direktiv		
E emo-tional																**C** sach-lich		

Hinweise zur Auswertung

Im obersten Chart stehen jeweils die Kombinationen auf einer Höhe, die zu einer harmonischen Zusammenarbeit führen. Die beiden anderen Charts zeigen diejenigen Konfliktszenarien, wie ich sie im dritten Kapitel beschrieben habe.

In der Checkliste der Formulierungen, die dem Konfliktogramm zugrundeliegt, sind die Haltungen Ihres Chefs und Ihre getrennt voneinander abgefragt worden. Dies hat folgenden Grund: Aus dem Konfliktogramm soll ja ersichtlich sein, wo Krisenherde drohen und Lösungschancen zu erkennen sind, ohne dass Ihre vorgefasste Meinung über die Art der Konflikte einfließt. Die getrennte Abfrage bedeutet allerdings auch, dass das Konfliktogramm nicht sagen kann, wo ein tatsächlicher Konflikt vorliegt, sondern nur, wo Konflikte »lauern«.

Rufen Sie sich bei der Auswertung Ihres Konfliktogramms die tatsächlichen Konflikte mit Ihrem Chef ins Gedächtnis und versuchen Sie, diese mit den ermittelten Konfliktrisiken abzugleichen. Auf diese Weise bekommen Sie die Schwerpunkte und transaktiven Ursachen Ihrer wirklichen Konflikte heraus.

Um das Konfliktogramm nutzbringend zu verstehen, müssen Sie nur wenige Regeln beachten. Die Aussagen des Konfliktogramms lassen sich überdies intuitiv optisch erfassen.

Regeln zum »Lesen« des Konfliktogramms:

1 Bei den »Formen der Zusammenarbeit« zeigt eine **kleine** Differenz Möglichkeiten zur guten Zusammenarbeit an, eine **große** Differenz bedeutet Konfliktrisiken.
Optisch bedeutet das: Dort, wo sich die »Spitzen« (hohe Werte) berühren und die »Täler« (niedrige Werte) sich entsprechen, ist die Zusammenarbeit gut. Dort, wo eine »Spitze« der einen Seite auf ein »Tal« der anderen Seite trifft, lauern Konflikte.
Ist die Differenz **negativ,** antworten Sie wahrscheinlich oft nicht auf die Bedürfnisse Ihres Chefs, ist sie **positiv,** antwortet er wahrscheinlich oft nicht auf Ihre Bedürfnisse.

2 Achtung: In den beiden »Konfliktszenarien« verhält es sich umgekehrt: Eine **kleine** Differenz bedeutet Konfliktrisiken, eine **große** Differenz zeigt Möglichkeiten zur guten Zusammenarbeit.

Optisch bedeutet das: Dort, wo sich die »Spitzen« (hohe Werte) berühren und die »Täler« (niedrige Werte) sich entsprechen, ist das Konfliktrisiko groß. Dort, wo eine »Spitze« der einen Seite auf ein »Tal« der anderen Seite trifft, gibt es Chancen auf eine gute Zusammenarbeit.
Ist die Differenz **negativ,** entspringen die Möglichkeiten der guten Zusammenarbeit daraus, dass Sie nicht mit den Bedürfnissen Ihres Chefs in Konkurrenz geraten, ist sie **positiv,** geht Ihr Chef in diesem Punkt nicht in Konkurrenz zu Ihren Bedürfnissen.

3 Als Differenz ist **bedeutsam** alles das, was über plus oder minus drei hinaus geht. Differenzen können als groß gelten, wenn sie über sechs liegen.

4 Für die Einschätzung der **Wichtigkeit** von den Formen der Zusammenarbeit und der Konfliktrisiken kann auch die Summe herangezogen werden, die aus den Punkten von Ihnen und Ihrem Chef in der jeweiligen Kombination von Transaktionen gebildet wird. Je größer die Summe, um so wichtiger ist diese Transaktionsebene. Ebenen mit einer Summe unter 5 sind ohne Bedeutung.

5 Die Punktzahl, die je Buchstabe **maximal** auftreten kann, beträgt 32, die maximale Differenz ebenfalls plus oder minus 32 und die maximale Summe 64. In der Praxis sind jedoch Punktzahlen über 12 und Summen über 24 schon als extrem hoch zu werten.

Eine Beispielauswertung

An dem Beispiel, das schon zur Schnellauswertung gedient hat, zeige ich die Möglichkeiten, das Konfliktogramm zu interpretieren und daraus Lösungswege abzuleiten. Im Anhang finden Sie auch mein eigenes Konfliktogramm und die selbst für mich erstaunliche Erkenntnis, die es zu Tage gefördert hat.

Auf der nächsten Seite ist das für die Beispielperson ausgefüllte Konfliktogramm-Chart abgedruckt. Daran schließt sich die Interpretation an und zum Schluss folgen die Tipps, die ich einer Person geben würde, wenn sie mit einem solchen Konfliktogramm-Ergebnis zu mir käme. Das Beispiel ist angelehnt an einen tatsächlichen Fall, aber so weit verändert, dass Rückschlüsse nicht möglich sind.

Formen der Zusammenarbeit

Kleine Differenz (0 bis +/-3) = gute Zusammenarbeit (Z) • Große Differenz (ab +/-4) = Konfliktrisiken (K)
Positive Differenz = Sie antworten nicht auf die Bedürfnisse Ihres Chefs • Negative Differenz = Ihr Chef antwortet nicht auf Ihre Bedürfnisse

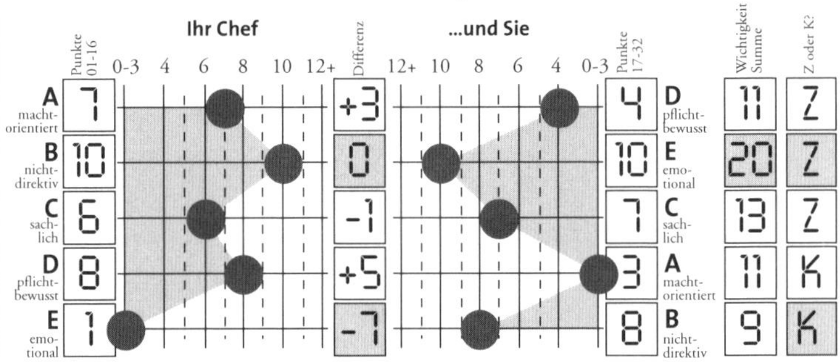

Konfliktszenario 1

Kleine Differenz (0 bis +/-3) = Konfliktrisiken (K) • Große Differenz (ab +/-4) = gute Zusammenarbeit (Z)
Positive Diff. = Sie konkurrieren nicht mit den Bedürfnissen Ihres Chefs • Negative Diff. = Ihr Chef konkurriert nicht mit Ihren Bedürfnissen

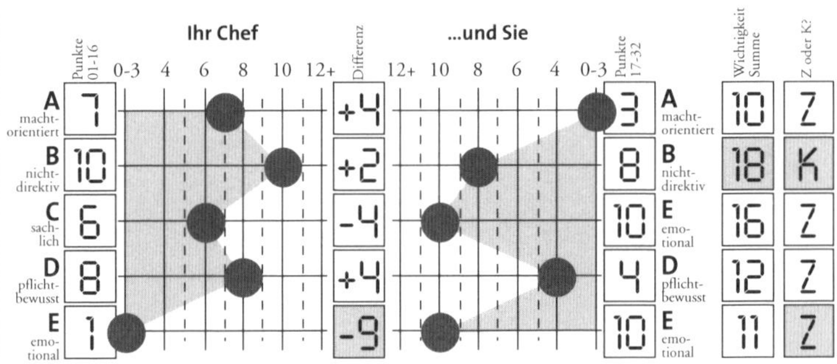

Konfliktszenario 2

Kleine Differenz (0 bis +/-3) = Konfliktrisiken (K) • Große Differenz (ab +/-4) = gute Zusammenarbeit (Z)
Positive Diff. = Sie konkurrieren nicht mit den Bedürfnissen Ihres Chefs • Negative Diff. = Ihr Chef konkurriert nicht mit Ihren Bedürfnissen

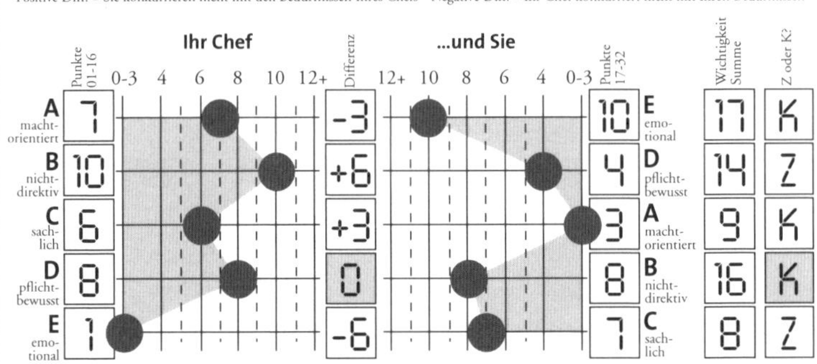

Zur Vorbereitung der Auswertung kennzeichne ich als erstes bei jeder Buchstabenkombination, ob das Konfliktogramm eine gute Zusammenarbeit (Z) oder ein Konfliktrisiko (K) nahelegt. Bitte beachten Sie, dass bei den »Formen der Zusammenarbeit« die kleine Differenz (geringer als 4) die *Zusammenarbeit*, bei den Konfliktszenarien dagegen das **Konfliktrisiko** bedeutet:

A+D Differenz kleiner als 4, also *Zusammenarbeit*
B+E Differenz kleiner als 4, also *Zusammenarbeit*
C+C Differenz kleiner als 4, also *Zusammenarbeit*
D+E Differenz größer als 3, also **Konflikt**
D+B Differenz größer als 3, also **Konflikt**

A+A Differenz größer als 3, also *Zusammenarbeit*
B+B Differenz kleiner als 4, also **Konflikt**
C+E Differenz größer als 3, also *Zusammenarbeit*
D+D Differenz größer als 3, also *Zusammenarbeit*
E+E Differenz größer als 3, also *Zusammenarbeit*

A+E Differenz kleiner als 4, also **Konflikt**
B+D Differenz größer als 3, also *Zusammenarbeit*
C+A Differenz kleiner als 4, also **Konflikt**
D+B Differenz kleiner als 4, also **Konflikt**
E+C Differenz größer als 3, also *Zusammenarbeit*

Als nächstes kennzeichne ich jeweils die beiden geringsten sowie die beiden größten Abweichungen von 0, sowie die beiden höchsten Summen. Daraus ergeben sich rund sechs wichtige Ansatzpunkte (in diesem Falle nur fünf, weil bei der Kombination B+E sowohl die geringe Differenz als auch die große Häufigkeit zur Auswahl führt):

B+E geringe Differenz, große Häufigkeit: *Zusammenarbeit*
E+B große Differenz: **Konflikt**
B+B große Häufigkeit: **Konflikt** (geringe Differenz)
E+E große Differenz: *Zusammenarbeit*
D+B geringe Differenz: **Konflikt**

Nun wollen wir betrachten, was diese Buchstabenkombinationen bedeuten, und setzen dazu bei den Konfliktrisiken an.

Dieser Chef tätigt nur sehr wenige Transaktionen im emotionalen Bereich (E-Wert 1), während der Mitarbeiter deutlich mehr Transaktionen im nicht-direktiven Bereich vornimmt (B-Wert 8). Diese Konstellation ist konfliktträchtig: Das Bedürfnis des Mitarbeiters ist, wenn er sich nicht-direktiv verhält, darauf gerichtet, dass der Chef emotional engagiert die Arbeit voranbringt. Auf dieses Bedürfnis antwortet dieser Chef aber nicht (in der Auswertung zeigt sich dies darin, dass die Differenz negativ ist).

Beispiel: Der Mitarbeiter berichtet dem Chef, dass zu einem bestimmten Produkt vermehrt Kundenbeschwerden aufgelaufen seien und schließt seinen Report mit den unbestimmten Worten: »Da müssen wir mal sehen, was da zu tun ist.« Diese nicht-direktive Transaktion *erwartet,* dass der Chef sich mit der Aufgabe identifiziert und sie energisch anpackt. Es würde für den nicht-direktiven Mitarbeiter wahrscheinlich nicht einmal ein Problem aufwerfen, wenn der Chef zuvor seinen negativen Gefühlen freien Lauf ließe und er herumbrüllen würde. Die emotionale Transaktion des Chefs passt positiv wie negativ zur nicht-direktiven Transaktion des Mitarbeiters.

Da der Chef jedoch einen E-Wert von nur eins hat, ist es sehr unwahrscheinlich, dass er so reagieren wird. Den höchsten Wert hat er bei B, nämlich 10. Wenn der Chef ebenfalls nicht-direktiv transagiert (B+B-Kombination bei beiden mit ähnlich hohen Werten), erwarten beide vom jeweils anderen, dass der die Arbeit macht. Der Chef sagt etwa: »Ja, da müsste man unbedingt was tun.« Das Hin- und Herschieben von Aufgaben und Erwartungen mag eine Zeit lang gutgehen, aber das Problem wird nicht gelöst und so muss es unweigerlich zum Knall kommen.

Den zweithöchsten Wert, nämlich acht, hat der Chef bei pflichtbewusst. Wenn der Chef pflichtbewusst transagiert (D+B-Kombination bei beiden mit gleich hohen Werten), läuft er bei dem nichtdirektiven Mitarbeiter ins Leere. Er würde vielleicht sagen: »Da stehen wir ja schlecht da. Was schlagen Sie vor, dass wir tun?« Aber der Mitarbeiter hat ja bereits ausgedrückt, dass er die Initiative zur Lösungsfindung vom Chef oder jemand anderes erwartet, ausgedrückt in der unbestimmten nicht-direktiven Weise des »Wirs«. Ein Konflikt wird nicht direkt offen ausbrechen, aber schwelen.

Glimpflicher, wenn auch nicht optimal, könnte die Transaktion verlaufen, wenn der Chef machtorientiert (A-Wert: sieben) die Anweisung gibt, sich des Problems anzunehmen. Es besteht die Chance, dass der Mitarbeiter auf die pflichtbewusste Ebene umschwenkt (A+D-Kombination mit einer Differenz von +3 noch im grünen Bereich) und den Auftrag annimmt. Aufgrund seines hohen Wertes auf E von 10 ist es jedoch wahrscheinlicher, dass der Mitarbeiter sich angegriffen fühlt (A+E-Kombination mit einer Differenz von -3 konfliktträchtig) und vehement jede »Schuld« an dem Debakel von sich weist, selbst wenn der Chef sie ihm gar nicht zugeschrieben hat.

Die am wenigsten konfliktträchtige Transaktionsebene wäre die sachliche. Der Chef könnte schlicht um weitere Fakten bitten. Die C+C-Kombination ist mit auf beiden Seiten gleichen mittleren Werten ausgeglichen.

Zu den Ressourcen dieser Chef-Mitarbeiter-Beziehung gehört dagegen, dass die emotionalen Transaktionen des Mitarbeiters womöglich auf eine Nichtdirektivität des Chefs stoßen (B+E-Kombination). Beispiel: Der Mitarbeiter schließt seinen Bericht über die Beschwerdeserie mit einem emotionalen Ausbruch: »Jetzt reicht's mir. Immer darf ich den Mist ausbaden. Da muss schleunigst was passieren.« Der Chef könnte nicht-direktiv darauf antworten: »Sie haben freie Hand. Tun Sie, was Sie für richtig halten.«

Außerdem hat die niedrige Emotionalität des Chefs auch einen für diesen Mitarbeiter positiven Aspekt: Er konkurriert nicht mit der Emotionalität von diesem (E+E-Kombination). Der Chef wird also wahrscheinlich nicht auf den emotionalen Ausbruch des Mitarbeiters mit einem ebensolchen reagieren und sagen: »Was reden Sie für einen Quatsch! Können Sie sich eigentlich vorstellen, in was für einer verdammten Scheiße ich jetzt stecke?«

Hinweis zum Vergleich mit der Schnellauswertung: Die Schnellauswertung hat die selben Konfliktrisiken und Bereiche der Zusammenarbeit bezeichnet wie das Konfliktogramm-Chart. Allerdings lassen sich die Risiken und Chancen durch die Schnellauswertung nicht gewichten und in ihrer jeweiligen Wechselwirkung analysieren. Darum ist die Schnellauswertung wirklich nur dazu gedacht, einen ersten Einstieg in die Problematik zu erzielen.

Tipps für Lösungsstrategien
Die Konflikte des Mitarbeiters resultieren aus seiner Nichtdirektivität. Sie führt zu Kollisionen mit seinem Chef, wenn dieser ebenfalls Nichtdirektiv transagiert oder auf die Ebene der pflichtbewussten Transaktionen ausweicht. Durch das Fehlen der emotionalen Transaktionen auf Chef-Seite wird der Konflikt womöglich angeheizt. Was würde ich dem Mitarbeiter raten?

Um ganz konkret zu Lösungen zu finden, muss der Mitarbeiter jetzt die realen Situationen der Konflikte (und der guten Zusammenarbeit) mit seinem Chef im Geiste durchgehen:
- Wo ärgere ich mich über ihn?
- Wo ärgert er sich über mich?
- Ist mein Ärger angemessen, oder verstehe ich ihn nur falsch?
- Was meint er wirklich, wenn ich mich ärgere?
- Reagiere ich auf das, was er wirklich meint?
- Und umgekehrt: Versteht er mich richtig?
- Kann ich etwas dafür tun, damit er mich nicht missversteht?

Als erstes kann der Mitarbeiter den Blick von den Konflikten abwenden und sich die positive Zusammenarbeit mit dem Chef vor Augen führen:
- Wo habe ich auf seine Nichtdirektivität mit emotionaler Eigenständigkeit reagiert? (Die Kombination von hohem Wert auf B beim Chef und hohem Wert auf E beim Mitarbeiter ist eine Form der Zusammenarbeit.)
- An welche Ereignisse erinnere ich mich, bei denen ich froh sein konnte, dass er meinen emotionalen Ausbrüchen nicht mit eigenen emotionalen Bedürfnissen in die Quere gekommen ist? (Die Kombination von niedrigem Wert auf E beim Chef mit hohem Wert auf E beim Mitarbeiter ist eine Form der Zusammenarbeit.)

- In welchen Situationen habe ich mit ihm auf sachlicher Ebene hervorragend kommuniziert? (Die Kombination von hohem Wert auf C beim Chef und ebenfalls hohem Wert auf C beim Mitarbeiter ist eine Form der Zusammenarbeit.)

Als nächstes fragt er sich, wo Transaktionen fehlgeschlagen sind:
- Wann habe ich auf die Nichtdirektivität des Chefs ebenfalls nichtdirektiv, also unproduktiv geantwortet? (Die Kombination von hohem Wert auf B beim Chef und hohem Wert auf B beim Mitarbeiter ist konfliktträchtig.)
- Wie oft habe ich von ihm erwartet, dass er sich engagiert, aber mich selbst herausgehalten? (Kombination niedriger Wert auf E beim Chef und hohem Wert auf B beim Mitarbeiter ist konfliktträchtig.)
- Habe ich mich, wenn er Unterstützung brauchte, zurückgelehnt und gemeint, das ginge mich nichts an? (Kombination von hohem Wert auf D beim Chef und hohem Wert auf B beim Mitarbeiter ist konfliktträchtig.)

In den folgenden Kapiteln werde ich Lösungsstrategien ausführlich entwickeln, systematisieren und Übungen vorstellen. Mit Hilfe dieser Übungen können Sie herausfinden, wie Sie die im Konfliktogramm ermittelten Krisenrisiken so gering wie möglich halten und schon eingetretene Krisen begrenzen.

5. ÜBUNGEN ZUR LÖSUNGSFINDUNG

Vorbereitung: Besser klarkommen

Der erste Schritt zu einer Lösungsfindung besteht darin, dass Sie sich vergegenwärtigen, wie gut Sie bereits klarkommen. Das soll kein Taschenspielertrick, keine Selbsttäuschung oder »Autosuggestion« werden. Vielmehr:

> Es mag Ihnen Ihrer Meinung nach schlecht gehen. Die Tatsache, dass Sie leben, zeigt jedoch, wie gut Sie mit den vielleicht schlechten Umständen klarkommen.

Lassen Sie uns an dieser Stelle den Begriff »Klarkommen« genauer betrachten. Der Wunsch nach »Klarkommen« setzt voraus, dass es zwei (oder mehr) Elemente gibt, die in einem problematischen Verhältnis miteinander stehen – und natürlich, dass mindestens eins der Elemente mit der Fähigkeit ausgestattet ist, sich etwas zu wünschen.

Das eine Element sind Sie. Das andere Element ist Ihre Umwelt (die ihrerseits aus einer Vielzahl von Elementen zusammengesetzt ist). Sie treten mit Ihrer Umwelt in Kontakt, weil das für Sie notwendig, wünschenswert und meistens auch lustvoll ist. Zumindest müssen Sie Nahrung und Luft aus der Umwelt aufnehmen und sich einverleiben, um überhaupt leben zu können.

Der größte Teil des Kontaktes zwischen Ihnen und Ihrer Umwelt ist unproblematisch – so unproblematisch, dass der Kontakt unbewusst abläuft: Sie atmen in der Regel, ohne darauf zu achten, dass und wie Sie atmen.

Lenken Sie Ihre Aufmerksamkeit einmal auf Ihr Atmen: Sie ziehen etwas aus Ihrer Umgebung in sich hinein, nämlich die Luft. Ihr Organismus entnimmt aus der Luft das, was er notwendig braucht, den Sauerstoff, und das Unbrauchbare wird wieder ausgestoßen durch das Ausatmen. Ihre Umwelt enthält Brauchbares und Unbrauchbares. Ihr Organismus kommt prima damit klar, das Richtige auszuwählen. Die Luft ist nicht so schlecht (z. B. verschmutzt), dass Ihr Organismus darin nicht genügend Brauchbares findet. Und Sie haben nicht so viel Widerstand gegen Ihre Lebensumstände (z. B. Angst), dass Sie nicht mehr atmen könnten. Ihre Schlussfolgerung sollte also lauten:

»Jeder meiner Atemzüge ist ein Beweis genug dafür, wie gut es mir geht.«

Das, was wir »Leben« nennen, ist ein Prozess des Kontaktes. »Kontakt« bedeutet dabei zweierlei: Abgrenzung und Aufhebung der Abgrenzung.

Ein Organismus grenzt sich natürlich gegen seine Umgebung ab. Der Fisch ist nicht Wasser, der Mensch ist nicht Luft. Gleichzeitig wird die Grenze punktuell aufgehoben, indem der Fisch Wasser aus der Umgebung in sich aufnimmt oder indem der Mensch atmet. Abgrenzung und ihre Aufhebung sind ein fortlaufender Prozess, in welchem der lebende Organismus auswählt, mit welchen Elementen in der Umwelt Kontakt aufgenommen wird und von welchen er sich abgrenzt. Die Elemente, die für den Kontakt ausgewählt werden, werden vom Organismus »einverleibt«: Sie werden so verwandelt, dass sie, obgleich sie dem Organismus gegenüber »fremd« sind, zu einem Teil von ihm werden. Die anderen (weiterhin fremden) Elemente werden ab- oder ausgestoßen.

Der antike griechische Philosoph Aristoteles hat diesen Prozess des Kontaktes in seiner Schrift »Von der Seele« knapp so ausgedrückt: »Unähnliches wird zu Ähnlichem gemacht.«

Die Luft ist uns unähnlich (sie ist nicht das gleiche wie unser Organismus), aber sie wird durch den Vorgang des Atmens uns gleichsam verähnlicht: Am Ende des Prozesses sind die Teile der Luft, die wir zum Leben benötigen, nicht mehr von uns zu unterscheiden. Sie sind Teil unseres Organismus geworden. Die Teile, die uns »unähnlich« oder »fremd« bleiben (weil sie unbrauchbar sind), werden ausgeatmet – sie sind uns nach wie vor fremd.

Alle Organe unsere Körpers sind in diesen Prozess des Kontaktes eingebunden.

1 Die Organe der Wahrnehmung helfen bei der Auswahl der Objekte, mit denen Kontakt aufgenommen werden kann oder die abgewehrt werden müssen – wir sehen, hören, riechen, fühlen, schmecken die »Objekte« und beurteilen mit dem jeweiligen Sinn, ob sie brauchbar oder unbrauchbar bzw. gefährlich sind.
2 Die Lungen und die Verdauungsorgane trennen bei dem, was wir uns einverleiben, das Brauchbare vom Unbrauchbaren und reinigen uns, indem das Unbrauchbare ausgeschieden wird.
3 Blut und Herz sorgen dafür, dass alle unsere Glieder an dem Brauchbaren teilhaben können.
4 Das Bewusstsein schließlich wird eingeschaltet, wenn es zu Problemen im Prozess des Kontaktes kommt: Es ist zu wenig Brauchbares (z.B. Nahrung) vorhanden oder das Unbrauchbare (z.B. Feindseligkeit) lässt sich nicht einfach abstoßen.

Solange wir leben, kommen wir so weit mit unserer Umwelt klar, dass die Probleme uns nicht am Weiterleben hindern. Darauf möchten Sie vielleicht sagen: »Das ist mir nicht genug. Ich will ja auch gut leben.« Worauf ich hinaus möchte, ist: Das bessere Klarkommen kann und muss immer an das gute Klarkommen anknüpfen, das Sie bereits verwirklicht haben.

Ihre Probleme waren einmal gute Lösungen

Im Prozess des Kontaktes kann es zu Problemen kommen. Während ein Zustand, in welchem Ihr Kontakt mit der Umwelt problemlos gelingt, sich durch Zufriedenheit, Lust oder Freude ausdrückt, spüren Sie ein Problem im Kontakt als Unzufriedenheit, Schmerz, Furcht, Ärger, Wut oder Angst. Diese Gefühle wollen uns dazu veranlassen, etwas zu verändern: nämlich besser klarzukommen.

Auch dies funktioniert meist ganz reibungslos: Sie gehen über die Straße und ein böse dreinblickender Hund bellt Sie an. Ihre Furcht veranlasst Sie, nicht geradeaus weiter zu gehen, sondern beispielsweise auf die andere Straßenseite zu wechseln. Ganz einfach. Gut klargekommen.

Manchmal allerdings läuft es nicht so gut. Sie begegnen nicht einem Hund auf der Straße, sondern Ihrem böse dreinblickenden Chef auf dem Flur. Er gibt Ihnen eine Anweisung, die Sie für eine Zumutung halten, doch aus Angst flüstern Sie heiser »Jawohl!«, obgleich Sie laut »Nein!« schreien wollten. Nachher könnten Sie sich vor Wut in den Bauch beißen.

Bevor Sie sich auf diese Art selbst bestrafen, sollten Sie tief durchatmen und überlegen: »War mir meine Angst vor Autoritäten nicht oft sehr nützlich – etwa bei übermächtigen Eltern, Lehrern oder auch bei Vorgesetzten, als ich auf keinen Fall den Job verlieren durfte? War diese Angst nicht die beste Lösung, die ich finden konnte, als ich mich in derart schwierigen Situationen befand? Sollte ich meiner Angst nicht für diesen Dienst danken?«

Eine ganz andere Sache ist es, ob die Angst jetzt noch die angemessene Lösung ist. Bevor Sie Ihre Angst vorschnell verdammen und sich selbst dafür kasteien, dass Sie Angst haben, sollten Sie sich jedoch fragen: »Was wären die Folgen, wenn ich zum Beispiel im Umgang mit meinem Chef keine Angst mehr hätte? Würde ich mit diesen Folgen leben können oder wollen? Schützt mich meine Angst nicht vor Folgen, die ich wirklich nicht tragen möchte?«

Alle Probleme, die wir mit uns und unserer Umwelt zu haben meinen, sind bereits Lösungen – lebensfähige Lösungen wohlgemerkt. Es geht nicht darum, überhaupt eine Lösung für irgendeins unserer Probleme zu finden, sondern eventuell zu einer besseren Lösung zu kommen. Für das Finden der besseren Lösung haben wir auf jeden Fall genug Zeit, denn wir verfügen ja bereits über eine Lösung, die wir so lange weiter »benutzen«, bis uns etwas Besseres einfällt.

Die Psychologie des Eisessens

Der Fall: Karola T. isst gern Eis. Manchmal überfällt sie so ein Heißhunger auf das Kalte. Regelmäßig eine viertel Stunde später wird ihr jedoch übel. Sie kann die Uhr danach stellen. Genauso regelmäßig ärgert sie sich über sich selbst und schimpft mit sich, dass sie so wenig »Selbstdisziplin« habe, dem Eisessen entsagen zu können, damit ihr nicht übel wird. Sie meint, mit sich selbst nicht recht klarkommen zu können.

Ihre Kritik an sich ist unberechtigt. Indem Karola Eis isst, befriedigt sie ihre mit dem Eisessen verbundenen Bedürfnisse. Indem ihr schlecht wird, stößt ihr Körper das ab, was am Eis für sie unverträglich ist. Besser kann es kaum sein: Würde Karola auf das Eisessen verzichten, fehlte ihr die entsprechende Befriedigung. Das wäre schlecht. Würde ihr nicht übel, würde sie das Unverträgliche nicht abstoßen und ihren Körper vergiften. Auch das wäre schlecht.

Wenn Karola wirklich das Ziel hat, dass es ihr noch besser gehen soll, müsste sie sich von dem Konzept »Selbstdisziplin« abwenden: Die Übelkeit nach dem Eisessen ist keine »Strafe« für die »Sünde«, sich mit dem Eisessen etwas Gutes getan zu haben.

Um in diesem Punkt besser mit sich klarzukommen, könnte sich Karola mit den Bedürfnissen beschäftigen, die dem Eisessen und dem Übelwerden zugrundeliegen. Vielleicht ergibt sich daraus eine Möglichkeit, die Bedürfnisse zu befriedigen, ohne dass sie sich gegenseitig »bekämpfen«:

1 »Welche Bedürfnisse befriedige ich mit dem Eisessen?« – Beispiele: Ich brauche Zucker, um bei Stress schnell das Gefühl zu bekommen, neue Energie zu haben. Ich will mich abkühlen, weil ich das Gefühl der Hitze habe. Ich will mich für eine gute Leistung belohnen. Ich brauche Trost bei Kummer.
2 »Welche Bedürfnisse befriedige ich, indem mir nach dem Eisessen übel wird?« – Beispiele: Mein Magen wehrt sich gegen die eindringende Kälte. Mein Magen verträgt keine Milchprodukte. Ich will mich bestrafen, weil ich meine, durch Eisessen zu dick zu werden.

Diese Analyse ermöglicht eine Lösung auf einer anderen Ebene als der des Verzichts: Nicht der Verzicht auf die Bedürfnisbefriedigung führt zum besseren Klarkommen, sondern die bessere Bedürfnisbefriedigung. Karola könnte ihr Bedürfnis nach Energie durch Zucker auch anders als durch kaltes Eis oder durch milchhaltige Produkte befriedigen und so ihrem Magen die Strapaze ersparen.

Wichtig ist jedoch, dass sie nicht in »Ersatzbefriedigungen« Zuflucht sucht: »Diätplätzchen schmecken doch auch ganz gut und sind ja so gesund«, sagt sie und denkt: »Abscheulich, aber besser als gar nichts.« Macht sie es so, wird sie immer wieder dieser unwiderstehliche Heißhunger auf ihr geliebtes Eis überfallen. Nur wenn sie etwas findet, das besser ist als Eisessen, wird sich ihr Körper damit zufrieden geben.

Eine Abkürzung ins Paradies gibt es nicht.

Und denken Sie daran: Wenn Sie etwas an sich verändern wollen, tun Sie es mit größter Vorsicht. Verändern Sie das, was Sie gewohnt sind und was sich darum auch bewährt hat, nur dann, wenn Sie sich sehr sicher sind, dass Sie wirklich etwas gefunden haben, das tragfähig und brauchbar ist. Sonst droht nur eine »Verschlimmbesserung«.

Wenn Sie auf der anderen Seite meinen, nichts ändern zu können, obwohl Sie behaupten, es zu wollen, denken Sie an die Übung aus Kapitel 1:

> Ersetzen Sie »ich kann das nicht ändern« in »ich will das nicht ändern«. Begründen Sie sich sehr eingehend, warum Sie das in Frage stehende Verhalten nicht verändern wollen. Dann ändert sich das, was sich ändern soll, von ganz allein.

Hier-und-Jetzt

Wenn Sie Ihr Leben konsequent als fortlaufenden Prozess des Kontaktes – Aufnahme und Ausstoßung von Umwelt – betrachten, werden Sie feststellen, dass sich Ihre Aufmerksamkeit wie von selbst auf zwei Punkte richtet – auf die Gegenwart und auf die Frage, ob Sie in dieser Gegenwart angemessen handeln.

Kontakt findet immer in der Gegenwart statt, oder, wie die Gestalttherapeuten sagen, im Hier-und-Jetzt. In der Vergangenheit ist der Kontakt nur noch eine Erinnerung. Für die Zukunft wird der Kontakt nur phantasiert. In beiden Fällen findet er nicht aktuell statt.

Wenn Sie in Kontakt zu etwas (oder zu jemandem) treten, bedeutet dies, dass zwei Elemente aktuell aufeinander treffen. Ob dieses Aufeinandertreffen positiv oder negativ erlebt wird, hängt davon ab, wie angemessen sich beide Elemente zueinander verhalten. Wenn Sie den Kopf ins Wasser stecken und das Wasser einatmen als ob es Luft sei, wird Ihnen das sehr schlecht bekommen. Das werden Sie wohl auch nicht tun und dieses Beispiel vielleicht lächerlich finden. Aber wenn Sie sich Ihrem Chef, der bei Ihnen Rat sucht, gegenüber verhalten, als sei er der Papst persönlich, werden Sie auch Schiffbruch erleiden. Oder wenn Sie sich als Vorgesetzter Ihrer selbstbewussten Mitarbeiterin gegenüber verhalten, als sei sie Ihre Tochter.

Allen drei Beispielen ist eins gemeinsam: Die beiden Elemente, die miteinander in Kontakt treten, beziehen sich nicht so aufeinander, wie sie sind. Vielmehr macht sich mindestens eine Seite eine falsche Vorstellung und handelt »als ob« die zweite Seite etwas ganz anderes wäre, als sie ist. Das Handeln wird darum unangemessen.

Die Voraussetzung dafür, dass Sie in Ihrer Gegenwart angemessen handeln, besteht darin, präzise wahrzunehmen. Die Wahrnehmung Ihrer Gegenwart sollte idealerweise weder durch Erinnerungen aus der Vergangenheit noch durch Vorwegnahme der Zukunft getrübt werden.

Nun werden Sie einwenden: »Wie soll ich die kleinste Kleinigkeit wahrnehmen, wenn ich mich nicht erinnern darf? Wie soll ich wahrnehmen, dass dies ein Computer ist, wenn ich mich nicht erinnere, wie ein Computer aussieht? Und wie soll ich den ersten Schritt in die richtige Richtung machen, wenn ich nicht vorwegnehmen darf, wohin ich in Zukunft will?«

Ja, wir brauchen die Erinnerung an die Vergangenheit und die Vorwegnahme der Zukunft ebenso zum Leben wie den Kontakt in der Gegenwart. Gerade diese notwendige Verschränkung der Gegenwart mit der Vergangenheit und der Zukunft macht es zu einem Problem, sich angemessen zu verhalten. »Die Dosis macht, dass ein Ding kein Gift …« – wer nur in der Vergangenheit oder der Zukunft lebt, kommt mit der Gegenwart nicht in Kontakt. Wer allerdings nur in der Gegenwart lebt, kann nicht richtig wahrnehmen und auch keine sinnvollen Ziele setzen.

Das Gefühl für die Gegenwart des Kontaktes können Sie üben. Sie können die drei folgenden Übungen in jeder Alltagssituation anwenden, in der es Ihnen scheint, als verlören Sie den Kontakt mit der Gegenwart. Sie werden merken, dass Ihre Wahrnehmung sofort deutlicher, farbiger, präziser wird.

Übungsfolge 1: Die Gegenwart spüren

- Konzentrieren Sie sich auf Ihr Atmen.
- Nichts weiter.
- Versuchen Sie nicht, »anders« zu atmen.
- Spüren Sie einfach, dass und wie Sie die Luft einziehen.
- Wie die Luft in Ihre Lungen gelangt und dass Ihnen der Sauerstoff gut tut.

(Ich merke beim Aufschreiben dieser Übung, wie ich einen tiefen Zug tue und es mir scheint, als werde meine Umgebung heller.)

Mit dieser Übung machen Sie sich deutlich, dass Ihre Umgebung Sie in diesem Moment »stützt«: Sie hält das für Sie bereit, was Sie zum Weiterleben benötigen – Sie müssen es nur beherzt annehmen.

- Konzentrieren Sie sich nun auf den Geschmack in Ihrem Mund.
- Angenehm?
- Unangenehm?
- Trockener Hals?
- Jetzt schlucken oder einen Schluck trinken!

Mit dieser Übung machen Sie Ihren Körper zum Teil der aktuellen Situation – Sie merken, dass Ihre Befindlichkeit zu der Gegenwart dazu gehört. Und Sie merken, wenn Ihr Körper ein wenig mehr Aufmerksamkeit für seine Bedürfnisse verlangt. (Ja, ich habe gerade einen trockenen Hals, weil ich beim Schreiben »mitspreche« und darum zu viel durch den Mund atme. So, jetzt habe ich geschluckt und es geht mir deutlich besser!)

- Konzentrieren Sie sich auf den Geruch Ihrer Umgebung.
- Wie riecht es?
- Warum riecht es, wie es riecht?
- Welche verschiedenen Gerüche können Sie unterscheiden?
- Welche verschiedenen Quellen von Gerüchen ausmachen?

Beurteilen Sie erst am Schluss, ob Ihnen die Gerüche angenehm oder unangenehm sind. Denn mit dieser Übung gehen Sie zunächst von sich weg und konzentrieren sich auf das So-Sein und Hier-Sein Ihrer Umgebung. (Hm, bei mir im Arbeitszimmer duftet es lecker nach Zigarre. Außerdem hat der Baulärm draußen aufgehört und ich höre die Vögel wieder zwitschern – hat zwar nichts mit Geruch zu tun, fällt mit aber gerade auf.)

Bitte beachten Sie: Die Reihenfolge der Übungen ist nicht beliebig:

- Zunächst Konzentration auf die Verzahnung von Ihnen und Ihrer Umwelt,
- dann auf Ihren eigenen Körper,
- schließlich auf Ihre aktuelle Umwelt.

Dies ist genau die Reihenfolge der Wichtigkeit für den Kontakt:

- Zunächst muss Kontakt hergestellt werden (=Verzahnung von Ihnen und Ihrer Umwelt),
- dann sollte klar werden, was Sie (bzw. Ihr Körper) in dieser Situation brauchen,
- schließlich muss untersucht werden, was die Umwelt dafür hergibt.

Sollten Sie sich entschließen, Ihr Leben bewusst dort zu leben, wo es einzig gelebt werden kann, nämlich in der Gegenwart, verlieren Vergangenheit und Zukunft ihre Schrecken. Die Vergangenheit lastet nicht mehr mit den schlechten Erinnerungen auf der Gegenwart und die Zukunft macht mit ihrer Unbestimmtheit nicht mehr so viel Angst.

Allerdings taugt die Vergangenheit auch nicht mehr als Entschuldigung dafür, sich in der Gegenwart unangemessen zu verhalten. Aufgrund der Übermacht der psychoanalytischen Methode im öffentlichen Bewusstsein sind wir es gewohnt, »schlimme Erfahrungen« oder eine »schlimme Kindheit« als Entschuldigung für alle unangenehmen Verhaltensweisen und sogar für Mord durchgehen zu lassen. Die Vergangenheit nimmt uns somit die Verantwortung für unser Handeln in der Gegenwart ab. Das ist eine ungesunde Situation. Diese Situation behindert auch jede Möglichkeit, etwas zu verändern: Weil die Vergangenheit angeblich die Gegenwart prägt, kann man natürlich in der Gegenwart nichts machen (sonst müsste ja zugegeben werden, dass die Vergangenheit keine prägende Macht über die Gegenwart hat).

In der Gestalttherapie wird die Vergangenheit nicht untersucht, um mit ihr die Gegenwart zu »erklären«. Vielmehr soll das Ergebnis sein, dass Sie sagen: »Ach ja, darum habe ich mich früher so verhalten. Das war damals sinnvoll. Jedoch ist es jetzt nicht mehr angemessen. Das kann ich ändern.«

Nehmen wir Karola. Das ist die, die mit Heißhunger das kalte Eis in sich hineinschlingt und der es dann schlecht wird. Ihr Kontaktmuster ist »selbstkritisch«: Schlucken, was ihr nicht guttut und sich dafür selbst bestrafen.

Selbstverständlich hat dieses Kontaktmuster eine »Vorgeschichte«. Irgendwann wird es ihr nützlich gewesen sein. Karola war hilflos, als sie in der Grundschule etwas lernen sollte, was ihr schwer fiel. Lehrer und Eltern waren übermächtig. Sie lernte brav. Weil ihr das wehtat, suchte sie nach einem geeigneten Objekt, ihren Schmerz auszuleben und jemanden für den zugefügten Schmerz zu bestrafen. Da die Verursacher des Schmerzes jedoch übermächtig waren, bot sich als wohlfeiles Objekt der Strafe ihr eigener Körper an. Gut gemacht Karola! Aber jetzt, hast du das jetzt noch nötig? Ist deine Situation im Moment ebenso? Und wenn sie es ist: Bist du nicht heute erwachsen? Mächtig? Kannst du nicht etwas ändern?

Die folgenden drei Übungen, mit denen Sie versuchen können, mehr Einfluss auf Ihr Leben zu gewinnen, sind nicht wie die Gegenwarts-Übungen Teil des Alltags. Sie müssen sich dafür etwas Muße nehmen.

Die Übungen basieren auf der Annahme, dass Sie zumindest eine Person haben, der Sie vorwerfen, Ursache für Ihre gegenwärtigen Probleme zu sein. Normalerweise ist diese Person

- ein Elternteil, manchmal sind es
- beide Eltern oder auch andere Personen wie
- Geschwister,
- Erzieher,
- Lehrer,
- erster Freund oder Freundin,
- erster Ehepartner usw.

Machen Sie die Übungen anhand eines ganz konkreten Problems, das Sie mit sich haben, seien es

- Schüchternheit,
- Essstörungen,
- Dominanzstreben
- oder irgendetwas anderes, das Sie an sich stört.

Fragen Sie sich: Wem werfe ich vor, dass er mich in dieser Richtung »geprägt« hat?

- …, weil mein Vater mich geschlagen hat.
- …, weil meine Mutter mir Zuckerzeug gegeben hat.
- …, weil meine große Schwester immer bestimmt hat, was gespielt wurde.

Übungsfolge 2: Verantwortung wiedererlangen

Machen Sie eine Liste mit Vorwürfen: »Ich bin so…, weil mich der/die… so… behandelt hat.« Diese Liste sollte so lang wie möglich sein. Werden Sie richtig böse auf die entsprechenden Personen. Rechnen Sie ab! Pause.

Nach der Pause sehen Sie sich die Liste an und sagen sich: »Wenn ich dieser schrecklichen Person erlaube, Einfluss auf mein gegenwärtiges Leben zu haben, was tue ich dann? Richtig, ich gebe dieser Person Macht über mich! Und wie behandele ich mich dann? Richtig, ich behandele mich dann wie ein hilfloses Kind! Bin ich ein Kind? Unverschämtheit – nein, so lasse ich nicht mit mir umspringen…«

Wählen Sie aus Ihrer Biografie etwas, das Sie besonders schmerzt. Fragen Sie sich: Wenn mich heute jemand – die gleiche Person, oder jemand anderes, der Chef, der Partner, ein Bekannter – so behandelt, wie ich damals behandelt wurde, wie würde ich reagieren? Wichtig ist, dass Sie sich nicht in Ihre damalige Situation versetzen. Verlegen Sie die Situation ins Heute: Stellen Sie sich Ihr Büro, Ihr Wohnzimmer vor und laden Sie in Gedanken Ihren »Peiniger« dorthin ein.

Wenn Sie sich diese Szene realistisch vorstellen, bin ich sicher, dass Sie sich innerlich aufbäumen werden: »Was erlauben Sie sich? Ich bin doch kein Kind!«

Nun vergleichen Sie Ihre Situation heute mit der Situation damals. Es ist inzwischen viel passiert. Inzwischen sind Sie erfahrener geworden, haben mehr Möglichkeiten, können Dinge besser einschätzen, haben gelernt, sich zu wehren, haben einen Beruf, ein Einkommen, eine eigene Wohnung, haben selbst Kinder großgezogen und dergleichen mehr.

Wollen Sie sich wirklich mit der kindlichen Hilflosigkeit von damals auf eine Stufe stellen? Meinen Sie, dass Sie angesichts Ihrer gegenwärtigen Stärke sich wirklich mit der Hilflosigkeit eines Kindes entschuldigen können? Finden Sie das nicht ein bisschen lächerlich? Na bitte!

Bitte missverstehen Sie diese Übungen nicht als Instrument, um Ihr Leben völlig umzukrempeln. Dazu will ich Sie jedenfalls nicht auffordern. (Natürlich dürfen Sie sich meinetwegen ändern, wenn Sie wollen.)

> Sie tun das, was Sie tun, weil Sie es so tun wollen und aus keinem anderen Grund. Sie können das ändern, müssen es aber nicht, wenn Sie es nicht wollen. Sie sind Herr Ihres Lebens. Wie Sie damit klarkommen, ist allein Ihre Sache.

Sie können nicht jemand anderes dafür verantwortlich machen, wie Sie sich verhalten. Suchen Sie keinen Schuldigen dafür, wenn Sie etwas tun, was Ihnen selbst missfällt. Entschuldigen Sie sich nicht mit den schlechten Einflüssen, die andere auf Sie hatten, wenn Sie etwas tun, was anderen missfällt.

Vom Umgang miteinander

Jedes Verhalten hat ein »Ziel«, einen »Zweck«, eine »Ursache«. Das Verhaltensziel beschreibt nicht die Handlung in seiner ganzen Fülle, aber von ihm her bestimmt sich, ob die Handlung angemessen ist oder nicht. Nehmen wir an, Sie hätten so richtig Hunger. Das, was Sie sich zu essen auswählen, ist kalorienreduziert. Das Ziel, sich zu sättigen, erreichen Sie nicht. In diesem Sinne ist die Handlung nicht angemessen. Dass Sie, weil das Essen eine angenehme gesellige Angelegenheit war, doch Ihren Spaß hatten, ist ein weiterer Aspekt, der jedoch die Unangemessenheit bezogen auf das ursprüngliche Ziel nicht außer Kraft setzt.

Es ist völlig in Ordnung, dass Sie Ziele haben. Dabei ist es sogar egal, welche Ziele Sie haben. Leider gehören zur Verwirklichung von Zielen immer zwei. Denn Ziele lassen sich nur im Kontakt verwirklichen.

Dies ist nicht nur bezogen auf zwischenmenschliche Ziele der Fall. Versuchen Sie einmal, Ihr Ziel, ein Bild dadurch aufzuhängen, dass Sie einen Nagel in die Wand schlagen, zu verwirklichen, wenn es sich um eine Betonwand handelt. Ihr Ziel ist in Ordnung. Aber Ihr Verhalten nicht angemessen – weil das zweite Element im Kontakt, die Wand, nicht geeignet ist.

Der Vorteil, den es hat, wenn Sie einem Menschen gegenüber stehen, ist, dass Sie ihn vielleicht überzeugen können, mitzumachen; es sei denn es handelt sich um einen sprichwörtlichen »Betonkopf«. Der Nachteil der Zwischenmenschlichkeit ist, dass der Mensch, dem Sie gegenüber stehen, beleidigt sein könnte. Das passiert Ihnen bei der Wand nicht.

Wenden wir uns also der Frage zu, wie die fünf in Kapitel 3 beschriebenen »transaktiven« Verhaltensstile – machtorientiert, nichtdirektiv, sachlich, pflichtbewusst, emotional – zueinander passen. Denn nicht nur Sie haben eine Absicht, wenn Sie etwas tun, ihr Gegenüber verfolgt ebenso eine Absicht, die den gleichen grundlegenden Verhaltensstilen zuzuordnen ist. Die Kombination von Absichten im Verhalten (»Transaktion«) ist es, die darüber entscheidet, ob gelingt, was beabsichtigt ist, oder nicht. Dazu eine kleine Familiengeschichte. (Sie ist aus der Perspektive des Mannes geschrieben. Ich bitte meine Leserinnen um Verzeihung. Sie können die Geschichte jedoch problemlos umschreiben, sodass die Perspektive der Frau zum Zentrum wird. Die Aussagen bleiben die gleichen. Im ersten Abschnitt gebe ich Ihnen ein Muster der Umschreibung. Aber es würde die Geschichte sehr aufhalten und auf die Dauer etwas ermüdend sein, wenn sie immer zweimal erzählt werden müsste.)

Nehmen wir an, Sie sagen am Freitag abend zu Ihrer Familie: »Am Samstag gehen wir alle zum Fußballspiel.« Schöner Vorschlag. Sie freuen sich riesig. Was Sie wollen, ist, dass alle Familienmitglieder mitmachen. Dementsprechend ist Ihr Verhaltensstil »machtorientiert«. Toll ist es, wenn Ihre Familie Ihnen wirklich zustimmt und jeder – gleichsam »pflichtbewusst« – antwortet: »Au ja, fein.«

(Aus der Sicht der Frau: Am Freitag abend kommt Ihr Mann heim und sagt: »Am Samstag gehen wir alle zum Fußballspiel.« Schöner Vorschlag. Er scheint sich riesig zu freuen. Sie denken »pflichtbewusst«, dass es sehr gut ist, wenn die Familie eine solche gemeinsame Aktivität am Wochenende unternimmt. Sie sagen: »Au ja, fein.«)

Problematisch dagegen wird es, wenn Ihre Frau einwendet (bzw. wenn Sie einwenden): »Ich hatte den Kindern schon gesagt, dass wir in den Circus gehen. Das finde ich auch besser.« In diesem Fall will Ihre Frau (bzw. wollen Sie) ebenso »machtorientiert«, dass alle mitmachen. Die ideale Kombination von Verhaltensstilen funktioniert also hier nicht nach dem Sprichwort »Gleich zu gleich gesellt sich gern«. Ein von beiden Seiten her machtorientiertes Verhalten ergibt einen gepfefferten Machtkampf.

Ihre Tochter könnte auch in Tränen ausbrechen und »emotional« einwenden: »Immer wird gemacht, was dir Spaß macht. Nie nimmt jemand Rücksicht auf mich.« Auch das wäre keine sehr gute Kombination.

Szenenwechsel. Statt zum Fußballspiel oder Circus gehen Ihre Familie und Sie am Samstag in die Stadt. Irgendwann schauen Sie sich etwas unschlüssig um und fragen: »Na, wohin soll's denn nun gehen?« Ganz »nicht-direktiv« sind Sie bereit, alles geduldig mitzumachen, was an Sie herangetragen wird. Sie erwarten, dass einer aus Ihrer Familie sagt: »Kommt, ich würde jetzt gern zum Buchladen gehen und einen tollen Schmöker kaufen.« (Verhaltensstil: »emotional«.)

Aber nun geht es ganz anders als gestern abend weiter. Da Ihre Familie von Ihnen »Autorität« erwartet, sagt man: »Wieso? Wir dachten, du weißt, wo es langgeht!« Inzwischen wäre Ihre Familie »pflichtbewusst« bereit, sich Ihren Vorgaben anzuschließen. Mist! Passt wieder nicht.

Kaum besser wäre es, wenn Sie die »nicht-direktive« Antwort bekämen: »Wissen wir auch nicht, wohin wir sollen. Wir dachten, du hast einen Vorschlag.«

Auf irgendetwas einigen Sie sich schließlich. Nach dem Einkaufsbummel gehen Sie in ein Straßencafé Eis essen. Ihre Frau sagt ruhig und sachlich: »Übrigens fände ich es gut, wenn Vera [Ihre Tochter] in den Sommerferien ein Praktikum macht. Sie muss sich bald entscheiden, was sie werden will, und da wäre das die richtige Vorbereitung. Was meint ihr?« Vera erwidert darauf ebenso sachlich: »Aber dann kann ich nicht für Mathe lernen. Du weißt doch, dass ich da noch besser werden muss.« Obwohl sie ihrer Mutter widersprochen hat, ergibt sich daraus eine gute Diskussion.

Anders sähe es aus, wenn Vera »emotional« antworten würde: »Immer verfügst du über meine Zeit. Ich habe die Nase voll.« Das endet dann erfahrungsgemäß in Brüllerei.

Vielleicht mischen Sie sich ein und sagen autoritär zu Ihrer Frau: »Aber du weißt doch, dass ich gesagt habe, Vera muss in den Sommerferien Mathe pauken, damit sie da notenmäßig beikommt!« Auch das trägt nicht zum Familienfrieden bei.

Gehen wir einmal davon aus, dass die Brüllerei nicht so schlimm geworden ist. Ihre Familie und Sie machen sich halbwegs befriedet auf den Heimweg. Sie sagen: »Kommt, wir nehmen diese Abkürzung.« (Verhaltensstil: »machtorientiert«.) Da haben Sie aber nicht mit Ihrem elfjährigen Sohn gerechnet. Ängstlich wendet er ein: »Das darf man nicht. Siehst du nicht das Schild?« (Verhaltensstil: »pflichtbewusst«.) Darauf sagen Sie: »Das geht schon in Ordnung, wenn wir da zu Fuß durchgehen. Und wenn jemand was sagen sollte, regle ich das schon.« Mit dieser Antwort bleiben Sie auf der Ebene Ihrer Autorität und die Sache ist geritzt.

Vielleicht bekommen Sie jedoch kalte Füße und antworten mit einer pflichtbewussten Gegenfrage: »Wo sollen wir denn lang gehen?«

Oder nicht-direktiv: »Wie bekommen wir heraus, ob das Schild auch für Fußgänger gilt?« Antwort in beiden Fällen: »Weiß ich doch nicht! Du bist doch der Vater!«

Schließlich wieder zu Hause angekommen, seufzen Sie erschöpft: »Also, so habe ich mir den Samstag nicht vorgestellt. Ich bin ganz schön enttäuscht.« (Verhaltensstil: »emotional«.) Wenn Ihre Frau Ihnen dann über den Kopf streicht und sagt: »Das kann ich gut verstehen. Du hattest dich so auf das Fußballspiel gefreut.« (Verhaltensstil: »nicht-direktiv«.) Dann fühlen Sie sich verstanden und sauwohl.

Es kann auch anders kommen. Ihre Frau kann Sie anschnauzen: »Ich will, dass du den Kindern ein Vorbild bist. Lass dich nicht so gehen.« (Verhaltensstil: »machtorientiert«.) Oder in der »emotionalen« Variante: »Was glaubst du, wie es mir geht? Meinst du vielleicht, das ewige Gezanke macht mir Spaß?«

Das kleine Familiendrama hat noch einmal illustriert: Die fünf Verhaltensstile sind dadurch gekennzeichnet, dass sie jeweils eine bestimmte Reaktion bei demjenigen erwarten, der angesprochen ist. Wenn der Angesprochene diese Erwartungen erfüllt, verläuft die Transaktion harmonisch. Bleibt die Erwartung unerfüllt, ergibt sich ein Konflikt, ohne dass dieser einen inhaltlich zwingenden Grund hat. Die nebenstehende Tabelle führt dies in systematischer Weise aus.

Darum ist es sinnvoll, in wichtigen und strittigen Situationen zu analysieren, auf welcher Transaktionsebene sich der Gegenüber und man sich selbst befindet. Sich auf die Erwartung des Gegenübers einzustellen, bedeutet nicht, sich ihm bedingungslos zu unterwerfen: Es bedeutet lediglich, ihn dort abzuholen, wo er gerade ist.

Eine machtorientierte Transaktion erwartet zum Beispiel eine pflichtbewusste Reaktion. Dabei heißt »pflichtbewusst« nicht notwendig, dass man zustimmt. Sie bekommen etwa eine Anweisung: »Bitte tun Sie dies.« Es ist durchaus »pflichtbewusst«, darauf zu antworten: »Ich würde das gern, kann es aber nicht, weil ich eine andere Verpflichtung habe.« Oder auch: »Ich würde das gern, aber dort liegt nicht meine Stärke, das Ergebnis würde nicht optimal werden.«

Konfliktreich wird die Antwort: »Sie haben mir gar nichts zu sagen!« (A = machtorientiert.) Oder: »Dazu habe ich gerade keine Lust.« (E = emotional.)

Ganz wichtig ist die Einsicht, dass es nicht immer die sachliche Ebene ist, die hilft, einen Konflikt zu vermeiden oder zu entschärfen. Wenn jemand die Machtfrage stellt, wird sachliche Kühle und Distanz als Provokation oder persönliche Kritik aufgefasst und befeuert den Konflikt! (Das Gleiche gilt in einer emotional aufgeheizten Situation.)

Wer diese Einsicht vernachlässigt, wird schnell in Konflikte geraten, die er nicht mehr versteht und nicht mehr kontrollieren kann.

Die Analyse Ihrer Verhaltensstile und der Verhaltensstile Ihres Chefs mit dem Konfliktogramm sollen Sie weder zu einer willkürlichen Veränderung Ihres Verhaltens noch zu einer unbesehenen Vermeidung von Konflikten führen. Sie soll Ihnen zunächst nur Ihr Verhalten und die Reaktion Ihrer Gesprächspartner durchsichtiger machen.

Sie können Ihre Verhaltensstile nicht willkürlich »wählen«. Ihr Verhalten ist Teil Ihrer Persönlichkeit! Sie können jedoch versuchen, besser auf die Erwartungen Ihrer Gegenüber einzugehen und Ihre eigenen Erwartungen klarer so zu formulieren, dass Ihr Gegenüber sie auf der Ebene verstehen kann, auf der er sich zu dem Zeitpunkt gerade befindet.

Kontakt und Konflikt

Die Luft, die Sie zum Atmen benötigen, lässt sich ohne jeden Widerstand einziehen. Aber schon beim Essen ist das anders. Wenn Sie ein schönes Steak verzehren wollen, müssen Sie kräftig zubeißen. Würden Sie das Fleisch unzerkaut herunterschlucken, läge es Ihnen schwer im Magen – unzerkaut kann Ihr Magen das Fleisch nicht vom Fremden zum Eigenen verwandeln.

Kontakt erfordert oft eine gewisse Portion Energie, eine Portion Überwindung von Widerstand – gleichsam eine Portion Aggressivität. Wer nicht ein Mindestmaß von Aggressivität aufbringt, der verhungert. Das gilt selbst für den friedfertigsten buddhistischen Mönch.

Zu einem Konflikt kann es kommen, wenn das Element, mit dem Sie in Kontakt treten, über einen eigenen Willen verfügt. Stimmt nun der Wille zwischen den beiden Menschen, die Kontakt haben, nicht überein, so ergibt sich die Frage, wessen Wille sich verwirklicht. Das ist ein Konflikt. Dieser Konflikt ist sinnvoll und notwendig.

Konflikte lassen sich nicht von vornherein vermeiden. Denn ob der Wille zwischen den in Kontakt stehenden Menschen miteinander harmoniert oder nicht, stellt sich erst heraus, wenn beide Seiten ihren Willen geäußert haben.

In dem eben skizzierten Familiendrama haben Sie als samstägliche Familienaktivität den Besuch eines Fußballspiels vorgeschlagen, Ihre Frau dagegen den Besuch im Circus. Es wäre nicht möglich gewesen, den Konflikt auszuschließen. Auch wenn Sie sich mit Ihrer Frau nicht am Freitag, sondern schon eine Woche vorher über das Thema unterhalten hätten: Auch dann wären die zwei konträren Vorschläge auf den Tisch gekommen. Jede Form der Verständigung setzt voraus, dass die Unterschiedlichkeit der Vorstellungen bekannt wird.

Es wäre allerdings möglich, dass einer von beiden seinen Vorschlag nicht äußert. Nachdem Sie gesagt haben, dass Sie zum Fußballspiel wollen, hätte Ihre Frau ihren eigenen Vorschlag für sich behalten können. Das wäre jedoch lediglich eine Strategie, den Ausbruch des Konfliktes zu verhindern: Ihre Frau würde den Konflikt ohne Absprache mit Ihnen lösen und zwar zu ihren eigenen Ungunsten. Der Konflikt ist dennoch vorhanden, allerdings latent.

Die Frage ist, ob es für Ihre Frau gut wäre, auf Dauer Konflikte zu lösen, indem sie zu ihren eigenen Ungunsten entscheidet. Mehr noch: Wenn Ihre Frau unter diesen Umständen unzufrieden wird, hat dies auch eine Auswirkung auf Sie. Die gesamte Situation wird ungemütlicher. Darum hat nicht nur Ihre Frau ein Interesse daran, den Konflikt auszutragen, sondern auch Sie selbst. Konflikte sind also nicht nur unvermeidlich und notwendig. Es ist auch gut, sie offen auszutragen. Beide Seiten haben daran ein Interesse.

Formal gesehen gibt es in jedem Konflikt drei Möglichkeiten: Erstens, der Wille einer der beiden Seiten setzt sich durch. Zweitens, es wird etwas anderes gefunden, was gemeinsam getragen wird. In der Geschichte war dies der gemeinsame Einkaufsbummel. Drittens, jeder der beiden Seiten verwirklicht für sich allein das, was beabsichtigt war. Das wäre in der Geschichte die Lösung gewesen, den Samstag nicht gemeinsam zu verbringen. Vielmehr wären Sie zum Fußballspiel und Ihre Frau mit den Kindern zum Circus gegangen. (Oder wären die Kinder mit Ihnen gegangen? Oder eins der Kinder?) Dies wäre dann gleichsam ein Abbruch des Kontaktes, weil keine gemeinsame Handlung zustande kommt.

Kein Konflikt ist sinnlos, solange es darum geht, aus zwei verschiedenen Willen einen gemeinsamen Willen zu machen – solange nach einer Lösung gesucht wird. Sinnlos wird ein Konflikt, wenn es gar nicht moglich ist, zu einer Lösung zu kommen, weil es eigentlich um etwas ganz anderes geht.

Nehmen wir an, Ihre Frau weiß ganz genau, dass Sie sich seit Wochen auf das große Fußballereignis freuen. Sie arrangiert die Sache mit dem Circus nur, weil sie sauer ist, dass Sie im Haushalt so wenig helfen. Sie will Ihnen »eins auswischen«. Der Konflikt über den Haushalt wäre nicht sinnlos. Es ist jedoch sinnlos, ihn über die Frage des Besuchs des Fußballspiels »lösen« zu wollen.

Oder umgekehrt: Sie wissen ganz genau, dass Ihre Frau einen gemeinsamen Besuch des Fußballspiels ablehnt. Sie ärgern sich aber darüber, dass Ihre Frau statt der Anschaffung eines neuen Autos das Ersparte lieber in neue Wohnzimmermöbel stecken möchte. Darum wollen Sie ihr »beweisen«, wie gemein sie zu Ihnen ist. Nie bekommen Sie, was Sie wollen. Schön, dass Sie das beweisen können, besser wird es auf diese Weise nie.

Die schlimme Eigenschaft von sinnlosen Konflikten ist, dass sie nicht enden. Weil es für sie keine Lösung gibt, fressen sie sich fort. Immer neue Kriegsschauplätze werden eröffnet. Immer heftiger tobt der Krieg. Es gibt keine Lösung, weil es keine Lösung geben soll. Zum Unterschied dazu kennzeichnet es einen sinnvollen Konflikt, dass er sein Ende in einer für beide Seiten akzeptablen Lösung findet.

Die Unendlichkeit sinnloser Konflikte führt zu dem, was man in der Psychotherapie ein »System« nennt: Wenn Menschen in engem Kontakt miteinander leben und sinnlose Konflikte führen, neigen sie dazu, sich auf immer die gleiche Weise gegenseitig zu verletzen und den Krieg anzuheizen. Ich spreche lieber von »Muster«: Dies sind die Konfliktmuster, die in der fünften Stufe der Interpretation der Potenzialanalyse ermittelt werden.

Wenn Sie das Gefühl haben, dass die Konflikte, die Sie eingehen, »zu nichts führen«, und dass Sie andererseits die Konflikte, die Sie eingehen sollten, um mehr für sich zu erreichen, lieber unterdrücken, haben Sie vielleicht den Wunsch, Ihr Konfliktmuster zu verändern. Bevor Sie nun aber daran gehen, dies zu tun, sollten Sie sich mit den Bedingungen vertraut machen, unter denen Sie Ihr Konfliktmuster *nicht* verändern können. Denn es ist besser, alles beim bewährten Alten zu belassen, als etwas zum Schlimmeren hin zu verändern.

- Sie können Ihr Konfliktmuster nicht verändern, wenn Sie – erstens – jemand anderes für die Sinnlosigkeit eines Konfliktes verantwortlich machen möchten. Bleiben wir bei unserer Familiengeschichte. Als Sie gelesen haben, Ihre Frau arrangiere »die Sache mit dem Circus nur, weil sie sauer ist, dass Sie im Haushalt so wenig helfen; sie will Ihnen eins auswischen« rufen Sie erfreut: »Ja, genau so ist es. Das muss ich abstellen.« Mit dieser Erkenntnis gehen Sie in die nächste Auseinandersetzung und werfen ihr an den Kopf: »Tu doch nicht so, dir geht es eigentlich um etwas ganz anderes.« Meine Voraussage ist, dass es kaum ein wirkungsvolleres Mittel gibt, um einen absolut sinnlosen Konflikt anzufangen. Wenn Sie das nicht glauben, probieren Sie es doch aus. Sie werden schon sehen, was Sie davon haben. Aber machen Sie nicht mich dafür verantwortlich, was dann folgt!

- Die zweite Bedingung, unter der sich Konfliktmuster nicht verändern lassen, lautet: Es reicht nicht, die Form zu verändern, wenn Sie nicht wissen, um welchen Inhalt es eigentlich geht. Genau wie die Kontakt- und Verhaltensmuster haben die Konfliktmuster einen guten Zweck. Ohne diesen guten Zweck zu kennen und in die Veränderung einzubeziehen, kann sich nichts zum Guten wenden.

Stellen Sie sich vor, Sie haben sich für den Freitag abend fest vorgenommen, das Ritual des Konfliktes über die Familienaktivität am Samstag nicht mehr mitzumachen. Sie kommen also nach Hause und sagen zuckersüß zu Ihrer Frau: »Liebling, bestimmt hast du etwas für den Samstag vorgesehen.« Ich nehme einmal an, Ihre Frau wird Ihnen ganz zu Recht entgegnen: »Immer muss ich mich um den Zusammenhalt der Familie kümmern. Du entziehst dich mal wieder.«

Vielleicht wird sie dann in Tränen ausbrechen und schluchzen: »Geh doch allein zu deinem verdammten Fußballspiel. Wir kommen schon ohne dich zurecht.«

War es das, was Sie wollten? Ich hoffe nicht. Der Konflikt am Freitag abend erfüllt den guten Zweck, Kontakt zwischen Ihrer Frau und Ihnen herzustellen. Die Lösung des Konfliktes durch getrennte Aktivität am Samstag soll auf jeden Fall vermieden werden. Ist das nicht ein schönes Ziel, ein guter Zweck? Dafür lohnt es sich, ein bisschen fortdauernden Konflikt hinzunehmen! Bevor Sie da was ändern, sollten Sie wissen, wie Sie den Konflikt vermeiden können, ohne das Ziel aus den Augen zu verlieren.

Konfliktmuster sind ritualisierte Formen der Konfliktaustragung. Sie lassen sich ändern, aber das ist ein längerer Prozess. Denn Ihr jeweiliger Konfliktpartner erwartet von Ihnen bereits eine gewisse Reaktion. Ebenso erwarten Sie eine gewisse Reaktion von ihm. Selbst wenn einer von beiden sich anders verhält, wird es vielleicht gar nicht sofort bemerkt!

Solange sich an der zugrundeliegenden Situation nichts verändert, wird sich auch das daraus folgende Konfliktmuster nicht verändern lassen. Wenn Sie (um wieder an das familiäre Beispiel anzuknüpfen) keinen Weg finden, eine Aktivität am Samstag zu ermitteln, die Ihrer Frau, Ihren Kindern und Ihnen gleichermaßen Spaß macht, wird es bei den Scharmützeln bleiben. Der Konflikt ist in diesem Fall nicht nur eine Sache der Kommunikationsstrategie, sondern des Inhalts.

Allerdings ist auch die Umkehrung wahr: Nur, wenn Sie Ihre Art der Kommunikation verändern, können Sie dazu beitragen, den richtigen Inhalt zu finden. Das Ritual, mit dem Sie am Freitag abend jeweils mit Ihrer Frau im Konflikt um die Aktivität am Samstag ringen, verhindert auch, dass Sie beide wirklich versuchen können, das zu finden, was allen Freude macht.

Nachdem wir dies geklärt haben, können Sie daran gehen zu überlegen, ob und wie Sie Ihr Konfliktmuster verändern.

Übungsfolge 3: Konfliktmuster ändern

Nehmen Sie einen Konflikt, bei dem Sie das Gefühl haben, er tauche ständig auf, ohne dass es eine Lösung zu geben scheint. Es ist egal, ob es sich um einen wiederkehrenden Konflikt im beruflichen oder privaten Leben handelt. Notieren Sie sich das Ritual:

Was wird als erstes gesagt?

____

____

Wie wird dann geantwortet?

____

____

Welches für beide Seiten unbefriedigende Ergebnis kommt heraus?

____

____

Versuchen Sie, hinter das Ritual zu schauen. Betrachten Sie Ihre Gefühle. Versuchen Sie, sich zu erinnern, was Sie im Konflikt nicht sagen. Was Sie eigentlich sagen wollen. Was

Ihnen »auf der Zunge liegt«, Sie aber »herunterschlucken, um die Sache nicht noch schlimmer zu machen«. Dies ist das, was von Ihrer Seite aus gesehen den wirklichen Konflikt ausmacht, den Sie verdrängen.

Stellen Sie sich vor, etwas zu sagen, was den Konflikt sofort beenden würde. Überlegen Sie, ob das zu einer für beide Seiten besseren Situation führen würde. Auf diese Weise bekommen Sie heraus, was der gute Zweck des Konfliktes ist: nämlich eine schlechte Lösung zu vermeiden.

*

Nach dieser Übung sollten Sie nicht direkt ans Werk gehen, eine Veränderung Ihres Konfliktmusters in Angriff zu nehmen. Danken Sie zuerst Ihrem Konfliktmuster, dass es Ihnen so gute Dienste leistet. Bei allem, was Sie sich dann als Veränderung vornehmen, machen Sie bitte diese Probe: Fragen Sie sich, ob das Ergebnis wirklich besser sein wird. Denn es geht nicht darum, den Konflikt zu beenden, sondern darum, dass etwas Besseres an seine Stelle tritt. Solange Sie nicht sicher sind, etwas Besseres im Auge zu haben, lassen Sie besser die Finger von einer Veränderung.

Der Unterschied zwischen einem Konflikt und einem Konfliktmuster ist: Der Konflikt entsteht, wenn die beiden Seiten, die in Kontakt treten, unterschiedliche Interessen, Wünsche, Bedürfnisse haben. Das Muster schiebt sich nun gleichsam zwischen den direkten Kontakt: Es verhindert, dass Sie die Interessen, Wünsche und Bedürfnisse Ihres Gegenübers (und von sich selber) wahrnehmen. Stattdessen wird allerlei »phantasiert«, was man selbst oder was der andere angeblich will – doch vielleicht gar nicht in Wirklichkeit.

Wenn ich weiß, wie mich meine Mitmenschen sehen

(Selbst- und Fremdwahrnehmung stimmen überein), dann bin ich in der Lage, mich in einem Konflikt wahrhaftig einzubringen. Der andere kann sehen, worum es mir wirklich geht und sich darauf beziehen. Der Konflikt kann zu einer guten Lösung kommen. Sehe ich mich demgegenüber anders als ich gesehen werde (Selbst- und Fremdwahrnehmung stimmen nicht überein), habe ich immer das Gefühl, mein Konfliktpartner antworte gar nicht auf mich, sondern auf jemand anderes. Ich fühle mich permanent missverstanden und werfe das dem anderen vor. In Wirklichkeit habe ich falsche Signale ausgesendet.

Stimmt nun mein tatsächliches Verhalten (Rollenverhalten) nicht mit dem überein, was ich mir von mir wünsche (Wunschverhalten), dann kommt es nicht zu einem Missverständnis zwischen meinem Konfliktpartner und mir, sondern gleichsam zu einem Missverständnis mit mir selbst. Ich habe das Gefühl, dass die Lösung der Konflikte immer zu einer Situation führt, die ich eigentlich gar nicht gewollt habe – nicht, weil die anderen meine Bedürfnisse nicht berücksichtigen wollen, sondern weil ich durch mein Verhalten mich als jemand anderes darstelle, als es meinem Wunsch entspricht.

Verstehen heißt nicht zustimmen

Verständnis ist natürlich immer die Voraussetzung, wenn Sie einen Konflikt vermeiden wollen. Sie müssen richtig einschätzen können, wie Ihr Chef reagiert, um nicht etwas zu sagen, was ihn reizt, aufregt oder zu unliebsamen Gegenmaßnahmen treibt.

Wenn Sie im Kopf Ihren beruflichen Alltag Revue passieren lassen, werden Sie feststellen, dass Sie auf dieser Ebene eigentlich kaum Probleme haben: Wenn Sie wirklich innerlich davon überzeugt sind, keinen Konflikt haben zu wollen, passiert es Ihnen wahrscheinlich sehr selten, dass Sie eine Person, die Sie so gut kennen wie Ihren Chef, falsch einschätzen. Sie wissen sehr gut, wie er reagiert. Dann wissen Sie meist auch, warum er so reagiert: Eine verlässliche Voraussage über Verhalten ist eigentlich nur dann möglich, wenn Sie auch die inneren Beweggründe und Zusammenhänge kennen.

Übungsfolge 4: Perspektivwechsel

Halten Sie bitte an dieser Stelle ein paar Minuten inne und erinnern sich: Wann habe ich zuletzt zu meinem Chef oder zu mir selbst gesagt: »Ich verstehe Sie [meinen Chef] nicht?« Worum ging es? Was wollte er, was wollte ich? Was haben wir im entscheidenden Moment gesagt?

Am besten, Sie machen sich ein paar Notizen (Sie brauchen diese Erinnerung für die ganze Übung):

1 Ort, Zeitpunkt und andere Umstände, die Ihnen in der Erinnerung an den offenen oder verdeckten Konflikt wichtig scheinen.

____

____

2 Inhalt des Konfliktes: Was wollten Sie? Was wollte Ihr Chef?

____

____

3 Anlass des Konfliktes: Was war der Auslöser, gerade in diesem Moment darüber zu sprechen (oder das Gespräch zu vermeiden)?

____

____

4 Entscheidende Sätze und Formulierungen von Ihnen und von Ihrem Chef.

Ich bin sicher, dass Sie bei unvoreingenommener Betrachtung Ihres eigenen Beispiels feststellen werden: Doch, ich habe durchaus verstanden, was (und wahrscheinlich sogar warum) mein Chef auf eine Weise reagiert hat, die ich zuerst als »unverständlich« bezeichnet habe.

Bei genauerem Nachdenken ist dieses Ergebnis nicht so überraschend: Wenn wir wirklich etwas nicht verstanden haben – (uns fehlen Informationen, Zusammenhänge und Argumente oder wir haben uns nicht konzentriert) –, dann macht es überhaupt keine Schwierigkeit, nachzufragen: »Bitte, wie haben Sie das gemeint? – Können Sie bitte diese Information nachliefern? – Es wäre hilfreich für mich, wenn Sie mir Ihre Wünsche präzisieren könnten.«

Nein, der eigentliche Grund für das, was wir »Unverständnis« nennen, ist Ablehnung. Wir sagen, dass wir »etwas nicht verstehen«, aber wir meinen, dass wir etwas nicht akzeptieren.

Die Verknüpfung von »Verständnis« und »Zustimmung« ist eine zentrale Blockade dafür, gut miteinander auszukommen und Konflikte erfolgreich durchzustehen. Denn nur, wenn wir uns präzise auf das beziehen, was der Gegenüber möchte, haben wir eine Chance, ihn von irgend etwas zu überzeugen oder für irgend etwas zu begeistern.

Indem wir »verstehen« und »zustimmen« miteinander verknüpfen, blockieren wir den gedeihlichen Dialog: Wir weigern uns mutwillig, dem Gegenüber zu signalisieren, dass wir ihn verstanden haben. Er verweigert im Gegenzug, uns Einblick in seine Motive, Gründe, Zwänge usw. zu geben. Letztlich reißt dann das Verständnis wirklich ab – jedoch nicht, weil wir nicht verstehen können, sondern weil wir einen Dialog geführt haben, der gar nicht auf Verständnis ausgerichtet war.

Werfen Sie jetzt bitte einen erneuten Blick auf Ihr aufgezeichnetes Beispiel:

- Wann genau ist das Verständnis für das Verhalten Ihres Chefs abgebrochen?
- Welche Informationen über Fakten, Argumente oder Gefühle hat er Ihnen verweigert, die Ihnen das Verständnis ermöglicht hätten?

Versuchen Sie nun, sich genau daran zu erinnern, was Sie in dem Moment gesagt haben, bevor Ihr Chef Ihnen diese entscheidenden Hilfen für das Verständnis verweigert hat. Schreiben Sie sich das, was in diesem Moment gesagt wurde, bitte auf.

Die Rollen tauschen
Das einfachste Verfahren, mit dem Sie sich klar machen können, dass Sie Ihren Chef sehr gut verstehen, besteht in einem kleinen Spiel: Sie tauschen in einem inneren Dialog die Rollen. Das heißt, Sie sprechen zu sich selbst als Ihr Chef. Noch besser wäre es, wenn Sie mit einem guten Kollegen oder Freund, Freundin oder Ehepartner zusammen spielen: Sie sind Ihr Chef, der andere spielt Sie.

Beginnen Sie mit Ihrer Wendung aus Ihrem eigenen Beispiel, die Sie gebrauchten, bevor Ihrer Meinung nach der Konflikt ausgebrochen oder der Kontakt abgebrochen worden ist.

1 Sagen Sie diese Wendung zu sich, oder lassen Sie Ihren Spielpartner diese Wendung zu Ihnen sagen.

2 Antworten Sie sich (bzw. Ihrem Spielpartner). Bitte achten Sie darauf, dass Sie nicht anfangen: »Mein Chef würde jetzt sagen…« Sie müssen vielmehr formulieren: »Ich, der Chef, antworte Ihnen jetzt mal…« Sagen Sie so oft ICH DER CHEF, bis Sie sich in seiner Rolle fühlen.

Das Spiel mit den vertauschten Rollen löst die innere Verknüpfung von Verständnis und Zustimmung. Identifizieren Sie sich im Spiel nun mit Ihrem Chef so, dass Sie verstehen – und fühlen – können, was in ihm vorgeht. Sie merken, wie sehr Sie seine Gründe nachvollziehen können. Sie spüren, wie verletzt Sie an seiner Stelle wären, wenn Sie eine Antwort bekämen, so wie Sie sie ihm gegeben haben.

Nach dieser Übung können Sie nachvollziehen, warum Sie Ihr Ziel nicht erreichen konnten. Denn dass Sie mit (scheinbarem) Unverständnis auf Ihren Chef reagiert haben, hatte ja seinen Grund darin, dass Sie in Wirklichkeit mit dem, was er wollte, nicht einverstanden waren. Ihr Ziel muss also darin bestanden haben, dass er von dem, was er wollte, abrückt und dem zustimmt, was Sie wollen.

Wenn Sie sich durch Unverständnis dem offenen Dialog verweigern, können Sie jedoch nicht erreichen, was Sie anstreben. Jetzt, wo Sie das durchschaut haben, können Sie Strategien entwickeln, um sich in Zukunft besser durchzusetzen.

Vorbereitung: Transaktionsanalyse

Eine Strategie zur Lösung von Problemsituationen mit Ihrem Chef muss sorgfältig vorbereitet werden. Mit Personen, mit denen man häufig konfrontiert ist, bilden sich eingefahrene Strukturen des Gesprächs heraus, die nur mühsam zu überwinden sind.

Als erstes werden Sie sich über die Transaktionen klar, die in dem Gespräch Ihres Beispiels stattgefunden haben.

Schreiben Sie an jede Formulierung, die Sie aufgezeichnet haben, die Transaktionsebene. Denn diese Ebene kann im Verlauf des Gesprächs wechseln:

- A für machtorientiert
- B für nicht-direktiv
- C für sachlich
- D für pflichtbewusst
- E für emotional

Analysieren Sie nun, wie diese Ebenen zusammen gepasst haben und wie nicht. Zur Erinnerung:

- A machtorientierter Chef erwartet D: Ihre pflichtbewusste Reaktion
- B nicht-direktiver Chef erwartet E: Ihre emotionale Reaktion

C sachlicher Chef erwartet C: Ihre sachliche Reaktion
D pflichtbewusster Chef erwartet A: Ihre machtorientierte Reaktion
E emotionaler Chef erwartet B: Ihre nicht-direktive Reaktion

Mit dieser Übung bereiten Sie Ihre Lösungsstrategie vor: Mit ihr zeigen Sie sich, welchen »Ton« Sie anschlagen müssen, wenn Sie Gehör bekommen möchten.

Gemeint ist damit nicht, dass Sie Ihrem Chef bedingungslos zustimmen oder sich auf jeden Fall auf seine »Ebene« einlassen sollten. Die Erkenntnis über seine tatsächliche Transaktionsebene können Sie auch nutzen, um zu versuchen, ihn auf eine andere Ebene des Gesprächs zu bringen. Jedoch ist es für das Gelingen entscheidend, ob Sie die richtige Anknüpfung finden. Und dafür ist die nächste Übung da.

Alternativen spielerisch erproben
Sie haben nun ein Konfliktbeispiel, ein Verständnis für die Reaktionsweise Ihres Chefs und eine Analyse der Transaktionsebenen. Es wird Zeit, dass sich Ihre Anstrengungen auszahlen und Sie zu Lösungswegen finden.

Es ist nicht anzuraten, dass Sie mit Ihren neu gewonnenen Erkenntnissen ins Büro Ihres Chefs stürmen und verkünden, jetzt werde sich alles ändern. Die Reaktion wird in den meisten Fällen »Unverständnis« (in der eben beschriebenen Weise von »Ablehnung«) sein.

Es ist vielmehr nötig, dass Sie in der von Ihnen geplanten veränderten, neuen Art, mit Ihrem Chef zu sprechen, einige innere Sicherheit erlangen. Dazu ist das Rollenspiel ideal.

Doch zunächst planen Sie Ihre Strategie:

1 Nehmen Sie Ihre Transaktionsanalyse und notieren sich eine Antwort auf Ihren Chef, die seine Ebene vollständig befriedigt und von der Sie einen harmonischen Ausgang des Gesprächs erwarten.

2 Spielen Sie dieses Gespräch mindestens zweimal durch: Einmal konzentrieren Sie sich darauf, was Sie sagen; einmal, wie Ihr Chef reagiert. Wenn Sie einen Spielpartner haben, spielen Sie einmal sich selbst und einmal Ihren Chef.

3 Fragen Sie sich, ob Sie mit dem Ausgang des Gesprächs zufrieden sind. Wenn ja, haben Sie Glück. Sie brauchen keinen Konflikt und wissen nun, wie Sie ihn vermeiden.

4 Wenn Sie mit dem Ausgang des ersten Schrittes nicht einverstanden sind, definieren Sie (am besten durch Aufschreiben), was genau Sie erreichen wollen.

5 Erfinden Sie so viele alternative Varianten wie möglich, um das Gespräch zu führen. Versuchen Sie immer, an die Transaktionsebene Ihres Chefs anzuknüpfen und ihn so vorsichtig wie möglich auf die Ebene zu lenken, auf der Sie meinen, Erfolg für Ihr Gesprächsziel haben zu können.

6 Wählen Sie unter den Alternativen zwei oder drei Möglichkeiten, die Ihnen am besten zusagen.

7 Spielen Sie die Möglichkeiten durch (analog Punkt 2).

Vorsicht Falle: Heuchelei

Bitte vermeiden Sie bei dieser Übung, der Versuchung zur Heuchelei zu erliegen. Sagen Sie nie etwas, das Sie nicht auch meinen. Dies würde Ihnen letztlich selbst schaden: Sie senden ein falsches Signal aus, das Ihr Chef für echt hält – er wird sich dann auf das geheuchelte Signal beziehen und Sie entsprechend behandeln. Ihm tut das nicht weh. Aber Ihnen.

Sagen Sie nie emotional verständnisvoll: »Ich verstehe Sie so gut«, wenn Sie ihn nicht verstehen. Sagen Sie allenfalls: »Ich verstehe, was Sie meinen.« Allerdings das auch nur, wenn Sie es wirklich verstehen. Andernfalls müssen Sie eben nachfragen.

Sagen Sie nie pflichtbewusst: »Ich mache das gern«, wenn Sie es nicht gern machen. Sagen Sie allenfalls: »Ich tue das.« Bitte auch dies bloß, wenn Sie tatsächlich vorhaben, es zu tun. Andernfalls müssen Sie den Konflikt riskieren und offen »Nein« sagen.

Sagen Sie nie sachlich: »Die Argumente für die Ablehnung sind…«, wenn Sie in Wirklichkeit emotionale Gründe für eine Ablehnung von irgendetwas haben. Sie verstricken sich sonst in eine Diskussion, in der Sie in die Gefahr kommen, unglaubwürdig zu werden.

Sagen Sie nie nicht-direktiv: »Das wird sich schon regeln«, wenn Sie ernsthafte Zweifel daran haben (jedoch nicht selbst mit der Regelung betraut werden wollen). Wenn das vorausgesagte Es-regelt-sich-von-selbst nicht eintritt, wird Ihr Chef das Ihnen anlasten.

Sagen Sie nie machtorientiert: »Das habe ich nicht nötig«, wenn Sie sich nicht sicher sind, die nötige Macht auch wirklich zu haben. Leere Drohungen gehen – ins Leere.

Weil dieser Punkt so wichtig ist, gibt es im Kapitel 14 dazu eine eigene Übungsfolge.

Eine Fallstudie für den Perspektivwechsel

Ich will an einer Fallstudie zeigen, wie die beschriebene Übung zum Perspektivwechsel funktionieren kann. Dazu greife ich auf die Geschichte des Programmierers in Kapitel 2 zurück. Das Ereignis, dass er auswählt, betrifft sein Zu-spät-kommen und die unliebsame Gegenmaßnahme seines (zweiten) Chefs.

Das Gespräch, das sich der Programmierer aufschreibt, ist sehr kurz. Sein Chef hat ihn zu sich gerufen und gesagt: »Es geht nicht, dass Sie kommen und gehen, wie Sie wollen. Ich möchte, dass Sie sich an die Arbeitszeiten halten.« – Der Programmierer hat als Antwort nur gebrummelt: »Na, das hört sich aber endgültig an.« – Darauf sein Chef: »Das ist es auch. Oder haben Sie noch Fragen?« – »Nein, nein.« – »Dann ist das ja geklärt. Das wäre alles!«

Ganz klar: Sein Chef hat machtorientiert (A) agiert. Es gibt keinen sachlichen Anteil, weil er seinen Wunsch nicht begründet. Der Mitarbeiter hat trotzig, also emotional (E) reagiert. A und E passen nicht zusammen.

Ein machtorientierter Chef übrigens merkt sehr wohl den trotzigen Widerstand. Er hält ihn jedoch nicht für wichtig, weil er sich ja durchsetzt. Er kalkuliert nicht ein, dass sich Trotz in schlechter Arbeitsleistung niederschlägt. Das allerdings ist seine Sache.

Die Sache des Mitarbeiters ist es, für sich selber bessere Bedingungen zu schaffen oder zu bewahren. Und dabei ist der besagte Programmierer mit seiner Strategie kindlichen Trotzes bei seinem neuen Chef gescheitert.

Der Programmierer macht nun sein Rollenspiel. Der Kollege, der ihn spielt, verändert den Text ein wenig. Statt des unterdrückt trotzigen »Nein, nein« sagt er provozierend trotzig: »Das sehe ich nicht ein!« Angestrengt denkt der Programmierer in seiner Rolle als Chef darüber nach, welche Antwort er geben soll. Dabei fällt ihm eine Randbedingung ein, die er bisher außer Acht gelassen hatte: »Wissen Sie«, gibt er als »Chef« zur Antwort, »es gibt Beschwerden. Frau Müller am Empfang sagte, sie sähe nicht ein, pünktlich sein zu müssen, wenn doch jeder andere komme, wann er wolle.«

Wenn er es sich genau überlegt, glaubt er jedoch nicht, dass sein Chef eine so defensive (»pflichtbewusste«) Antwort gegeben hätte. Eher hätte er gesagt: »Ob Sie das einsehen, ist mir egal. Sie tun, was ich Ihnen sage.« Zumindest hat er aber in seiner gespielten Chef-Rolle herausbekommen, was ein sachlicher Hintergrund für die Maßnahme des Chefs gewesen sein könnte, nämlich Disziplinprobleme mit anderen Mitarbeitern. Die Maßnahme war also keine sinnlose Willkürtat, selbst wenn sich sein Chef geweigert hatte, die Gründe offen auszusprechen. Gleichwohl hat der Mitarbeiter die Gründe »gewusst« (sonst hätte er im Rollenspiel nicht so argumentieren können). Es stimmt also nicht, dass ihm das Verhalten seines Chefs prinzipiell unverständlich war: Da er es ablehnte, hat er sich geweigert, die möglichen Gründe zur Kenntnis zu nehmen.

Auf diese Gründe hätte er eingehen können, auch ohne dass sein Chef sie ihm im direkten Gespräch nennt.

Er probiert als erstes folgende Antwort auf die angenommene Reaktion des Chefs aus:

Chef: »Es geht nicht, dass Sie kommen und gehen, wie Sie wollen. Ich möchte, dass Sie sich an die Arbeitszeiten halten.«
Mitarbeiter: »Na, das hört sich aber endgültig an.«
Chef: »Das ist es auch. Oder haben Sie noch Fragen?«
Mitarbeiter: »Ich sehe ›das‹ nicht ein!«
Chef: »Ob Sie das einsehen, ist mir egal. Sie tun das, was ich Ihnen sage.«
Mitarbeiter: »Andere lassen um fünf den Griffel fallen. Ich bleibe oft abends länger. Wenn ich nicht auf die Minuten schaue, möchte ich, dass die Firma ebenso großzügig ist.«
Chef: »Abends länger bleiben, das gibt es auch nicht mehr. Das hat versicherungstechnische Gründe. Also ist das geklärt.«

Auch dieses fiktiv im Rollenspiel geführte Gespräch mündet noch nicht in dem gewünschten Ergebnis. Zwar ist der »Chef« jetzt so weit, dass er seine Anweisungen begründet (er verweist auf versicherungstechnische Gründe, die ein längeres Bleiben abends problematisch machen), doch an der Sache ändert sich nichts. Wo ist es nun fehlgegangen?

Der Programmierer antwortet auf die Machtorientierung des Chefs nach der trotzigen Reaktion mit einer eigenen Machtäußerung: »Wenn ich nicht auf die Minuten schaue, möchte ich, dass die Firma das auch nicht tut.« Diese Wendung hört sich sachlich an (weil sie auf »Gerechtigkeit« zu zielen scheint), enthält jedoch eine Drohung: Auch ich werde pünktlich gehen, wenn man mir nicht nachgibt.

Die Drohung läuft ins Leere: Genau das, was der Programmierer androht, soll ja auch geschehen. Er soll morgens pünktlich kommen und abends pünktlich gehen. Wenn er seine Drohung ernst gemeint hätte, wäre jetzt alles positiv geklärt.

Er hat aber eine Drohung von sich gegeben, die zu einer von ihm gar nicht gewollten Situation führt. Den Machtkampf hat er gewissermaßen gewonnen, als Person dagegen hat er verloren.

Nun besinnt sich der Programmierer darauf, dass auf die machtorientierte Transaktion eine pflichtbewusste passt. Er probiert nun eine andere Fortführung des Gesprächs.

Chef: »Es geht nicht, dass Sie kommen und gehen, wie Sie wollen. Ich möchte, dass Sie sich an die Arbeitszeiten halten.«
Mitarbeiter: »Na, das hört sich aber endgültig an.«
Chef: »Das ist es auch. Oder haben Sie noch Fragen?«
Mitarbeiter: »Ja, wenn ich darf, habe ich noch eine Frage.«
Chef: »Wie meinen?«
Mitarbeiter: »Ich bemühe mich sehr, meine Aufgaben korrekt zu erledigen. Haben Sie da irgendwo Kritik an mir?«
Chef: »Nein, nein. Soweit ich sehe, gibt es keinen Grund zur Klage. Warum fragen Sie?«
Mitarbeiter: »Sehen Sie, um das Netzwerk vorgestern wieder flott zu kriegen, damit am nächsten Morgen alle pünktlich weitermachen konnten, da bin ich sehr lange hier geblieben. Vielleicht können Sie das mit berücksichtigen?«
Chef: »Oh, das habe ich nicht gewusst. Es ist problematisch, länger zu bleiben. Wegen der Versicherung. Aber das regle ich schon. Nur, morgens mit dem Zu-spät-kommen ist das so eine Sache. Mitarbeiter berufen sich darauf, dass Sie kommen, wann Sie wollen. Auch das bekomme ich hin. Bitte informieren Sie mich über notwendige Überstunden in Ihrem Arbeitsbereich. Dann geht das schon klar, wenn Sie die morgens abfeiern.«

In diesem Fall – oh Wunder – hat der Programmierer seinen Chef dazu gebracht, die Lösung in seinem Sinne selbst in die Hand zu nehmen. Was ist hier anders, richtig gelaufen?

Der Programmierer hat seinen machtorientierten Chef auf der Ebene des pflichtbewussten Mitarbeiters angesprochen: Ich tue doch meine Arbeit. Er hat darauf hingewiesen, dass er pflichtbewusst eine Sache abends erledigte, die zum Vorteil des Unternehmens ist. Der machtbewusste Chef kann darauf nicht gleichgültig reagieren. Er muss darauf eingehen. Es ist sehr unwahrscheinlich, dass er antwortet: »Erledigen Sie Ihre Aufgaben nicht.« Dies widerspricht seiner eigenen Motivation, nämlich Macht zu haben und gute Betriebsergebnisse vorweisen zu können.

Achtung! Diese Reaktion ist nicht von einem pflichtbewussten Chef zu erwarten. Dieser hätte mehr Angst, sich mit unzufriedenen Mitarbeitern und mit problematischen Versicherungen herumzuschlagen. Er würde bereit sein, gute Arbeitsergebnisse zu opfern, um seine Angst zu reduzieren. – Dies nur als Warnung, dass Lösungen nicht universell eingesetzt werden können, sondern nur in speziellen Chef-Mitarbeiter-Konstellationen.

Perspektivwechsel: Für welche Art Probleme?

Die Übungen zum Perspektivwechsel eignen sich für alle Probleme, von denen Sie meinen, dass sie in einem bestimmten Inhalt und in einer bestimmten Reaktionsform des Chefs liegen.

In dem Beispiel ist der Inhalt die Frage der Arbeitszeit. Diesen Inhalt gilt es zu klären. Die problematische Reaktionsform des Chefs ist seine machtorientierte Art, keine Gründe für seine Weisungen zu geben.

Die meisten Probleme mit Vorgesetzten kommen durch die Inhalte bzw. Reaktionsformen zustande. Gleichwohl reicht der Perspektivwechsel zur Problemlösung oft noch nicht aus. Denn die meisten Mitarbeiter hemmt die Angst, etwas offen auszusprechen. Darum ist der nächste Schritt im folgenden Kapitel, Sie dazu anzuregen, Ihre Angst zu überwinden.

Liste häufiger Konfliktinhalte

Nach meiner Erfahrung lassen sich eigentlich alle Konflikte, die die Mitarbeiter mit ihren Chefs haben, auf die drei folgenden Inhalte zurückführen:

1 **Zeitmanagement:** Überstunden werden verlangt (oder auch verweigert; das ist ärgerlich, wenn sie bezahlt werden oder abgefeiert werden können). Termine werden zu eng gesetzt; oder Kunden gegenüber werden Termine zugesagt, die nicht bzw. nur schwer einzuhalten sind. Urlaubsterminwünsche werden verweigert oder Urlaubssperren verhängt. Überstunden-, Termin- oder Urlaubsplanungen werden zu kurzfristig vorgenommen.
2 **Personalmanagement:** Es werden Arbeiten zugewiesen, für die sich der Mitarbeiter überqualifiziert wähnt oder die ihn überfordern. Teams werden zusammengestellt aus Mitarbeitern, die fachlich oder emotional nicht miteinander auskommen. Bei Neueinstellungen werden Mitarbeiter nicht hinzugezogen, die meinen, man hätte sie fragen sollen. Mitarbeiter fühlen sich nicht genug anerkannt in ihrem Engagement, in Relation zu anderen Mitarbeitern ungerecht behandelt oder vom Chef schikaniert etwa durch nicht gerechtfertigte Kritik, durch dumme Bemerkungen, durch Bloßstellung vor Dritten, durch offene Drohungen. Die Arbeit wird übergenau kontrolliert oder es fehlen dem Mitarbeiter hilfreiche Anweisungen. Personelle oder sachliche Unterstützung bei der Arbeit wird verweigert oder es werden ungebeten weitere Personen mit einer Aufgabe betraut.
3 **Meinungsdifferenzen:** Sachlich unterschiedliche Auffassungen darüber, wie eine bestimmte Aufgabe zu erledigen ist, wie man einen Kunden bzw. seinen Auftrag einschätzen und behandeln soll, wie die Fakten in einer bestimmten Frage liegen.

Möglicher Perspektivwechsel

Greifen wir uns wieder ein Fallbeispiel heraus: Stellen Sie sich vor, Ihr Chef fragt Sie einen Tag vor einem wichtigen Termin, ob Sie abends länger bleiben können. »Da hätten Sie mich früher fragen sollen!« Ja, das hätte er. – Überlegen Sie, ob nicht auch Sie schon einmal ein Weihnachtsgeschenk erst am 23. 12. gekauft haben. Und das, obwohl bekanntermaßen Weihnachten immer auf den 24. 12. fällt. Warum so kurzfristig?

Sehen Sie: Sie verlangen von Ihrem Chef, unfehlbar zu sein. Denn auch Sie kannten den Termin. Sie haben sich jedoch gesagt: »Mal sehen, wann er mich diesmal fragt?« Als er es so lange herausschiebt, schleudern Sie ihm voll Genugtuung Ihr »Zu spät!« entgegen. Wenn Sie sich an seine Stelle denken, werden Sie feststellen, wie unwohl Sie sich in Ihrer Haut fühlen würden.

Für sein spätes Fragen hat Ihr Chef, wie schon früher erwähnt, mit Sicherheit einen Grund. Diesen Grund werden Sie mit gleicher Sicherheit auch kennen. Vielleicht hatte er wirklich viel um die Ohren und konnte sich früher mit der Terminfrage nicht beschäftigen. Oder er hatte Angst vor Ihnen, weil Sie zu »patzigen« Antworten neigen. Oder er ist der Typ Mensch, der sich immer erst in letzter Minute mit etwas beschäftigt.

Wenn Sie jetzt eine Strategie planen, die nicht in dem üblichen Ringen mündet, was Sie beide unbefriedigt zurücklässt, ist es sinnvoll, dass Sie nicht nur Ihr vordergründiges Interesse bedenken, die Überstunden nicht machen zu müssen. Sie sollten auch einbeziehen, dass die Arbeit getan werden muss und dass Ihr Chef nicht blamiert werden darf. Die Arbeit muss getan werden, sofern Ihnen etwas an der Arbeit (an den Kunden, an dem Bestand Ihres Arbeitsplatzes) liegt, und Ihr Chef darf nicht blamiert werden, wenn Sie nicht wollen, dass Ihr Arbeitsplatz zu einer Hölle wird.

Denken Sie sich nun zur Vorbereitung der Lösung etwas aus, was dazu führt, dass Sie die Überstunden nicht machen brauchen, die Arbeit aber dennoch erledigt wird und Ihr Chef seinen Erfolg hat. Natürlich können Sie sagen: »Das ist doch seine Sache.« Wenn er es jedoch nicht zu seiner Sache macht, haben Sie die Wahl: Selber eine Lösung zu finden oder den fortwährenden Kleinkrieg am Arbeitsplatz hinzunehmen. Eine weitere Möglichkeit gibt es meines Erachtens nicht.

Gesetzt der Fall, Sie haben diese Hürde bei der Vorbereitung der Lösung genommen. Nun besteht die nächste Aufgabe darin, sie »umzusetzen« – Ihren Chef zu überzeugen (nicht: ihn zu überreden oder gar zu manipulieren!). Hier können Sie Ihre Erkenntnisse über die Transaktionsebene, auf der er agiert, einsetzen. Am einfachsten ist der sachliche Chef. Dann präsentieren Sie ihm den Vorschlag, den Sie in Gedanken vorweggenommen haben, schlicht so, wie Sie ihn sich vorstellen. Haben Sie richtig geplant, wird er dem Vorschlag zustimmen

– er löst ja das Problem. Am problematischsten wird es, wenn Ihr Chef emotional darauf fixiert ist, Sie zu den Überstunden zu bewegen. Seien Sie dann sehr vorsichtig mit einer rein sachlichen Argumentation. Vielleicht lässt er sich bei seiner Ehre packen: »Sie haben doch immer so gute Ideen, Sachen zu regeln. Ich habe für heute abend schon was anderes vor.«

Einem machtorientierten Chef gegenüber weisen Sie, um Gehör zu bekommen, am besten zunächst darauf hin, wie viel Ihnen an der termingerechten Erledigung der Arbeit liegt, bevor Sie ihm Ihren sachlichen Vorschlag unterbreiten können.

Die nicht-direktive Haltung fällt in diesem Beispiel eher aus. Agiert Ihr Chef auf der nicht-direktiven Ebene, würde er Sie nicht direkt anweisen, Überstunden zu machen. Er sagt vielmehr: »Es müsste bis morgen eigentlich noch dies gemacht werden.« Es liegt dann an Ihnen, ob Sie die Sache in die Hand nehmen oder auf sich beruhen lassen.

Auch der pflichtbewusste Chef fragt indirekt, nur anders. Er wird weinerlich fragen: »Wie sollen wir das denn nur schaffen?« Hier könnten Sie ihm anbieten, die Verantwortung für die Erledigung zu übernehmen, wenn er Ihnen die entsprechenden Vollmachten dafür einräumt (also müssten Sie statt ihm machtorientiert sein).

Keine Lösung für alle Fälle

Nicht alle Konflikte lassen sich mit einer Gesprächsstrategie lösen. Es gibt Situationen, in denen es um ein inhaltliches »Ja« oder »Nein« für einen selber geht.

Es ist möglich, dass die Arbeit wirklich niemand anderes als Sie erledigen kann und dass sie sich weder verschieben noch in der Regelarbeitszeit fertigstellen lässt. Sie müssen abwägen, ob Ihnen Ihr eigenes Interesse, das Interesse Ihres Chefs oder Ihrer Firma wichtiger ist. Auf jeden Fall sollten Sie dann das, was Sie entscheiden, vor sich innerlich richtig finden und ohne Groll auf andere durchführen – denn mit Groll schaden Sie sich nur selbst.

Oder es könnte so sein, dass Sie von Ihrer eigenen Neigung her nicht in der Lage sind, dass zu tun, was nötig ist: Vielleicht liegt es Ihnen nicht, »pflichtbewusst« zu katzbuckeln. Umgekehrt könnte es Ihnen nicht liegen, Ihren entscheidungsschwachen Chef machtbewusst an die Hand zu nehmen und die Entscheidungen für ihn zu treffen.

Auch das, was Sie in solchen Situationen tun, sollten Sie nicht Ihrer Augenblickslaune oder dem Zufall überlassen. Versuchen Sie, das jeweils nächstbeste zu tun.

Nehmen Sie in Gedanken vorweg, wie Ihr Chef auf ein »Nein« von Ihnen reagiert. Schreiben Sie die möglichen Reaktionen in der Form des Entweder-Oder auf: »Entweder er tut dies..., oder er tut jenes...« Fragen Sie sich dann offen und ehrlich:

1 Will ich die aus dem »Nein« folgenden Konsequenzen (z. B. Sanktionen) tragen?

____

____

____

2 Kann ich die Sanktionen psychisch durchstehen?

____

____

____

Wenn nicht, vermeiden Sie den Widerstand, denn die Gefahr, dass Sie daran zerbrechen, ist zu groß.

Wenn Sie von Ihrem (Arbeits-)Leben etwas haben wollen, sollten Sie das, was Sie dann tun, guten Mutes tun und die Konsequenzen nicht zu schwer nehmen. Vielleicht hilft Ihnen die nächte Übungsfolge, die Bandbreite der zu Ihnen passenden Handlungsweisen zu vergrößern. Ich wünsche es Ihnen.

Was ist Angst? Was bewirkt sie?

Wohl die meisten Menschen werden sagen, dass in ihrem Verhältnis zu ihren Vorgesetzten Angst eine gewisse Rolle spielt. Bei dem einen ist es mehr, bei dem anderen weniger; doch es ist selten, dass jemand sagt, er habe überhaupt keine Angst, wenn er an seinen Chef denkt. Der Perspektivwechsel kann uns allerdings zeigen, dass auch unser Chef Angst hat. Das mag die eigene Angst schon ein wenig relativieren, wenngleich nicht stark genug, um den Mut zu finden, für unsere (berechtigten) Interessen einzutreten.

Wenn wir im Alltag von »Angst« sprechen, handelt es sich zumeist um die Vermischung von zwei Phänomenen, die getrennt werden müssen, um die »Angst« zu verringern:

1 Ein Teil der »Angst« ist Furcht: Furcht beinhaltet eine mehr oder weniger rationale Entscheidung darüber, dass etwas für uns gefährlich ist. Das Gefährliche muss überwunden, zerstört oder vermieden werden. Zum Beispiel können Sie Furcht haben, dass Ihnen gekündigt wird, wenn Sie bereits zwei Abmahnungen für Zuspätkommen erhalten haben. Eine durchaus realistische Einschätzung Ihrer Lage. Es wäre gut, wenn Sie in dieser Situation genügend »Furcht« empfinden, um rechtzeitig aus dem Bett zu kommen! (Furcht sitzt im Magen.)

2 Die eigentliche Angst besteht dagegen in einem Gefühl der Enge. (Unser Wort »Angst«« leitet sich tatsächlich vom lateinischen Wort für »Enge« ab, *angustiae*.) Die Ursache für dieses Gefühl ist, dass unser Brustkorb durch die ihn umgebenden Muskeln zusammengedrückt wird: Die Muskeln, die für die regelmäßige und

freie Atmung zuständig sind, um uns mit der stets richtigen Menge Sauerstoff zu versorgen, richten sich »gegen uns«. Die Angst macht uns unfähig, so zu handeln, wie es gut wäre, um die Furcht zu besiegen! (Angst sitzt in der Brust.)

Normalerweise bezieht sich die Angst auf eine Furcht: Wenn Sie die Kündigung fürchten, kann Ihnen das auch Angst machen. Sie fühlen »Beklemmung«. Weil Sie in dieser Beklemmung schlecht atmen, werden Sie müde und träge. Das kann dann dazu führen, dass Sie morgens noch schlechter aus dem Bett kommen oder die Zeit vertrödeln und dann wieder zu spät kommen.

Die an die Furcht gekoppelte Angst mag zwar hinderlich sein, doch sie hat, wie gesagt, einen rationalen Kern. Angst kann auch irrational auftreten und dann ist sie ein großer Feind von uns. Es könnte sein, dass Sie noch nie zu spät gekommen sind. Gleichwohl setzen Sie sich mit sehr großer Beklemmung jeden Morgen in Ihr Auto. Wenn Sie davon erzählen, werden Ihnen Ihre Kollegen sagen: »Wovor fürchtest du dich? Du bist noch nie zu spät gekommen. Es kann dir nichts passieren!« Darauf wissen Sie nichts zu antworten und »schämen« sich. Ihre Angst geht davon nicht weg.

Im Zusammenhang der Fragestellung in diesem Buch ist die Angst darum ein Thema, weil es meist die Angst ist, die verhindert, dass jemand seinem Chef offen gegenübertritt – ihm offen die Meinung sagt, ihn offen nach Unterstützung fragt, ihn offen in seine Schranken weist, ihn offen über Probleme bei der Arbeit informiert. Alles das ist nötig, damit ein Vorgesetzter rational Entscheidungen treffen und womöglich auch im Sinne des Mitarbeiters handeln kann. Denn schließlich vermag er die Interessen des Mitarbeiters nur zu berücksichtigen, wenn er sie kennt. Angst verhindert, dass er sie erfährt.

Die Furcht verringern

In dem berühmten Lebenshilfebuch »Sorge dich nicht, lebe« des Amerikaners Dale Carnegie findet sich folgender Ratschlag, um die »Angst« zu überwinden, die uns die besten Möglichkeiten verbaut. Nach Carnegie geht die Verringerung der »Angst« ungefähr so:

Übungsfolge 5: Keine Angst vor der Angst

Stellen Sie sich eine aktuelle Situation vor, vor der Sie »Angst« (eigentlich: Furcht) haben. Dann machen Sie folgendes:

1 Sie fragen sich: Was könnte der schlimmstmögliche Ausgang für mich in dieser Situation sein?
2 Sie finden sich damit ab, dass dieser Ausgang eintreten kann.
3 Sie überlegen, was Sie tun werden, wenn es so weit kommt.
4 Da Sie nun für den schlimmsten Fall eine Handlungsmöglichkeit sehen, verliert er seinen Schrecken.
5 Nun sind Sie frei, die verbleibende Zeit bis zum möglichen Eintritt des schlimmsten Falles zu nutzen, um ihn zu verhindern.

Diese Übung ist in vielen Situationen erwiesenermaßen sehr nützlich. Allerdings habe ich das Wort »Angst« in Anführungszeichen gesetzt. Denn Dale Carnegie behandelt in dieser Übung eigentlich nicht die Angst, sondern die Furcht. Ich habe nach der Lektüre von seinem Buch den Eindruck, dass er ausschließlich die Furcht zur Kenntnis nimmt, die Existenz von Angst dagegen verdrängt. – Doch es ist durchaus möglich, auch ein wenig gegen die Angst zu tun.

Die Angst fühlen
Das Paradox der Angst besteht darin, dass sie um so stärker wird, je mehr wir versuchen, keine Angst zu haben: »Ich habe doch gar keinen Grund zu Angst...« Dieser Satz hilft in den meisten Fällen leider nicht. Vielmehr zieht sich die Brust noch stärker zusammen.

Wenn Sie Ihre Angst reduzieren wollen, ist es nötig, dass Sie die Angst zuerst überhaupt als körperliches Symptom wahrnehmen. Verlasssen Sie die Ebene des intellektuellen Darüber-Nachdenkens und fühlen, was in Ihnen vorgeht.

Stellen Sie sich eine reale Situation vor, in der Ihr Chef etwas von Ihnen verlangt hat, das Sie nicht tun wollten. Sie hatten aber Angst, ihm zu widersprechen. Sie haben »Ja« gesagt, während Sie »Nein« meinten.

1 Versuchen Sie, sich die Situation so lebendig wie möglich vor Augen zu führen. Gehen Sie weg vom Inhalt des Gespräches. Erinnern Sie sich an Umstände wie: War es in dem Raum warm oder kalt? Hell oder dunkel? Welchen Anzug hatte mein Chef an? Wie roch es in dem Raum? Wie saßen oder standen wir? Wieviel Distanz war zwischen uns?
2 Fühlen Sie die Ablehnung dessen, was Ihr Chef verlangt, in sich aufsteigen – zum Beispiel als Wut oder Enttäuschung über die Zumutung. Diese Ablehnung ist eine Energie, die Sie irgendwie im Körper ausmachen können: Als Hitzeschub, als Muskelspannung in der Brust, als »Kribbeln« auf der Haut oder ähnliches.
3 Nun können Sie den ersten Impuls nachempfinden, den die Ablehnung auslösen will: Sie spüren, wie Sie Atem holen, um Ihren Chef anzuschreien. Sie spüren, wie sich Ihre Beinmuskeln spannen, um wütend den Raum zu verlassen. Oder etwas in der Art.
4 Jetzt ist sie da – die Angst. Spüren Sie, wie sich Ihre Brust zusammenzieht und Ihnen den Atem nimmt. Der Impuls wird unterdrückt. Ihm wird die Energiezufuhr verweigert. Ihre Energie fällt in sich zusammen wie ein Luftballon, aus dem die Luft entweicht. Erschöpft sagen Sie: »Ja.«

Mit diesem Experiment zeigen Sie sich, dass der Sinn Ihrer Angst darin besteht, Sie zu blockieren, etwas zu tun, das Sie tun wollen, aber meinen, nicht tun zu sollen.

Die Angst ist ein natürliches und brauchbares Mittel der Furcht, uns daran zu hindern, etwas zu tun, das uns schadet. »Angst tritt ein, wenn wir eine Erregung in den Grenzen des Schicklichen zu halten versuchen«, sagte der Gestalttherapeut Fritz Perls.

In der Tat wäre es wahrscheinlich in den meisten (durchaus nicht in allen) Fällen unklug, den Chef anzubrüllen. Um herauszufinden, ob »Anbrüllen« die richtige Antwort ist, machen Sie einfach die Probe durch die Übung des Perspektivwechsels: Spielen Sie die Szene mit sich oder mit einem Kollegen durch.

Insofern ist Angst eine wünschenswerte Reaktion des Selbstschutzes, ebenso wie die Furcht. Leider führt die Angst auch dazu, dass Sie das, was Sie sinnvollerweise tun könnten, um ihre Interessen durchzusetzen, nicht tun: Die Szene endet damit, dass Sie »Ja« sagen.

In der vorherigen Übungsfolge zum Perspektivwechsel haben Sie gelernt, Lösungsstrategien für Konfliktsituationen zu entwickeln. Die Schwierigkeit besteht darin, dass Sie sich in die Lage versetzen müssen, die erste selbstzerstörerische Reaktion (z. B. Wut) durch die Angst zu verhindern, nichtsdestoweniger handlungsfähig zu bleiben: Sie wollen ja tun, was Sie sich statt des Wutausbruches vorgenommen haben.

Die Angst verringern

Durch die vorhergehende Übung haben Sie Ihre Angst kennen gelernt: Sie wissen nun, wie sie sich anfühlt. Sie können Angst jetzt spüren, wenn sie da ist und Sie behindert. Normalerweise sagen wir nämlich erst nach einer durchstandenen Situation, wenn wir uns fragen, warum wir nicht gesagt haben, was wir uns vorgenommen hatten: »Ich hatte Angst gehabt.« Oder wir nehmen diese Reaktion vorweg und sagen vorher zu uns: »Das werde ich dem Chef nicht sagen, davor habe ich Angst.« Es ist dagegen schwer, die Angst dann zu fühlen, wenn sie uns wirklich im Griff hält.

Ich stelle Ihnen zwei kleine, aber gut einsetzbare Übungen vor, mit denen Sie Ihre Angst verringern können in dem Moment, wo sie Sie überfällt. Erproben Sie die Übungen zuerst für sich, bevor Sie sie im Ernstfall einsetzen. Die Übungen folgen dem Rat von Perls, Hefferline, Goodman in »Gestalttherapie: Praxis« (S. 148-156).

1 **Übung für leichte Angstanfälle**

- Spüren Sie, wie sich Ihr Brustkorb zusammenzieht und den Atem nimmt.
- Atmen Sie gezielt gegen diesen Widerstand: Ziehen Sie die Luft tief ein.
- Halten Sie die Luft kurz an.
- Zwingen Sie sich dann, die Luft langsam, aber so weit wie möglich wieder auszuatmen.

Denken Sie daran, dass Ihr Chef dies mit großer Sicherheit als »schweres Atmen« mitbekommt. Zum einen merkt er daran, dass Sie Angst haben. Andererseits wird er dann auch die Energie spüren, die die Übung freisetzt. Wenden Sie diese Übung darum nur an, wenn Sie sich wirklich auf diese Weise Ihrem Gegenüber öffnen möchten. Um das herauszufinden, ist es notwendig, dass Sie sich in Rollenspielen mit sich selbst oder mit Kollegen vertraut machen, wie diese Übung tatsächlich bei Ihnen wirkt – wie sie sich bei Ihnen auswirkt und was sie bei Ihrem Chef bewirken könnte.

2 **Übung für schwerere Fälle**

Wenn die Angst ein gewisses Maß übersteigt, so ist es nicht ratsam, gegen den »Panzer« anzuatmen. Sie merken das sofort, weil der Versuch, tief durchzuatmen, mit Schmerzen in der Brust statt mit Erleichterung quittiert wird. Tritt das ein, können Sie eine andere Übung anwenden.

Machen Sie das genaue Gegenteil und geben Sie dem Wunsch der Brustmuskeln nach, sich zusammenzuziehen:

- Spannen Sie Ihre Brust noch weiter an.
- Tun Sie das so lange, bis in Ihrem Körper die unvermeidliche Gegenreaktion einsetzt.
- Ihr Körper wird sich befreien wollen und den Muskelpanzer sprengen.

Auch diese Übung bleibt Ihrem Gesprächspartner nicht verborgen, weil sie ebenso wie die erste Übung nur der bewusste Einsatz von Reaktionen ist, die sowieso im Repertoire der Körpersprache enthalten sind.

Noch deutlicher wird Ihr Gegenüber in den ersten Sekunden seinen Triumph sehen – die Angstreaktion bei Ihnen –, um dann durch die Explosion neuer Energie selbst verängstigt zu werden. Obwohl es sich also um eine scheinbar kleine Übung handelt, ist sie mit großer Umsicht in Realsituationen einzusetzen.

Es wäre falsch, zu behaupten, dass Sie durch diese kleinen Übungen Ihre Angst »besiegen« könnten. Das ist auch nicht das Ziel. Verringern Sie Furcht und Angst jeweils so weit, wie Sie meinen, dass Ihnen dadurch neue Möglichkeiten guten Handelns eröffnet werden.

Wenn Sie das Gefühl haben, die Angst nähme Überhand und »fräße Sie auf«, dann sollten Sie sich allerdings ein darauf spezialisiertes Ratgeberbuch besorgen oder an einen guten Freund oder einen Psychotherapeuten wenden.

Was ist Manipulation?

Oft gehen Menschen davon aus, dass sie von ihren Mitmenschen nicht bekommen, was sie wollen, wenn sie sie offen darauf ansprechen würden. So sehr sind sie davon überzeugt, dass sie meist gar nicht mehr ausprobieren, was passiert, wenn sie es täten. Stattdessen weichen sie auf indirekte Methoden aus, um ihre Mitmenschen dazu zu bringen, doch das zu tun, was sie von ihnen erwarten. Das meint »Manipulation«: Methoden zur Durchsetzung eigener Erwartungen in einer Situation, in welcher der Gegenüber die Erwartungen weder freiwillig zu erfüllen bereit ist, noch der Handelnde über die Macht verfügt, eine offene Durchsetzung zu erreichen.

Es gibt viele sehr verfeinerte Methoden der Manipulation. Die wichtigsten sind nach meiner Beobachtung:

1 **Emotionale Erpressung:** Geheuchelte Trauer oder gespieltes Weinen, eine »Szene-machen« (oder dies androhen), schlechte Laune an jemandem »auslassen«, usw. (Solche Dramen gehören zum natürlichen Repertoire der Manipulationstechniken.)

2 **Emotionale Verstärkung:** Übertriebene oder unechte Freundlichkeit, »Ködern« mit Geschenken, geheucheltes Interesse, vorgebliche Zustimmung, usw. (Verstärkung ist meist kein natürliches, sondern ein antrainiertes Verhalten.)

3 **Kalkulierte Erpressung:** »Tust du dies für mich, tue ich das für dich.« Oder negativ: »Tust du mir dies an, tue ich dir das an.« (Eine weit verbreitete, jedoch gesellschaftlich nicht akzeptierte Technik.)

4 **Fehlinformation:** Um den Kauf eines neuen, schnelleren Laserdruckers durchzusetzen, sagt die Sekretärin: »Der Drucker ist ausgefallen. Reparatur lohnt sich nicht« – obwohl nur die Tonerkartusche leer ist. (Sehr wirksam, in Wirtschaft und Politik ständig angewendet.)

Das Geständnis

Darauf angesprochen, wird kaum jemand zugeben, zu manipulieren. Es ist ein Schimpfwort, mit dem sich keiner titulieren lassen möchte. Die moralische Bewertung dessen, der manipuliert, ist fast noch negativer als von jemandem, der einer Lüge überführt ist. Eine »Notlüge« jedenfalls wird in der Regel verziehen, ein Manipulationsversuch nicht.

Es ist gut, dass Sie dieses Buch nur lesen müssen: Sie können es ja für sich behalten. Jedoch glaube ich Ihnen nicht, wenn Sie jetzt sagen, Sie würden nie manipulieren oder versuchen, jemanden zu manipulieren. Denn fast jeder macht das – vielleicht sogar Heilige.

Damit es Ihnen nicht so schwer fällt, sich selbst gegenüber zuzugeben, dass auch Sie Manipulationsversuche unternehmen, erzähle ich eine Geschichte von mir. Ich hatte folgende Angewohnheit entwickelt: Wenn mein Chef mit unangenehmen Korrekturwünschen kam, die z. B. Überstunden bedeutet hätten, habe ich manchmal behauptet: »Das geht technisch nicht.« Damit habe ich einen Konflikt über den Inhalt der Wünsche oder ihre zeitlichen Auswirkungen vermieden. Allerdings wurde dann in einem Fall der Druck so groß, dass ich einen Wunsch, den ich zunächst als »nicht machbar« klassifiziert hatte, doch umsetzte. Danach glaubte mein Chef natürlich nicht mehr, wenn ich für irgendetwas technische Grenzen angab.

Die Moral: »Lügen haben kurze Beine.«

Nun möchte ich auch von Ihnen ein »Geständnis« haben (bitte auf der nächsten Seite schriftlich festhalten!).

Übungsfolge 6: Keine Manipulation!

Schreiben Sie eine Situation auf, in der Sie versucht haben, Ihren Chef zu manipulieren.

1 Was haben Sie gewollt?

____

____

____

2 Warum sind Sie davon ausgegangen, dass Ihr Chef Ihnen nicht gewährt, was Sie wollen?

____

____

____

3 Welche manipulativen Techniken haben Sie angewendet, um ihn dahin zu bekommen, wo Sie ihn haben wollen?

____

____

____

4 Hat Ihr Chef etwas bemerkt? Wenn ja: Wie haben Sie sich gefühlt? Wie, glauben Sie, hat er sich gefühlt?

____

____

____

5 War Ihr Versuch erfolgreich? Wenn nein: Warum nicht? Wenn ja: Welches Gefühl hat Ihnen das vermittelt?

____

____

____

Nun gehen Sie mit sich ins Gericht – egal, ob Sie sich durchgesetzt haben oder nicht, ob Ihr Chef etwas bemerkt hat (bzw. gezeigt hat, dass er etwas bemerkt hat) oder nicht.

Damit Sie nicht zu nachsichtig mit sich sind, schreiben Sie bitte die Überlegungen zu der folgenden Frage wirklich auf. Denn es ist viel schwerer, sich schriftlich anzulügen.

Fragen Sie sich: Hat es sich gelohnt? Ist die Atmosphäre am Arbeitsplatz besser geworden? Fühle ich mich besser?

- ________________________________
- ________________________________

Meine Voraussage ist, dass bei einer ehrlichen Kosten-Nutzen-Rechnung die Manipulation ziemlich schlecht abschneidet. Ich bin allerdings mit Ihnen noch nicht fertig. Die Übung hat noch eine Steigerung:

Nehmen Sie Ihr Manipulations-Beispiel und wenden Sie die Übung des Perspektivwechsels an:

- Drehen Sie einfach die Rollen um.
- Stellen Sie sich vor, dass Sie das Opfer Ihrer eigenen Manipulation sind und fühlen Sie, wie sich das anfühlt

Die Gefahren des Positiven

Eigentlich könnte ich an dieser Stelle Schluss machen. Ich möchte jedoch noch ein paar Gedanken zur manipulativen positiven Information sagen. Denn nach meiner Beobachtung gehört die mit manipulativen Absichten weitergegebene verfälschte Information zu den wichtigen zerstörerischen Faktoren in der Wirtschaft.

Es handelt sich dabei um ein seit langem bekanntes Phänomen, dass nämlich ein Untergebener seinem Vorgesetzten versucht, das zu sagen, was der hören will. Der Untergebene verdreht, lässt aus, beschönigt, verschärft seine Information so lange, bis sie zu den Erwartungen des Chefs passt. Tyrannische und eher dumme Herrscher früherer Zeiten haben Untergebene, die schlechte Nachrichten brachten, sogar bestraft. Der Tyrann muss sich nicht wundern, wenn er angelogen wird.

Auch heute ist die den Erwartungen des Chefs entsprechend veränderte Information Ursache von zum Teil schwerwiegenden Fehlentscheidungen. Wer schlechte Nachrichten bringt, wird nicht mehr körperlich gefoltert, aber er wird emotional durch Enttäuschung bestraft und faktisch z. B. durch verminderte Chancen bei der Karriere.

Im Wesentlichen ist es eine Führungsaufgabe, dafür zu sorgen, dass die Mitarbeiter stets die unbeschönigten Informationen weitergeben und sich trauen, kritisch ihre Meinung zu sagen. Diese Aufgabe kann Ihnen Ihr Chef nicht übertragen.

Dennoch können Sie sich fragen, ob Sie nicht so weit wie möglich darauf verzichten wollen, Ihrem Chef zu sagen, was er hören will – sondern lieber, was Sie für das Richtige halten. Denn wenn Sie ihn aus lauter Freundlichkeit und Unterwürfigkeit anlügen, ist oft dies der Fall: Er trifft so lange Fehlentscheidungen, bis seine Position unhaltbar wird. Bestenfalls fliegt dann nur er und Sie können seinen Nachfolger anlügen. In der Regel werden Sie aber gleich mitgehen können. Oder Sie schaffen es, dass die Firma sich so lange im positiven Trend wähnt, bis sie vor die Hunde geht. Insofern ist »Mut vorm Königsthron« nicht nur eine Tugend, sondern auch eine Klugheitsregel. Hier geht es darum, Konflikte nicht vorzeitig abzuwenden, sondern im Gegenteil, sie beherzt einzugehen.

Zur Niederlage gesiegt

Zählt man die Geländegewinne zusammen, die die ägyptische Nachrichtenagentur während des 6-Tage-Krieges 1967 veröffentlicht hatte, hätte die ägyptische Armee schon weit über Israel hinaus in Syrien stehen müssen. Tatsächlich aber erlitt Ägypten eine herbe Niederlage. Die gemeldeten Geländegewinne kamen auf die von mir beschriebene Art und Weise zustande: Weil die vorgesetzten Offiziere nichts anderes akzeptieren wollten als Siegesmeldungen, »siegten« die Einheiten allerorten – jedoch eben nur in den Meldungen. Jeder kann sich vorstellen, wie falsch die militärischen Entscheidungen sein mussten, die aufgrund solcher falschen Angaben getroffen worden sind.

Ich lehne es zwar ab, das wirtschaftliche Geschehen als »Krieg« zu sehen, wie das manche machen, aber es gibt viele zivile Beispiele, die ähnlich gestrickt sind.

Stellen Sie sich vor, Sie koordinieren den Außendienst Ihrer Firma. Ihr Chef steht sehr unter Druck, gute Ergebnisse vorzuweisen. Die Kunden, das wissen Sie von Ihrem direkten Kontakt mit den Mitarbeitern im Außendienst, sind zufrieden mit den Leistungen und Angeboten Ihrer Firma, allerdings nur mäßig. Das »Mäßig« lassen Sie in Ihren Berichten an Ihren Chef jedoch lieber weg. Eher nehmen Sie ein einzelnes, allerdings nicht repräsentatives überschwengliches Lob und stilisieren es zum Trend in der Kundenmeinung.

Ihr Chef freut sich und berichtet seinerseits mit Genugtuung an die Geschäftsleitung. Dabei übertreibt er Ihren übertriebenen Bericht noch ein wenig weiter. Notwendige Maßnahmen unterbleiben: Es ist ja alles in Ordnung. Über eine Verbesserung der Leistungen wird nicht nachgedacht. Zu einer Anpassung des Service an neue Kundenanforderungen gibt es keine Notwendigkeit. Schulung des Außendienstes in Sachen Kundenorientierung findet nicht statt.

Es scheint den Entscheidungsträgern, dass im Außendienst alles bestens läuft. Wegen der großen Erfolge des Außendienstes werden dort schließlich sogar Stellen eingespart, als es notwendig wird, die Personalkosten zu reduzieren.

Durch diese Maßnahme kommt der Außendienst noch weiter unter Druck. Die Außendienstler fangen an, mit mehr oder weniger versteckter eigenmächtiger Preispolitik Kunden zu halten oder neu zu werben. Sie wissen das natürlich. Da Sie aber weiter Erfolge melden wollen, decken Sie diese firmenschädigende Praxis.

In Ihren Berichten konzentrieren Sie sich darauf, die positive Umsatzentwicklung hervorzuheben – ein riesiger Erfolg angesichts der Tatsache, dass ja Personal abgebaut worden ist. Dass die Preise teilweise unter die Kosten gedrückt wurden und jede Mark Umsatz effektiv gesehen Verlust bringt – diese Analyse fällt nicht in Ihre Zuständigkeit. Von denen, die hierfür zuständig wären, kann es allerdings auch niemand feststellen, da die Praxis der Rabattierung unkoordiniert vor sich geht.

»Niemand« weiß davon. Nur die Zahlen sind unbestechlich. Mehr und mehr rutscht Ihr Unternehmen in die roten Zahlen. Wie die ägyptische Armee 1967 hat es sich in die Niederlage gesiegt.

Manch einem mag diese Geschichte übertrieben vorkommen. Und doch habe ich sie der Realität entnommen. Natürlich gibt es in vielen Unternehmen »Sicherungsmechanismen« und Kontrollinstrumente, um solche Entwicklungen in Grenzen zu halten. In Wirklichkeit gibt es jedoch keine Möglichkeit, die Verfälschung von Informationen durch Kontrollen zu verhindern.

Das effektivste Instrument, an unverfälschte Informationen zu kommen, besteht für jedes Unternehmen darin, alle Mitarbeiter zu ermutigen, offen und kritisch über Schwachstellen zu sprechen. Ein offenes Wort darf nicht negativ sanktioniert werden. Es ist aber eben auch menschlich für Chefs, gute Nachrichten den schlechten Nachrichten vorzuziehen.

Das nächstbeste ist, dass die Mitarbeiter mutig genug sind, dem Chef auch Unangenehmes mitzuteilen. Dazu ist es nötig, dass Sie sich mit dem Unternehmen, in welchem Sie arbeiten, so weit identifizieren, dass Sie für das Gelingen der Arbeit auch Risiken eingehen: Dies ist das Ziel der nächsten Übungsfolge, die ich Ihnen vorschlage.

Übungsfolge 7: Eigenmotivation

Sachlichkeit – das lernen Sie aus dem Konfliktogramm – ist nicht das Allheilmittel im beruflichen Alltag. Dennoch muss es in der Beziehung zwischen Ihrem Chef und Ihnen immer einen sachlichen Kern geben. Dies ist nicht in allen menschlichen Beziehungen der Fall. Bei Liebe, Freundschaft und Bekanntschaft steht die Beziehung »um ihrer selbst willen« im Vordergrund. In der Beziehung am Arbeitsplatz geht es jedoch stets um das gute Arbeitsergebnis.

Viele Führungskräfte klagen darüber, dass die Mitarbeiter sich wenig über das letztendliche Ergebnis ihrer Arbeit Gedanken machen. Sie stellen es so dar, als würden die Mitarbeiter in erster Linie darauf achten, ihren eigenen Arbeitseinsatz so gering wie möglich zu gestalten und die Arbeitszeit so exakt wie möglich einzuhalten. Dies fällt auf die Führungskraft selbst zurück, da es ja ihre Aufgabe ist, die Mitarbeiter zu motivieren.

Meiner Beobachtung nach stimmt allerdings das Bild vom uninteressierten Mitarbeiter sowieso nicht. Viele Konflikte mit dem Chef rühren daher, dass der Mitarbeiter sich in seiner Arbeit behindert fühlt oder dass er von anderen Entscheidungen erwartet, bessere Ergebnisse zu ermöglichen. Die Identifizierung mit der Arbeit und dem Betriebsergebnis, der Stolz auf das, was man geschafft hat, ist ein wesentlicher Beitrag zur Zufriedenheit, die jemand mit seinem Arbeitsplatz hat.

Sie haben sich im Laufe dieses Buches intensiv mit den Konflikten zwischen Ihnen und Ihrem Chef beschäftigt. Lassen Sie diese Konflikte Revue passieren:

1 Wo ging es Ihnen ausschließlich um Ihre eigenen Interessen? (Leichterer Arbeitsablauf, mehr Gehalt, weniger Überstunden, Abwehr ungerechter Kritik, usw.)

____

____

____

____

____

____

2 Wo ging es *auch* um die Interessen der Firma? (Effektivere Arbeit, weniger Fehler, bessere Bedienung der Kunden, geringere Reibungsverluste bei der Arbeit, usw.)

____

____

____

____

____

Auch wenn Sie es als Aufgabe Ihres Chefs ansehen, Sie zu motivieren – (eine Aufgabe, der er nicht nachkommt) –, wäre es doch sehr schade, wenn Sie sich durch Ihren Chef völlig demotivieren ließen.

Selbstverständlich ist die Tatsache, dass wir für unsere Arbeit bezahlt werden, ein zentraler Grund dafür, dass wir arbeiten. Wenn wir für unsere Arbeit nicht bezahlt würden, könnten wir sie nicht erledigen. Denn schließlich müssen wir von etwas leben. Überdies würden wir sie dann meist nicht erledigen wollen: Es gäbe in diesem Fall keine Motivation, um Frustrationen, Unpässlichkeiten, Lustlosigkeit, Trägheit oder die Ablenkung durch andere Interessen zu überwinden.

Fragen Sie sich zum Abschluss dieser Übungsfolge nach Ihrem Verhältnis zu Ihrer Arbeit. Mit dieser Frage machen Sie sich klar, wofür Sie die produktiven Konflikte mit Ihrem Chef eingehen und die zerstörerischen Konflikte eindämmen wollen.

1 Wann bin ich auf meine Arbeit stolz? Worauf bin ich dann stolz?

____

____

2 Was macht mir an meiner Arbeit Spaß?

____

____

3 Ärgert es mich, wenn ich bei der Arbeit unterbrochen oder behindert werde? Ärgert es mich, wenn durch Einflüsse von außen – z.B. durch das unsinnige Eingreifen meines Chefs – meine Arbeit weniger gut oder weniger effizient wird, als sie meiner Meinung nach sein könnte?

____

____

4 Was müsste geschehen, dass ich bei der Arbeit mehr Stolz, mehr Spaß und weniger Ärger habe?

____

____

5 Was kann ich tun, um dieses Ziel zu erreichen?

____

____

Wenn Ihnen nichts einfällt, worauf Sie bei Ihrer Arbeit stolz sind oder woran Sie Spaß haben, wenn es Ihnen völlig einerlei ist, ob die Arbeit getan oder nicht getan wird, gut gelingt oder nicht, dann kann ich Ihnen nur raten: Suchen Sie sich eine andere Arbeit! Versuchen Sie herauszubekommen, was Sie gern tun würden und wie Sie es erreichen, dies auch tun zu können.

Akzeptieren – gerade auch die Schwächen

Oft beobachte ich als erste Reaktion auf das Konfliktogramm Betroffenheit und die bange Frage: »Ist mein Ergebnis gut?« Oder noch weniger selbstsicher: »Meine Werte sind schlecht, nicht wahr?«

Wenn Sie etwas verändern und vorankommen wollen, müssen Sie erst einmal sicheren Boden unter den Füßen bekommen. Wer in der Luft hängt, kann strampeln, bewegt sich jedoch nicht von der Stelle. Die Ressourcen, aus denen Sie die Energie zum Vorankommen schöpfen können – und müssen –, liegen in Ihnen. Andere Ressourcen stehen Ihnen nicht zur Verfügung, es sei denn, Sie stellen sich eine Zukunft als Abhängiger vor.

Vielleicht werden Sie jetzt sagen: »Ich will mich ja akzeptieren und auf meine eigene Kraft bauen. Aber es geht nicht!« Da haben Sie insofern Recht, als wir, wie der Philosoph Hardy Bouillon sagt, »nicht ›wollen‹ wollen können: Probieren Sie einmal, etwas zu wollen, das Sie nicht ohnehin wollen. … Denken Sie an ein Gericht oder ein Getränk, das Sie nicht mögen, nicht wollen. Und nun strengen Sie Ihren Willen an. Versuchen Sie, das Gericht oder das Getränk zu wollen. Versuchen Sie, zu wollen, was Sie nicht wollen. Los, versuchen Sie es. Strengen Sie sich an! Sie merken, es funktioniert nicht« (Erfolg durch Fair Play, S. 11).

Wenn Sie möchten, werde ich Sie nun noch ein Stück bei dem Versuch begleiten, Ihrem Willen auf die Sprünge zu helfen.

Von schwachen Engeln und starken Menschen

Der große französische Philosoph und Pädagoge des 18. Jahrhunderts, Jean-Jacques Rousseau, hat einmal gesagt, ein sterblicher Mensch, der sich mit seiner Sterblichkeit abgefunden habe, sei stärker als der unsterbliche Engel, der Gott sein wollte und darum in die ewige Verdammnis gefallen ist.

Stärke und Schwäche stellen relative Begriffe dar. Es sind keine festen Größen. Wenn Sie nach einem heftigen Sturm über die Straße gehen, liegen dort »starke« Äste, die abgebrochen sind, während das biegsame Gras am Wegesrand sich einfach wieder aufrichtet. Zynisch könnte man daraus im übertragenen Sinne schließen: »Rückgrat kann das Leben kosten.«

Übungsfolge 8: Die innere Revolution

Ich gehe einmal davon aus, dass Sie durch das Konfliktogramm und die Übungen auf etwas an sich gestoßen worden sind, dass Sie als »Defizit« oder »Schwäche« ansehen. Jetzt wollen wir schauen, ob Sie davon ausgehend nicht einen weiteren Schritt machen und die Schwächen – oder wenigstens einige von ihnen – in Stärken umwandeln können.

Machen Sie sich eine Liste der Dinge, die Sie an sich oder in Ihrem Leben ändern möchten: »Ich möchte weniger schüchtern sein. Ich möchte mehr Geld verdienen. Ich möchte fitter sein.«

____

____

____

____

____

____

____

____

Nun drehen Sie diese Aussagen einfach um: »Ich möchte nicht weniger schüchtern sein.« (Wollen Sie etwa ein Draufgänger werden?) »Ich möchte nicht mehr Geld verdienen.« (Wollen Sie sich etwa totarbeiten?) »Ich möchte nicht fitter sein.« (Wollen Sie etwa Ihr Leben in Fitness-Studios verbringen?)

____

Es ist sehr wichtig, dass Sie sich sehr viel Mühe bei der Begründung der Umkehrung Ihrer Wünsche geben: Sie müssen Gründe finden, die Ihnen auch wirklich einleuchten. Geben Sie nicht auf, bevor Sie nicht überzeugt sind! – Wenn Sie diese Übung ernsthaft betreiben, werden Sie die Gegenkräfte spüren: Die Gegenkräfte sind es, die Sie daran hindern, zu wollen, was Sie vermeintlich »wollen«. Sie merken, dass die Umsetzung Ihrer Wünsche in der Tat Kosten beinhaltet, die Sie nicht tragen wollen.

Freuen Sie sich, dass Sie sind, wie Sie sind und nicht jene Kosten tragen müssen, die Sie in dieser Übung ermittelt haben. Sie können sich eine Liste machen, die ungefähr so aussieht:

- Ich muss nicht mehr verdienen, als ich verdiene.
- Ich muss nicht schneller sein, als ich bin.
- Ich muss nicht weniger Fehler machen, als ich mache.
- Ich muss nicht kontaktfreudiger sein, als ich bin.
- Ich muss nicht stärker sein, als ich bin.
- Ich muss nicht länger leben, als mein Körper hergibt.

- ______________________________
- ______________________________

Sie werden feststellen, dass Sie, je weniger Sie »wollen«, um so mehr Ideen haben, was Sie mit sich so, wie Sie sind, anfangen können – und um die Kräfte dazu brauchen Sie sich keine weiteren Gedanken zu machen. Sie kommen von selbst.

Was passiert? Sie stellen mit der Übung eine »schöpferische Leere« her. Je mehr wir uns auf eine Sache fixieren und all unsere Aufmerksamkeit, unsere Muskelspannung, unsere letzten Reserven darauf verwenden, diese Sache zu Wege zu bringen, um so weniger erreichen wir: Die Anspannung blockiert das freie Spiel der inneren Kräfte. Sich innerlich anzuspannen, ist eine natürliche (und nützliche) Reaktion auf

Gefahr. Die höchste Stufe dieser Anspannung ist die »Todesstarre«, das Sich-Totstellen.

Mit der Überforderung, die die gesellschaftlichen Ideale oft darstellen – immer mehr leisten, immer schneller sein, sich immer flexibler geben, immer schlanker und fitter sein, immer »gut drauf« sein und so weiter –, setzen wir unseren Körper in eine Situation ständiger unterschwelliger Notsituationen: Wir verhalten uns immer, als seien wir tödlichen Gefahren ausgesetzt, selbst wenn es sich um eine Kleinigkeit handelt.

Fragen Sie sich immer, wenn Sie sich unter Druck setzen: Geht es nicht auch ohne? Was verliere ich, wenn ich Druck von mir nehme? Was gewinne ich, indem ich Druck standhalte? Wer verlangt überhaupt, dass ich das so (und so schnell) mache?

Umkehrung Ihrer Geschlechterrolle
In dem jeweils vorherrschenden Verständnis von der Geschlechterrolle sind für sehr viele menschliche Eigenschaften die Relationen für Stärke und Schwäche festgelegt. Was für einen Mann eine Schwäche sein mag – zum Beispiel das Zeigen von Gefühlen –, kann für eine Frau als Zeichen von Stärke ausgelegt werden. Egal, welches Geschlecht jemand hat, er kennt auch ganz genau die Rollenzuweisung für das andere Geschlecht. Wenn Sie die Geschlechterrollen also vertauschen, eröffnet sich Ihnen die Möglichkeit, Ihr Verhalten in völlig anderen Relationen zu sehen. – Diese Übung hat zwei Teile: Zuerst vertauschen Sie Ihr eigenes Geschlecht und dann vertauschen Sie die Rollenzuweisung.

1 Stellen Sie sich vor, Sie hätten das andere Geschlecht. Wenn Sie Frau sind, stellen Sie sich vor, ein Mann zu sein. Wenn Sie Mann sind, stellen Sie sich vor, Frau zu

sein. Wie kleiden Sie sich? Was essen Sie? Was arbeiten Sie? Wen finden Sie attraktiv? Wie sprechen Sie jemanden an, den Sie attraktiv finden? Wie verhalten Sie sich Ihren Freunden gegenüber? Wie Ihrem Chef gegenüber? Wie machen Sie Sex? Was genießen Sie und was lehnen Sie ab? Und schließlich: Wie beurteilen Sie unter diesen Umständen Ihr eigenes Verhalten?
Am besten ist es natürlich, dies sich nicht nur vorzustellen, sondern auch auszuprobieren. Ich selbst habe mich einmal als Frau verkleidet. Mein Verhalten war so schrill und überdreht, dass ich mich frage, was mich als Mann diszipliniert. (Herausbekommen habe ich es nicht.)

2 Da Sie durch den ersten Teil der Übung Ihr Wissen um die Rollenzuweisung für das andere Geschlecht aktiviert haben, können Sie sich jetzt vorstellen, das sich das gesellschaftliche Klima ändert: Sie stellen sich vor, dass alles das, was in der Realität für Frauen gilt, für Männer gälte. Und dass alles das, was die Gesellschaft von Männern erwartet, von Frauen erwartet würde. Wie würden Sie in einer solchen Umgebung zurecht kommen? Wie würden Sie sich selbst beurteilen? Wie würden Ihre Mitmenschen Sie beurteilen?
Vielleicht finden Sie durch diese Übungen heraus, dass vieles von dem, was Sie sich »zusammenphantasieren«, durchaus Wirklichkeit in sich trägt. Dann können Sie sich ganz anders sehen. Auf jeden Fall erreichen Sie, dass Ihnen viel mehr Handlungs- und Bewertungsalternativen offen stehen als vorher.

Umkehrung Ihrer Ordnungsvorstellungen
Die Vorstellung von dem, was die richtige Ordnung unserer Umgebung zu sein hat, prägt unser Sicherheitsgefühl: Wenn

die Umgebung so ist, wie wir sie uns »in Ordnung« vorstellen, fühlen wir uns sicher und damit auch stark. Weicht sie von der Ordnungsvorstellung ab, fühlen wir uns verunsichert und schwach.

Machen Sie sich zuerst eine Liste mit den Dingen, die für Sie »Ordnung« bedeuten und die für Sie »Sicherheit« bringen. Dann kehren Sie diese Liste um: Das, was für Sie Ordnung und Sicherheit symbolisiert, steht für Unordnung und Unsicherheit. Wenn Sie sich beispielsweise beim Anblick eines Polizisten sicher fühlen, versuchen Sie zu überlegen, warum Sie sich unsicher fühlen könnten (er könnte gerade eine Wanze in Ihrem Haus gelegt haben). Wenn Sie sich umgekehrt beim Anblick eines Polizisten unsicher fühlen, versuchen Sie zu überlegen, warum Sie sich sicher fühlen könnten (er verhindert, dass Rowdys Ihre Wohnung verwüsten).

Mit dieser Übung erfahren Sie, dass »Ordnung« keine objektive Kategorie ist. Sie brauchen an Ihrer Vorstellung von Ordnung nicht festzuhalten, wenn sie Ihnen schadet. Vielleicht stellen Sie fest, dass Sie sich »schwach« fühlen, weil Sie angesichts Ihrer Ordnungsvorstellung versagen oder die Umgebung nicht die Ordnung zur Verfügung stellt, die Sie für richtig halten – aber dass Ihnen eine andere Vorstellung von Ordnung, in der Sie sich stark fühlen und die Ihre Umgebung Ihnen zur Verfügung stellt, noch viel besser zusagt.

Umkehrung von Geist und Körper

Paradoxerweise hat sich unsere hochentwickelte Gesellschaft sehr weit davon entfernt, zwei grundlegende körperliche Bedürfnisse, Nahrung und Sexualität, gut zu befriedigen. Zwar wird die Bedürfnisbefriedigung nicht völlig verhindert – man hungert nicht und es besteht oberflächlich besehen keine Sexualfeindlichkeit mehr –, aber wirklichen Genuss und wirkliche Befriedigung beim Essen und beim Sex zu erlangen, bereitet vielen Menschen Schwierigkeiten. Die Schwierigkeiten sind so verbreitet, dass über Essstörungen und Störungen der Sexualität viel geredet und geschrieben wird. Doch das hilft nichts.

Die Begründer der Gestalttherapie, der Psychotherapeut Fritz Perls und der Soziologe Paul Goodman, haben die These aufgestellt, dass die gemeinsame Grundlage der Ess- und der Sexualstörungen die Hemmung der »Aggression« sei: Der moderne Mensch beißt nicht mehr kraftvoll zu, weil es ihm irgendwie peinlich ist, dass sein eigenes Leben auf der Zerstörung von anderem Leben basiert. (Es nützt nicht viel, Vegetarier zu werden. Auch Pflanzen sind Lebewesen, und darum haben sie ebenso eine Seele wie wir!) Ähnlich verhält es sich bei der Sexualität. Alles an ihr muss harmonisch, liebe- und rücksichtsvoll, kontrolliert, überlegt, abgesprochen sein. Darüber geht die Kontaktfunktion der Sexualität weitgehend verloren: Der Kontakt müsste bereits hergestellt sein und »harmonisch« verlaufen, bevor an Sex gedacht werden kann.

Es scheint so, als gingen uns die sinnlichen Qualitäten bei der Befriedigung körperlicher Bedürfnisse verloren. Manche essen zu viel. Damit konzentrieren sie sich auf die Befriedigung ihres Körpers, aber erlangen keine Befriedigung. Andere essen zu wenig. Damit konzentrieren sie sich auf das Aussehen ihres Körpers, ziehen daraus jedoch dann keinen Genuss. Sie mögen zwar schlank sein, doch ihr verhärmter Gesichtsausdruck macht sie unattraktiv.

Manche essen nachlässig. Morgens wird gehetzt eine Tasse Kaffee »heruntergespült«. Mittags über den Unterlagen gebeugt ein süßes Teilchen »eingeworfen«. Abends vorm Fernseher eine Tüte Chips mit etlichen Bierchen »plattgemacht«. Diesen Menschen scheint es peinlich zu sein, überhaupt einen Körper zu haben. Dass er etwas zu essen haben muss, wird ihm noch zugestanden. Aber Sex?

Andere wenden sich gegen dieses nachlässige Essen. Sie achten auf die Zusammensetzung ihres Essens. Wiegen die Kalorien aus. Mit eisernem Willen essen sie das, was angeblich gut für sie ist, auch wenn es scheußlich schmeckt. Nahrungsaufnahme wird zur Leistungsschau und zur Verabreichung von Medizin. Diese klinische Atmosphäre verhindert auch jeden Genuss. In dieser Weise lässt sich vielleicht auch Sex machen. Aber ist er noch schön? Und wenn er nicht mehr schön ist, lohnt sich dann überhaupt die Mühe?

Was können Sie tun? Ich schlage Ihnen nun vor, dass Sie in der Phantasie Körper und Geist vertauschen: Lassen Sie Ihren Körper mit Ihnen reden.

1 **»Ich klage an.«** Gehen Sie von etwas aus, das Sie als körperliche Schwäche von sich ansehen. Erröten, Verkrampfung, Verspannung, Schweißausbrüche, Schlaffheit, Energielosigkeit, Müdigkeit, Blutarmut, Herzrasen, Schmerzen, Verstopfung, Übergewicht, Magersucht, Übelkeit, Appetitlosigkeit, Unlust, Impotenz, Fridigität usw. Sie müssen natürlich zuerst sicherstellen, dass den Symptomen keine organischen Krankheiten zugrunde liegen.
Lassen Sie sich dann von dem Körperteil anklagen, das Träger der angeblichen Schwäche ist. Ihr Magen sagt zum Beispiel: »Wie du mich behandelst! Wenn ich schon daran denke, dass ich morgens, wenn ich Hunger habe, nur eine Tasse Kaffee bekomme. Mache ich mich dann bemerkbar und knurre vernehmlich, wird mein Hunger durch eine Zigarette getötet. Ich werde dich kneifen und zwacken und keine Ruhe geben, bis du mich hörst!« Versetzen Sie sich in möglichst viele Körperteile und sprechen in dieser Weise zu sich.

2 **Der Dialog.** Lassen Sie nun Ihren Körper mit dem Ihres Partners sprechen. Bleiben Sie ganz strikt auf der Ebene körperlicher Symptome. Ihr Magen könnte etwa sagen: »Ich ziehe mich zusammen, wenn ich deine Verkrampfung spüre. Ich will mit ihr nicht in Berührung kommen.« Die Muskeln des Körpers Ihres Partners könnten antworten: »Wir wehren uns gegen bedrohliche Bewegungen.« Ihre Muskeln erwidern dann: »Wir sind grob, denn wir wollen dich aus deiner Müdigkeit herausholen.«
In diesem Dialog werden Sie herausfinden, dass Sie eigentlich sehr viel über Ihre eigenen körperlichen Reaktionen und die Ihres Partners wissen. Hören Sie auf Ihren Körper und den Ihres Partners. Bei erfüllter Sexualität kommt es weniger darauf an, mit dem Partner »darüber zu sprechen« (vorher, hinterher, währenddessen), wie es oft geraten wird, sondern dem Dialog der Körper Raum zu geben.

3 **Der Vertrag.** Wenn Sie nun ausgiebig Ihren Körper haben zu Wort kommen lassen und wenn Sie ihm gut zugehört haben, können Sie mit ihm einen Vertrag schließen. Am besten natürlich schriftlich. Schreiben Sie etwa: »Ich verpflichte mich, etwas zum Frühstück zu essen. Diese Verpflichtung halte ich ein, indem ich den Wecker früher stelle und rechtzeitig aufstehe. Mein Körper verpflichtet sich, mich beim Aufstehen nicht zu sehr mit Müdigkeit zu quälen. Weiterhin verspricht er mir, dass er mich dann bis Mittag in Ruhe lässt.«

Stärke und Schwäche
Mit allen drei Umkehr-Übungen müssen Sie bestimmt viel herumexperimentieren. Je mehr Sie ausprobieren, um so besser! Vielleicht sind die Ergebnisse so spannend, lustig oder skurril, dass Sie sie aufschreiben mögen. »Jedes Menschen Leben ist einen Roman wert«, sagt der Gestalttherapeut Erving Polster.

»Schwächen in Stärken verwandeln« geschieht nicht, indem Sie sich einreden, Ihre Schwächen seien Stärken. Auch nicht dadurch, dass Sie sich vormachen, eigentlich keine Schwächen zu haben. Es geht nicht darum, dass Sie »einsehen«, Ihre Schwächen seien doch »eigentlich« Stärken. Die Verwandlung geschieht, wenn Sie den Kontext ändern, in welchem Sie etwas von sich als »schwach« interpretieren. Den Anfang der Verwandlung machen Sie mit den hier vorgestellten Phantasie-Übungen. Die Phantasie ist nämlich ein wichtiger Bestandteil Ihrer Umwelt und des Kontextes, in welchem Sie leben.

Rechnen Sie einmal aus, wie viel Zeit Sie in Ihrer Phantasiewelt leben – beim Träumen, in Tagträumen, während innerer Dialoge oder Monologe. Vielleicht ertappen Sie sich auch einmal dabei, in Trance zu fallen oder sogar zu halluzinieren. Wenn Sie diesen Zeitanteil ausrechnen, werden Sie Ehrfurcht vor Ihrer Phantasie bekommen: Ihre Phantasie ist nichts Nebensächliches in Ihrem Leben. Die Welten, die Sie in Ihrer Phantasie schaffen, sind ein vitaler Faktor Ihres Lebens.

Durch die Umkehr-Übungen lernen Sie, die Möglichkeiten der Phantasie besser auszunutzen. Warum müssen Sie sich in der Phantasie so eng an die »Realität« halten? Sie entfernen sich weiter von der Realität, um die Realität dann um so stärker verändern zu können. Je unrealistischer die Phantasie, um so realistischer die Veränderung!

Die Veränderung müssen Sie nicht krampfhaft planen. Wenn Sie in Ihrer Phantasie den Kontext Ihrer Bewertungen von »stark« und »schwach« neu ordnen, wird sich auch Ihr reales Verhalten verändern – unmerklich vielleicht. Die Veränderung verläuft nicht scharf und krisenhaft, sondern sanft, entspannt und eingebettet in Ihr Leben.

An jedem Problem sind beide Seiten mitbeteiligt. Diese Einsicht korrigiert beide Fehlhaltungen: die Fehlhaltung, die Schuld immer bei den anderen zu suchen ebenso wie die Fehlhaltung, sich immer selbst die Schuld zuzuweisen.

Aber verändern können Sie zunächst nur sich selbst, nicht die anderen: Darum habe ich Ihnen in den Übungen stets geraten, »bei sich selbst anzufangen«. Dieser Rat heißt nicht, dass es keine durch die Gesellschaft (mit-)verursachten Probleme gibt. Sie verändern sich nicht, weil Sie »Schuld« an Ihren Problemen sind, sondern weil Sie nur sich selbst ändern können.

»Bei sich selbst anfangen« bedeutet auch die Hoffnung, dass es bei diesem Anfang nicht bleiben wird: Wenn Sie sich ändern, werden sich auch die ändern, mit denen Sie umgehen. Denn Ihre Mitmenschen beziehen sich ja in ihrem Verhalten auf Ihr Verhalten.

> Es ist mir sehr wichtig, dass Sie den Slogan »bei sich selbst anfangen« nicht als Aufforderung missverstehen, sich auf sich selbst zurückzuziehen, sich zu vereinzeln, sich gesellschaftlicher und politischer Veränderungsbemühungen zu entziehen.

Dies mag ein frommer Wunsch sein. Aber ich hege die Hoffnung, dass Sie, wenn Sie den Mut aufbringen, Ihr eigenes Leben in die Hand zu nehmen und »besser klarzukommen«, dies auch für Ihre Umgebung, für Ihre Freunde, Bekannten und Kollegen wünschen.

Wie schön wäre es, wenn dieses Jahrtausend nicht wie das verflossene gekennzeichnet sein müsste von Krieg, Hass, gegenseitiger Bevormundung und Ausbeutung. Was können wir besseres tun, als uns selbst darauf vorzubereiten?

Wenn »Stärke« und »Schwäche« relative Begriffe sind, dann können Sie eine neue Sicht auf Ihre Schwächen dadurch erreichen, dass Sie die »Relationen« ändern: Sie ändern die Perspektive, mit der Sie sich anschauen und schon bewerten Sie sich anders.

Trotz aller technischen und gesellschaftlichen Entwicklungen sind es weiterhin einige wenige grundlegende Faktoren, die die Relation des Lebewesens »Mensch« zu seiner Umwelt bestimmen: Die Grundbedürfnisse Sicherheit, Nahrung und Sexualität, die moralischen Urteile über richtig und falsch sowie die Geschlechterrollen. Jeder Mensch findet zu diesen grundlegenden Faktoren in seiner unmittelbaren Umgebung bestimmte Ressourcen sowie sozial anerkannte Muster, mit den Ressourcen umzugehen. Die spezifische Relation des einzelnen zu den objektiven Ressourcen und den sozialen Mustern machen die Individualität aus.

Ein Beispiel: Sie haben in Ihrer Umgebung sowohl ein Feinschmeckerlokal als auch eine Niederlassung einer Fast-Food-Kette. Wenn alle Ihre Freunde, Bekannten und Kollegen *fast food* zu sich nehmen, Sie jedoch als einziger das Feinschmeckerlokal bevorzugen, sind Sie ein Außenseiter. Wenn Ihre Leute dagegen Gourmets sind, Sie jedoch fast food in sich hineinstopfen, sind Sie auch ein Außenseiter. Wichtig ist in dieser Konstellation beides: Das Vorhandensein der Auswahl zwischen Slow- und Fast-Food auf der einen Seite und auf der anderen Seite das in Ihrer sozialen Gruppe vorherrschende Verhalten. Durch beide Seiten zusammen ergibt sich die Relation Ihrer Essgewohnheiten.

Es ist nicht zu bestreiten, dass die »Sozialisation« – das Geflecht von Bedingungen des Aufwachsens und der sozialen Umgebung – eine große Rolle spielt. Die Rolle der Sozialisation besteht jedoch nicht darin, dass sie bestimmt, was Sie letztlich tun. Die Sozialisation bestimmt lediglich, welche soziale Einordnung (Relation) Ihr Verhalten in Ihrer Umgebung erhält.

Nur wenn wir es so ansehen, können wir überhaupt daran denken, unser Verhalten durch eigene Initiative verändern zu können. Wäre die Sozialisation übermächtig, könnten wir nur tun, was die soziale Umgebung uns prägend vorgibt. Wer sagt uns, welche Ansicht »richtig« ist? Die Wissenschaftler streiten sich heftig über die Frage. Auf jeden Fall ist es sinnvoller, von einer Ansicht auszugehen, dass wir in gewissem Rahmen Einfluss auf unser Leben haben. Auch wenn diese Ansicht nur eine »Illusion von Freiheit und Würde« wäre (was ich nicht glaube), haben wir uns durch die Illusion nicht geschadet, sondern wenigstens etwas Hoffnung geschaffen. Gehen wir umgekehrt allerdings davon aus, dass wir keinen Einfluss auf unser Leben haben, haben es aber doch, so hätten wir uns der besten Chancen beraubt.

Entscheiden Sie sich also auf das Risiko hin, naiv einer Illusion zu erliegen, für die Ansicht, dass Ihr Leben von Freiheit und Würde gekennzeichnet sei, schlage ich Ihnen drei Übungen vor, mit denen Sie sich Ihrer Freiheit vergewissern können. (Für die Würde müssen Sie dann selbst sorgen.)

Grenzen ziehen

Mit dem Akzeptieren verhält es sich wie mit der Toleranz: Es ist nicht grenzenlos.

Im Bereich der Toleranz hat die Menschheit die wundervolle und segensreiche Institution des Eigentums geschaffen, um die Grenze zu definieren. Wir sollten erdulden (akzeptieren und tolerieren), was andere Menschen mit sich und ihrem Eigentum anstellen, so wie wir verlangen können, dass die Gesellschaft bei uns erduldet (akzeptiert und toleriert), was wir mit uns selbst und unserem Eigentum machen. Wir brauchen also nicht zu erdulden, dass andere etwas mit uns oder unserem Eigentum machen, was wir nicht wollen. Das ist die genau bestimmte Grenze der Toleranz.

Solange die Menschen diesen Grundsatz der Toleranz befolgen, ist die Gesellschaft friedlich, produktiv und glücklich. Wenn dieser Grundsatz jedoch missachtet wird wie im Kommunismus oder in unseren Systemen, in denen der Staat meint, über die Hälfte dessen, was wir produzieren, durch Steuern und Abgaben abkassieren zu können, nehmen Produktivität und Lebensglück ab.

Ebenso gibt es eine Grenze für das, was Sie an sich selbst akzeptieren – oder, wenn Sie so wollen: tolerieren – können.

> Sie können nicht akzeptieren, dass etwas, das Sie tun, Sie selbst schädigt.

Umgekehrt können Sie nicht akzeptieren, dass Sie andere für das verantwortlich machen, was eigentlich *Sie* zu verantworten haben.

Ein Klient erzählt: »Meine Frau bügelte mir ein Hemd, eine Sache, die ich oft auch schon selber gemacht habe. Aber wenn ich es mache, dann natürlich nicht mit so viel Sorgfalt und Geduld wie sie. Bei mir muss alles schnell gehen. Die Folge war, dass ich sehr ärgerlich wurde, als ich ihr eine Weile zusah. Ich hatte das Gefühl, ich müsse mich anstrengen, damit das Eisen sich schneller bewegte« (Perls, Hefferline, Goodman, Gestalttherapie: Praxis, S. 145).

Dieser Mann bestraft sich selbst, indem er sich ärgert, dass seine Frau etwas anders macht, als er es machen würde. Es liegt nicht in seiner Möglichkeit, »das Eisen schneller zu bewegen«. Weil er sich eine

Aufgabe stellt, die er nicht erledigen kann, hat seine Wut kein reales Ziel. Darum macht er seine Frau verantwortlich für seine Wut und es kommt zu einem unproduktiven Konflikt. Wenn er seine Grenze korrekt ziehen würde, könnte dieser sinnlose Konflikt vermieden werden. Wie übertragen Sie dieses Beispiel auf Ihre eigenen Alltagssituationen?

Achten Sie auf folgende Formulierungen (meist werden sie in inneren Dialogen gebraucht, nur manchmal offen ausgesprochen):

- »Das würde ich anders machen.«
- »Warum macht er oder sie das nicht so, wie ich es mache?«
- »Das müsste doch ganz anders gemacht werden.«
- »Kann sie oder er das nicht richtig machen?«
- »Würde er oder sie das doch so machen, wie ich finde, dass sich das gehört!«

Ganz egal, ob es sich um Ihre Beziehung zu Ihrem Partner, zu Ihren Kindern, zu Ihren Freunden oder zu Ihrem Chef und Ihren Teamkollegen handelt: Sie werden merken, dass Sie fast immer, wenn Sie sich über einen anderen Menschen ärgern, im Inneren eine solche Formulierung gebrauchen. Ihre Frau fährt langsamer als Sie (das ist »peinlich«). Ihr Mann hält sich nicht wie Sie an die Verkehrsregeln (das »tut man nicht«). Ihr Chef ist nicht so ordentlich wie Sie (»Ordnung ist das halbe Leben«). Ihr Kollege spricht Kunden anders an als Sie (»kann er nicht mein Erfolgsrezept befolgen?«).

In all diesen Fällen ziehen Sie die Grenze falsch: Die Grenze verläuft dann nicht – wie es der Realität entsprechen würde – zwischen Ihnen und Ihren Mitmenschen. Vielmehr tun Sie so, als seien Ihre Mitmenschen ein Teil von Ihnen selbst. Denn man kann realistisch nur wollen, was man selbst tut. Wenn Sie wollen, dass jemand anderes so handelt, wie Sie es tun »würden«, verlangen Sie, dass er sich verhält, als sei er Sie. Da er das nicht ist, spüren Sie in seinem Verhalten seine Andersartigkeit – und das macht Sie wütend, weil es ja die Andersartigkeit und Selbstständigkeit des anderen ist, die Sie negieren.

Wenn Sie die Formulierungen des »Tu es, wie ich es tun würde« aufspüren, merken Sie, dass diese Formulierungen immer auch von innerer Anspannung begleitet sind: Sie tun so, als müssten Sie wirklich die Tätigkeit ausführen. Ein besonders augenfälliges Beispiel sind Männer als Beifahrer: Sie »fahren mit«, d.h. sie verhalten sich innerlich, als müssten sie fahren. Das ist offensichtlich ein unangemessenes Verhalten, denn sie sitzen ja nicht am Steuer. Dies bewirkt eine innere Verkrampfung und Anspannung, die sich in Wut und Mäkelei ausdrückt. Darum fühlt sich der Fahrer oder die Fahrerin immer beobachtet und kritisiert. Der Ärger ist vorprogrammiert. Der Beifahrer meint, der Fahrer oder die Fahrerin habe ihn wütend gemacht. In Wirklichkeit hat er sich nur selbst wütend gemacht.

Ein anderes Beispiel: Stellen Sie sich vor, Sie sind schüchtern und zurückhaltend und bekommen die Beförderung nicht, von der Sie meinen, sie stünde Ihnen zu. Sie werden wütend auf den Kollegen, der befördert wird. Das hat die gleiche Struktur: Sie akzeptieren zunächst eine Verhaltensweise, die Ihnen schadet (nämlich die Zurückhaltung), und machen dann jemand anderes für den Schaden verantwortlich. Das entlastet, ändert jedoch nichts.

Indem Sie die Grenze ziehen, bewahren Sie Ihre Selbstständigkeit und akzeptieren die Andersartigkeit ihrer Mitmenschen. Indem Sie an sich nicht akzeptieren, was Ihnen schadet, grenzen Sie sich gegen Ihre selbstzerstörerischen Tendenzen ab. Indem Sie nicht andere für die Schäden verantwortlich machen, die Sie sich selbst zufügen, bewahren Sie Ihre Handlungsfähigkeit. Denn wenn andere für Ihr Leiden verantwortlich wären, könnten Sie nichts daran ändern – Sie müssten warten, bis die anderen sich ändern. Und da warten Sie bekanntlich, bis Sie schwarz werden.

Das »Grenzen ziehen« geschieht also nicht, indem Sie, wie Ihnen überall geraten wird, »sich nichts gefallen lassen«, nicht indem Sie »Techniken benutzen, um andere dazu zu bringen, das zu tun, was gut für Sie ist«, nicht indem Sie »blind zurückschlagen, wenn Sie sich angegriffen fühlen«, nicht indem Sie »andere verpflichten, auf Ihre Bedürfnisse Rücksicht zu nehmen«. All dies führt nicht dazu, dass Grenzen korrekt gezogen werden: Vielmehr »entgrenzen« Sie sich. Sie tun nämlich dann so, als gäbe es die Grenze zwischen Ihnen und Ihren Mitmenschen nicht. Ihre Mitmenschen erscheinen Ihnen als Ihre eigene Verfügungsmasse. Das führt zu einer gegenseitigen »Verstrickung«, in der letztlich alle verlieren.

Übungsfolge 9: Verstrickung auflösen

Um die ungesunden Verstrickungen aufzulösen und die Grenzen sinnvoll ziehen zu können, konzentrieren wir uns auf Wut und Schuldzuweisung: Wut und Schuldzuweisung sind die stärksten Seile der Verstrickung.

1 Erinnern Sie sich an eine Situation, in welcher Sie sehr wütend auf einen anderen Menschen waren. Treiben Sie die Erinnerung möglichst so weit, dass Sie diese Wut erneut spüren. Dann kehren Sie die Wut in einem Phantasiespiel um. Es ist möglich, die Wut in zwei Richtungen umzukehren. Beide Umkehrungen sind gleich wichtig:
   a Stellen Sie sich vor, dass Sie nicht mit Wut, sondern mit Liebe, Zuneigung oder Achtung auf das reagieren, was Sie wütend gemacht hat. Stellen Sie sich diese umgekehrte Reaktion ganz bildlich vor. Was sagen Sie? Was tun Sie? Wie verhält sich der andere Mensch? Was sagt er? Überlegen Sie auch, welche Gründe Sie für eine solche umgekehrte Reaktion haben könnten.
   b Stellen Sie sich vor, nicht Sie reagieren mit Wut auf den anderen Menschen, sondern er ist wütend auf Sie. Was würde er sagen? Wie fühlen Sie sich dabei? Könnte er gute Gründe dafür haben, auf Sie wütend zu sein?

   Machen Sie diese Übung mit möglichst vielen Situationen, in denen Sie Wut hatten. Das Ziel ist nicht, dass Sie Ihre Wut »kontrollieren« oder »beherrschen« sollen. Vielmehr werden Sie durch diese Übung herausfinden, was eigentlich Gegenstand der Wut ist: Ist es wirklich das, was der andere gemacht oder gesagt hat? Ist es wirklich Ihre Sache gewesen, das zu bewerten, was er gemacht hat? Hat es Sie wirklich geschädigt? Hat Ihre Wut die Schädigung gelindert oder haben Sie sich mit der Wut nur selbst bestraft?

2 Machen Sie eine Liste mit Personen, die an Ihren Problemen »schuld« sind, beispielsweise: »Mein Vater ist schuld, dass ich so wenig selbstsicher bin, weil er so streng war. Mein Kollege ist schuld, dass ich nicht befördert wurde, weil er sich in den Vordergrund gedrängt hat.« Lassen Sie Ihrem Selbstmitleid völlig freien Lauf! Klagen Sie die ganze Welt an!

Dann kehren Sie die Schuldlast um. Punkt für Punkt. »Ich bin schuld am Unglück meines Vaters, weil ich ihn so enttäuscht habe. Ich bin schuld am Unglück meines Kollegen, da er jetzt einen Job machen muss, der ihm nicht liegt.«

Spüren Sie jetzt, wie böse Sie sind – und wie mächtig: denn Sie haben die Macht, die ganze Welt ins Unglück zu stürzen!
Ich hoffe, dass Sie durch diese Übung die ganze Absurdität der Schuldverstrickung spüren…

Sie schlucken (»introjizieren«) zum Beispiel die Leistungserwartung Ihres Vaters. Später unterstellen (»projizieren«) Sie, dass alle anderen Menschen – Ihr Partner, Ihre Freunde, Ihre Kollegen – die gleiche Erwartung an Sie haben. Sie werden wütend über die Zumutung, aber Sie finden als Objekt der Wut nur sich selbst (»Retroflektion«) und setzen sich selbst unter Druck. Sie verstricken sich in dem Versuch, alle Erwartungen zu erfüllen (»Konfluenz«). Und wenn dann alle um Sie herum (und Sie eingeschlossen) unglücklich sind, trägt jeder außer Ihnen die Schuld daran, und Sie ziehen sich enttäuscht zurück (»Deflektion«).

Ich mag ungerecht sein, aber mir scheint, als sei unsere ganze Gesellschaft auf diesem neurotischen System aufgebaut: In den sozialen Institutionen muss sich jeder um das Wohl des anderen sorgen, nur um das eigene darf er sich nicht kümmern. Wir müssen per Steuern und Gesetz für die Alten, Kranken, Arbeitslosen und »Sozialschwachen« aufkommen; aber wehe, jemand hat einmal Erfolg: Dann regieren Neid und Missgunst. Das, was der Erfolgreiche hat, muss ihm genommen werden, um damit anderen zu helfen. Am besten, er wird wieder auf den Zustand der Abhängigkeit zurückgestutzt. Jeder klagt über die schlechte Arbeitssituation, über Stress und andere Misshelligkeiten; aber wenn es jemand schafft, für sich etwas Besseres zu erreichen, ist er gleich verdächtig.

Die Strukturen unserer Gesellschaft sind wie nie zuvor der Selbstverantwortung und Eigeninitiative entgegengesetzt, obwohl die wirtschaftlichen und technischen Bedingungen für die Selbstverwirklichung so gut wie nie zuvor sind. Wir erlauben nicht, dass die Menschen für sich selbst sorgen – nein, sie müssen nach »Recht und Gesetz« versorgt werden durch die Behörden.

Die Reaktionsformen auf diese verwaltete schöne neue Welt sind vielfältig. Allerdings sind alle Reaktionsformen bedrohlich. Auf die mangelnden Möglichkeiten, aktiv und unabhängig zu sein, reagieren manche Jugendliche mit sinnloser Zerstörungswut von gnadenloser Brutalität. Andere resignieren früh. Resignation und Inaktivität sind auch die Reaktionsformen der Alten. Aber wann werden wir die ersten Senioren-Gangs bekommen? Das ist wohl nur noch eine Frage der

Zeit. Mit dem Versorgungsgedanken einher geht die Abnahme des Verantwortungs-Gedankens. Wer Kinder zum eigenen Vergnügen missbraucht, »hatte eine schlimme Kindheit«. Kaum einer macht sich die Mühe, diesen Gedanken zuende zu denken: Diejenigen, die die schlimme Kindheit des Verbrechers verursacht haben (meist ja wohl die Eltern), hatten wahrscheinlich selbst eine »böse Kindheit«. Also sind auch sie nicht verantwortlich. Gehen wir der Kette nach, sind wir alle Opfer und niemand ist verantwortlich. Interessantes Ergebnis: Es gibt gar keine Täter mehr. Darum kann sich auch nichts ändern: Etwas zu ändern, ist die Sache des Tuns. Wenn aber niemand mehr etwas tut, sondern nur etwas erleidet, ist das Ergebnis absoluter Stillstand.

Oh doch, es gibt sie noch, die Täter – die bösen Unternehmer, die Profite machen wollen. Für sie gilt die Entschuldigung der bösen Kindheit nicht. Sie sind in den Augen der Öffentlichkeit voll verantwortlich für ihr sträfliches Tun. Sie machen Profite, indem sie uns mit dem versorgen, was wir gern haben (von dem wir aber annehmen, dass es schlecht für uns sei). Sie verkaufen uns die Nahrungsmittel, die wir gern essen, also sind sie verantwortlich für unsere schlechten Ernährungsgewohnheiten. Sie gestalten für uns die Fernsehprogramme, die wir gern sehen, also sind sie verantwortlich für den kulturellen Niedergang. Sie entwickeln für uns Medikamente, mit denen wir unsere Krankheiten überwinden, also sind sie verantwortlich für die Explosion der Gesundheitskosten.

Darum ist es nur richtig, wenn wir die profitgierigen Unternehmer durch Steuern, Gesetze, Verordnungen, Kontrollen in ihrer Arbeit behindern, wo wir nur können. Und wenn sie dann entnervt aufgeben und uns entlassen, sind sie verantwortlich für die Arbeitslosigkeit.

Ich weiß nicht, wie dieser Alptraum beendet werden kann. Ich weiß aber, dass es sich lohnt, alles zu tun, um den Verstrickungen dieser ungesunden Gesellschaft zu entkommen.

6. PSYCHOLOGISCHE GRUNDLAGEN

Transaktionsanalyse

Die »Transaktionsanalyse« ist ein klinisches Verfahren, das der kanadisch-amerikanische Psychiater Eric Berne in den 1960er Jahren entwickelt hat. Das Ziel von Berne war es, das Verhalten in so kleinen Einheiten zu analysieren, dass man es leicht ändern kann.

Berne zerlegte das zwischenmenschliche Handeln, die »Interaktion«, denn die Interaktion ist meist bereits zu komplex, um sie vollständig analysieren und in sie eingreifen zu können. Die »Transaktion« ist immer nur ein Teil einer Interaktion: Sie ist das, worauf jemand zielt, wenn er etwas sagt. Bei dem, zu dem etwas gesagt wird, kann die Transaktion jedoch ihr Ziel verfehlen: Er reagiert, als ob das Ziel ein anderes gewesen wäre. Seine Reaktion ist auch eine Transaktion, jedoch basiert sie bereits auf einem Missverständnis. Die Veränderung des Verhaltens muss immer dabei ansetzen, zunächst das wirkliche Ziel der Transaktion zu analysieren und sich dann in seiner Reaktion darauf zu beziehen.

In der Begrifflichkeit der Transaktionsanalyse stützte sich Berne – wie die meisten Psychotherapeuten – auf den Urvater der modernen Psychotherapie, Siegmund Freud. Freud hatte neben der bewussten Psyche des »Ich«, das meint, seine Handlungen zu kontrollieren, zwei andere, unbewusst agierende psychische Faktoren ausgemacht: Das Über-Ich und das Es. Im Über-Ich befinden sich laut Freud alle durch Kultur, Sozialisation und sozialem Druck erfahrenen, übernommenen und erlernten Normen des Handelns – also alle Normen, die nicht durch eigene Überzeugung und eigenes Nachdenken im Ich erzeugt worden sind. Das Es ist der Feind des Über-Ich: Es sind die vom Über-Ich unterdrückten und dann aus dem Bewusstsein verdrängten Wünsche, Triebe, Bedürfnisse und Impulse.

Die Sprache der Transaktionsanalyse ist alltagsnäher: Eric Berne sprach von Eltern-Ich (= Über-Ich), Erwachsenen-Ich (= Ich) und Kindheits-Ich (= Es). Die Verwendung dieser, fast ohne weitere Erklärung einleuchtenden Begriffe hat zwei Gründe: Zum ersten wollte Berne nicht einen wissenschaftlichen Jargon entwickeln, der nur den Eingeweihten zugänglich ist. Vielmehr setzte er darauf, seinen Klienten die Transaktionsanalyse zu erklären, sodass sie sie selbst in ihrem Alltag durchführen und anwenden konnten. Zum anderen kann in Freuds System nur das Ich handeln. Über-Ich und Es »beeinflussen« das Ich. In Bernes (meines Erachtens sehr problematischen) Vorstellung handelt der Mensch in einem »Ich-Zustand«, d.h. er wechselt von dem »Zustand« des Eltern-Ich in den »Zustand« des Erwachsenen-Ich oder in den »Zustand« des Kindheits-Ich.

Trotz dieser etwas eigenartigen Vorstellung von den Ich-»Zuständen« hat sich die Transaktionsanalyse besonders dort gut bewährt, wo es nicht um eigentliche Therapie geht, sondern um die wirkungsvolle Verbesserung von Alltagssituationen, speziell im Beruf. Die beiden großen Vorteile der Transaktionsanalyse sind:

1 Wer die Transaktionsanalyse erlernt (und sie ist recht leicht zu erlernen), kann sie ohne Hilfe im Alltag immer dann einsetzen, wenn er sie zu brauchen meint.

2 Die Transaktionsanalyse wirkt, ohne dass man eventuell die Grenze des Gegenübers überschreiten muss: Man braucht ihn nicht als Person zu analysieren oder gar zu therapieren. Man muss ihn nur verstehen lernen, um so den besten Ansatzpunkt für die Transaktion finden zu können.

Differenzierung der Ich-Zustände

Zwei von den drei Ich-Zuständen werden in der Transaktionsanalyse noch einmal unterteilt: Das Eltern-Ich hat eine strenge (oder kritische) und eine gütige (oder unterstützende) Ausprägung. Das Kindheits-Ich hat eine angepasste und eine freie (oder natürliche) Ausprägung. Auch unter diesen Begriffen kann man sich sofort etwas vorstellen.

Die Transaktionen laufen nun folgendermaßen ab: Das strenge

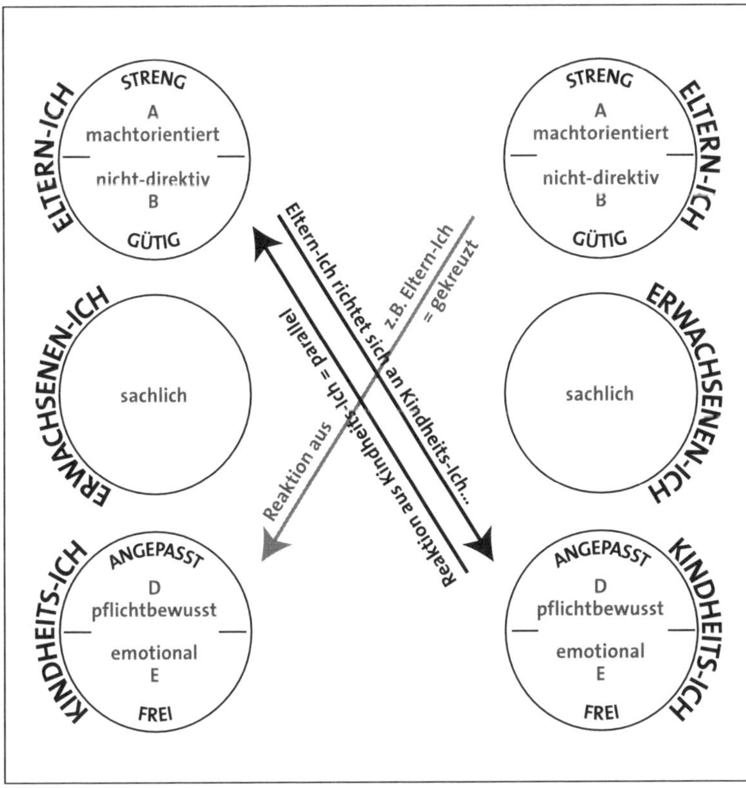

Eltern-Ich wendet sich an das angepasste Kindheits-Ich. Jemand sagt: »Du sollst!« Der Gegenüber antwortet: »Ja.« Dann ist das eine konfliktfreie Transaktion. Umgekehrt wendet sich das angepasste Kindheits-Ich an das strenge Eltern-Ich. Jemand sagt: »Was soll ich tun?« Der Gegenüber antwortet: »Das!«

Diese konfliktfreien Transaktionen nennt man in der Transaktionsanalyse »parallel«. Dies hängt mit der grafischen Darstellung zusammen, mit der die Transaktionen beschrieben werden. Sie ist das typische Kennzeichen für die Transaktionsanalyse und sieht zum Beispiel aus wie in der Grafik oben.

Antwortet der mit »Du sollst!« Angesprochene nicht im (angepassten) Zustand des Kindheits-Ich, wird aus der parallelen, eine gekreuzte Transaktion. Der Gegenüber antwortet: »Meiner Meinung nach spricht folgendes dagegen, das zu tun, was Sie mir sagen.«

Dies ist eine Antwort aus dem Zustand des Erwachsenen-Ich. Der erste Pfeil geht vom Kreis des (strengen) Eltern-Ich aus und zielt auf das (angepasste) Kindheits-Ich. Von dort kommt jedoch die Antwort nicht! Sie kommt vom Kreis darüber und zielt in Richtung auf das Erwachsenen-Ich des anderen. Beide Pfeile kreuzen sich und es ergibt sich ein Konflikt.

Die Transaktionsanalyse kann in zweierlei Hinsicht missbraucht werden.

1 Der erste Missbrauch besteht darin, mit der Transaktionsanalyse ein Instrument der unkritischen Anpassung zu schaffen: Es wird so getan, als müsse jeder in dem Ich-Zustand antworten und verbleiben, auf dem er angesprochen worden ist. Dies ist nicht der Sinn der Transaktionsanalyse. Sie soll zwar helfen, Konflikte zu verstehen und vermeidbare Konflikte in der Tat zu vermeiden, jedoch auch dazu anregen, notwendige Konflikte sinnvoller zu gestalten. Man kann, wenn man im angepassten Kindheits-Ich angesprochen wird, nicht direkt auf das Erwachsenen-Ich wechseln. Es ist besser, in dem Ich-Zustand zu beginnen, auf den die Transaktion des Gegenübers auch gezielt hat. Jedoch ist es durchaus möglich, dann in einen anderen Ich-Zustand zu wechseln.

2 Die andere Möglichkeit, die Transaktionsanalyse zu missbrauchen, ist, sie als reine Manipulationstechnik einzusetzen: Man muss nur analysieren, in welchem Ich-Zustand der Gegenüber sich befindet, und auf der gewünschten Weise antworten, um von ihm zu bekommen, was man selbst will. Auch das ist nicht gemeint. Die Transaktionsanalyse will, dass wir uns verstehen, um besser miteinander auszukommen – das Ziel ist ein Gleichgewicht zwischen den Gesprächspartnern, nicht die Manipulation.

Transaktionsanalyse und Konfliktogramm

Für die Anwendung der Transaktionsanalyse im Konfliktogramm habe ich die ursprünglichen Begriffe auf die betriebliche Situation zwischen Mitarbeiter und Chef adaptiert: Das Eltern-Ich wurde zum »machtorientierten« (A) und »nicht-direktiven« (B) Verhalten, das Erwachsenen-Ich zur Ebene der »Sachlichkeit« (C), das Kindheits-Ich zu »pflichtbewusstem« (D) und »emotionalem« (E) Tun.

Da Berne sich an die Alltagssprache gehalten hat, nehme ich an, er wäre nicht dagegen, für einen speziellen Anwendungszweck auch Begriffe zu verwenden, die näher an der Wirklichkeit sind. Es hat schon etwas lächerliches, einen jungen Chef, der sich nicht in die Arbeit seiner älteren Mitarbeiter einmischt, als »gütiges Eltern-Ich« zu charakterisieren, oder einen kreativen, aber zu emotionalen Ausbrüchen tendierenden älteren Mitarbeiter im »freien Kindheits-Ich« zu verorten.

Ich habe bei der Begriffswahl jedoch auch eine kleine inhaltliche Korrektur vorgenommen: Im »machtorientierten« Verhalten ist das strenge und ein Teil des gütigen Eltern-Ich enthalten. Der autoritäre Chef macht nicht nur Vorschriften, er unterstützt seine Mitarbeiter auch und gibt ihnen Sicherheit. Für das »laissez-faire« eines Vorgesetzten findet sich in der Transaktionsanalyse kein rechter Platz, genauso wie eine konsequent anti-autoritäre Erziehung oder Vernachlässigung dort nicht vorkommt: Im »gütigen« Eltern-Ich ist ja die aktive Unterstützung und eine gewisse Portion Altväterlichkeit durchaus immer mit enthalten. Darum ist meines Erachtens das zweite Verhalten im Eltern-Ich nicht »gütig«, sondern im erzieherischen Kontext antiautoritär – im betrieblichen Kontext spreche ich von »nicht-direktiv«.

Eine weitere Schwierigkeit besteht darin, dass meist nicht ganz klar ist, wie sich die Differenzierung von Eltern- und Kindheits-Ich auf die Transaktion auswirkt: Spricht das Eltern-Ich ein Kindheits-Ich an und es antwortet, so wäre das eine parallele Transaktion. Ist das Eltern-Ich jedoch »streng«, das Kindheits-Ich antwortet dagegen »frei«, kommt es erfahrungsgemäß zu einem heftigen Konflikt. Die Transaktionspfeile kreuzen sich jedoch nicht.

Ich habe darum im Konfliktogramm die jeweils zusammengehörigen Transaktions-Einheiten gegenüber geschrieben: Das machtorientierte Verhalten zielt auf eine pflichtbewusste Antwort, und so weiter. Diese Kombination nenne ich »Transaktions-Ebene«.

Mit Hilfe dieser Modifikation erreiche ich, dass es keine Verwirrung darüber geben kann, ob eine Transaktion parallel oder gekreuzt ist: Jede Transaktion, die »ihre« Ebene verlässt, ist gekreuzt und birgt das Risiko eines Konfliktes in sich.

Ist die Transaktionsanalyse »wissenschaftlich«?

Die Transaktionsanalyse zählt man zu der Bewegung der »Humanistischen Psychologie«. Dieser Psychologie geht es in erster Linie um das Wohlergehen und die Weiterentwicklung des Menschen. Unter diesem Begriff versammelt man alle Richtungen der Psychologie, die Methoden finden wollen, um das »Potenzial« der jeweiligen Klienten zu entfalten.

Sowohl die Psychoanalytiker als auch die Vertreter von naturwissenschaftlich orientierten psychologischen Theorien sprechen der humanistischen Psychologie oft deren »Wissenschaftlichkeit« ab. Die so Angegriffenen wehren sich gern mit dem eher esoterisch klingenden Hinweis: »Es muss ja nicht alles bewiesen sein.« Oder: »Es gibt auch Dinge, die nicht beweisbar sind.«

Sicher kann und muss nicht alles bewiesen sein. Aber wenn sich jemand anmaßt, einem anderen einen Rat zu geben, ihm Hilfe zu leisten, sein Verhalten ändern oder ihn sogar therapieren zu wollen, muss er meiner Meinung nach schon gute Gründe und Argumente dafür haben, dass das, was er macht, auch seine Richtigkeit hat.

Das Missverständnis liegt darin, was als »Grund« (oder »Beweis«) gelten kann. Die Transaktionsanalyse behauptet nicht, dass sich im Kopf des Menschen ein definierter Ort befindet, wo das Eltern-Ich »sitzt«, einen anderen, wo das »Kindheits-Ich« seinen Platz hat, und einen dritten, wo das »Erwachsenen-Ich« residiert.

Vielmehr handelt es sich um analytische Begriffe: Mit ihrer Hilfe können wir uns über die Verhaltensweisen von Menschen klar werden. Der Beweis für die Richtigkeit der Begriffe ist nicht eine naturwissenschaftliche Untersuchung über den »Ort« des Ich-Zustandes: Nein, der Beweis ist, dass wir mit Hilfe der Begriffe wirklich weiter kommen. Wir verstehen das Verhalten unserer Mitmenschen und von uns selbst besser und können angemessen handeln. Wenn die Transaktionsanalyse das bewirkt, ist sie »richtig«, weil sie auf nichts anderes zielt. Übrigens gilt das Gleiche auch für die Psychoanalyse von Freud. Noch niemand hat Freuds »Über-Ich« oder die ebenfalls von Freud behauptete »Symptom-Verschiebung« experimentell nachgewiesen. Die einzige größere »Wissenschaftlichkeit« der Psychoanalyse besteht darin, dass es sie schon länger gibt als die humanistische Psychologie.

Gestalttherapie

Die »Gestalttherapie« ist die erste Therapieform, die der klassischen Psychoanalyse Konkurrenz gemacht hat. Sie wurde in den 1940er Jahren durch eine Gruppe von Psychiatern, Psychoanalytikern und Künstlern begründet. Die wichtigsten sind das Psychoanalytiker-Ehepaar Laura und Fritz Perls, deutsche Juden, die aus Nazi-Deutschland über Südafrika in die USA emigriert sind, und Paul Goodman, ein Schriftsteller und Soziologe, der durch seine ungewöhnliche, aber querköpfige Kreativität auf sich aufmerksam gemacht hat.

Der Begriff »Gestalttherapie« zeigt, dass sich diese Richtung in gewissem Maße gegen das Analytische in der Psychoanalyse gerichtet hat (und diese Kritik gilt dann natürlich auch für die Transaktionsanalyse): In der Psychologie wird von »Gestalt« gesprochen, um anzudeuten, dass der Mensch nicht analytisch wahrnimmt, sondern ganzheitlich. Es sind nicht einzelne Reize, die beispielsweise unser Auge aufnimmt und die »nachträglich« im Gehirn zu einem Bild zusammengesetzt werden. Vielmehr ist das Auge bereits daran beteiligt, die Wirklichkeit in sinnvollen Gestalten zu strukturieren.

Entsprechend dieser auch naturwissenschaftlich experimentell nachzuweisenden Grundannahme wollten die Begründer der Gestalttherapie eine Methode entwickeln, die Menschen befähigt, angemessen auf ihre Umgebung zu reagieren, wenn sie damit Schwierigkeiten haben. Anders als Freud fanden sie diese Methode eben nicht in einer Analyse der Vergangenheit, die der Therapeut vornimmt und deren Ergebnisse er dem Klienten mitteilt. Vielmehr sahen sie den Ansatz zur Lösung von Problemen, die Klienten mit sich und ihrer Umwelt haben, zu allererst in der Stärkung der Wahrnehmung des aktuellen Geschehens. In den Worten der Gestalttherapie heißt das: »Gewahrsein im Hier und Jetzt.«

Bei der Beobachtung der Schwierigkeiten ihrer Klienten stieß die Gruppe um Fritz Perls auf ein immer wiederkehrendes Muster: Jemand handelt nicht angemessen, sondern bezogen auf eine andere Situation oder einen anderen Ort. Jemand reagiert beispielsweise immer auf ein Gegenüber, der einen Bart trägt, mit Aggression und Ablehnung, auch wenn dieser Gegenüber freundlich und hilfsbereit ist. Der Therapeut stellt fest, dass sein Klient nicht den wirklichen Gegenüber wahrnimmt, sondern sich stets das Bild des ungeliebten Vaters dazwischen drängt. So weit stimmt die Sichtweise noch mit Freud überein. Während der Psychoanalytiker nun den Vater – die Erinnerungen an den Vater – zum Zentrum der Behandlung macht, verfährt der Gestalttherapeut ganz anders: Er legt den Schwerpunkt darauf, den Klienten anzuregen, das wahrnehmen zu können, was wirklich ist. Er soll lernen, die Differenz zu dem Vater zu fühlen und sich dem Bartträger gegenüber so zu verhalten, wie es seine Person verdient. Die Vergangenheit kann man nicht ändern, die Zukunft kann man nicht wissen, nur in der Gegenwart lässt sich handeln.

Inzwischen gibt es ein weit ausgefächertes Instrumentarium von gestalttherapeutischen Methoden. Auch nimmt die Gestalttherapie Methoden aus anderen Richtungen der Psychotherapie auf, ebenso wie alle Richtungen, die der humanistischen Psychologie zugerechnet werden, viel von der Gestalttherapie aufgenommen haben.

Obwohl beispielsweise die Transaktionsanalyse in ihrem Namen das Wort »Analyse« trägt, greift sie eine Idee der Gestalttherapie auf: Die »Analyse« nimmt nicht der Therapeut für den Klienten vor. Vielmehr zeigt er ihm das Instrumentarium, mit dem er selbst umzugehen lernt und das er anwenden kann, wenn er es braucht.

Gestalttherapie und Konfliktogramm

Während der Einfluss der Transaktionsanalyse aufs Konfliktogramm deutlich im Vordergrund steht, bilden Gedanken aus der Gestalttherapie den philosophischen Hintergrund.

1 Der wichtigste Gedanke, der mich bei der Formulierung des vorliegenden Buches geleitet hat, lautet: Um ein besseres Verhältnis zwischen Ihrem Chef und Ihnen herbeiführen zu können, müssen

Sie lernen, angemessen zu handeln. Zuerst besteht das darin, dass Sie selbst für sich feststellen, wo Ihr Verhalten nicht angemessen ist.

2 Ein weiterer Punkt, den ich aus der Gestalttherapie genommen habe, besteht darin, dass ich versucht habe, Ihnen nichts »aufzudrücken«. Sie sollen verstehen, was ich Ihnen vorschlage, und es nur dann umsetzen, wenn Sie davon überzeugt sind, dass es Ihnen hilft und dass es zu Ihnen passt. Der Gestalttherapeut muss, so sagte Laura Perls, sehr vorsichtig sein bei der Veränderung, die er zu bewirken beabsichtigt. Denn wenn man etwas bewirkt, das der andere nicht will, nützt man ihm nicht, sondern schadet ihm.

Ist die Gestalttherapie »wissenschaftlich«?

Im Prinzip gilt für die Gestalttherapie das, was ich zur »Wissenschaftlichkeit« der Transaktionsanalyse (und der humanistischen Psychologie, zu der beide Richtungen zählen) gesagt habe. Allerdings gibt es einen wichtigen Unterschied:

In dem Bereich der psychologischen Grundlagen der Gestalttherapie hat diese einen experimentell und zum Teil naturwissenschaftlich untermauerten Ausgangspunkt – die Gestaltpsychologie. Sie wurde zunächst vor dem Zweiten Weltkrieg in Deutschland begründet und dann aufgrund der Emigration ihrer führenden Vertreter in den USA fortgeführt. Die Gestaltpsychologen beschäftigten sich ganz ohne jedes Anwendungsinteresse mit der Erklärung von Wahrnehmungsvorgängen und untersuchten dabei auch das Gehirn und die Sinnesorgane. In diesem Zusammenhang stießen sie auf das eben von mir beschriebene Phänomen: Wahrnehmung ist nicht ohne Sinn. Wir nehmen Gestalten wahr, nicht einzelne unverbundene »Daten«.

Die Kontaktstörungen

Kontakt ist der zentrale Begriff der Gestalttherapie. Das, was sie heilen will, sind die Störungen im Kontakt. Die Gestalttherapie diagnostiziert fünf solcher Kontaktstörungen: die Introjektion, die Projektion, die Retroflektion, die Konfluenz und die Deflektion.

Introjektion: Dinge werden »als Ganzes« geschluckt, ohne angepasst zu werden. Das können unzerkaute Lebensmittel ebenso sein wie unverstandene oder uneingesehene Normen. Das introjizierte »Ding« ist das »Introjekt«. Eine Kontaktstörung ist das, weil der Mensch, der etwas introjiziert, das Introjekt so wenig wie möglich »berührt«. Er tritt nicht in Kontakt mit ihm, sondern schluckt es schnell hinunter, um keinen Kontakt zu haben. Darum liegt ihm das Introjekt auch schwer im Magen, weil nämlich das Verdauen – der gestalttherapeutische Name dafür ist »Assimilation« (Anpassung) – selbst eine Kontaktfunktion ist. Typisches körperliches Symptom: Verstopfung (ohne organische Ursache).

Projektion: Einem anderen Menschen werden Dinge unterstellt, die man bei sich selbst ablehnt. Jemand ist wütend, aber hat z. B. die introjizierte Norm, dass man nicht wütend sein dürfe. Wohin mit der Wut? Der Wütende spürt sie ja! Da er sie aufgrund seiner Norm nicht haben darf, unterstellt er, dass der andere wütend sei – der vielleicht gar nicht wütend ist. Wem aber lange genug unterstellt wird, dass er wütend sei, wird am Ende wütend. Eine Kontaktstörung ist das, weil der Gegenüber nicht so wahrgenommen wird, wie er ist. Darum kann man mit ihm nicht wirklich in Kontakt treten. Typisches körperliches Symptom: Verspannung (ohne organische Ursache).

Retroflektion: Da stehen wir uns nun einem Menschen gegenüber, den wir durch die Unterstellung, wütend zu sein, wütend gemacht haben. Unsere Norm sagt uns, dass Wut etwas schlechtes ist. Wir dürfen also nicht selbst wütend auf den anderen zugehen, weil wir dann ja unsere Norm verletzen würden. Nochmals erhebt sich die Frage: Wohin mit der Wut? Wir richten die Energie der Wut gegen uns selbst, denn keine Norm verbietet uns, Wut gegen uns selbst zu richten. Wenn wir »retroflektieren«, tun wir uns selbst an, was wir jemand anderes antun möchten. Ein Kontakt mit dem Gegenüber kommt auf diese Weise gar nicht mehr zustande, nichteinmal in den rudimentären Ansätzen der Introjektion und der Projektion. In anderen psychotherapeutischen Zusammenhängen wird die Retroflektion auch »Autoaggression« genannt. Typisches körperliches Symptom: Schmerzen (ohne organische Ursache).

Konfluenz: Wer sich immer nach den Erwartungen anderer richtet, jeden Konflikt vermeidet, Harmonie und Nähe um jeden Preis herstellen will, ist »konfluent«. Er grenzt sich nicht ab. Die

Kontaktfunktion des Konfliktes fehlt. Die Konfluenz harmoniert besonders mit der Introjektion. Typisches körperliches Symptom: Übergewicht (ohne organische Ursache). »Dicke sind gemütlich«, sagt auch das Sprichwort.

Deflektion: Umgekehrt kann man dem notwendigen Konflikt auch durch einen Rückzug entgehen. Man wendet sich ab, man schläft ein, man »deflektiert«. Auch hier fehlt die Kontaktfunktion des Konfliktes. Die Deflektion harmoniert besonders mit der Retroflektion. Typisches körperliches Symptom: Müdigkeit (ohne organische Ursache).

Ethische Überlegungen

»Antikapitalistische Mentalität«

Ich bin in diesem Buch davon ausgegangen, dass Sie das Verhältnis zu Ihrem Chef verbessern können, wenn Sie zu einem besseren Verständnis für ihn finden, wenn Sie sich mit Ihrer Arbeit und mit dem Wohl Ihres Unternehmens identifizieren. Zwar habe ich Ihnen nie empfohlen, sich Ihrem Chef bzw. dem Unternehmen blindlings zu unterwerfen oder anzupassen, dennoch gibt es eine verbreitete »antikapitalistische« Mentalität, die meinen Vorschlägen entgegensteht:

Man sagt (hört im Fernsehen und liest in der Zeitung) immer wieder, Unternehmen wollten »nur ihren Profit maximieren« und »Chefs sind Ausbeuter«. Es wird der Eindruck erweckt, als hinge Höhe der Gehaltszahlung, Großzügigkeit in der Urlaubsregelung, Lohnfortzahlung im Krankheitsfall usw. ausschießlich von der Willkür »des Unternehmers« ab. Er ist der »Reiche«, der uns armen Normalbürgern aus reiner Willkür etwas gibt oder verweigert.

Ich bin manchmal erstaunt, dass viele Menschen überhaupt keinen Zusammenhang zwischen Arbeitsleistung und Geldeinnahme zu sehen scheinen. Ich meine hier nicht, dass es mitunter schwierig ist, eine sinnvolle, leistungsabhängige Lohnhierarchie in einem Unternehmen zu etablieren und dass manche Mitarbeiter sich in Relation zu anderen unterbezahlt fühlen.

Nein, ich meine hier die schlichte Einsicht, dass jeder »Euro«, den wir bekommen, durch unsere Arbeit mit einem Gegenwert versehen sein muss. Es sei denn, wir wollten Almosen. In Diskussionen spielen immer wieder ganz andere Faktoren eine Rolle, etwa wird gesagt, jemand habe »Anspruch« auf eine bestimmte Bezahlung, weil er über eine gewisse Ausbildung verfüge, weil er eine gewisse Zahl von Kindern zu ernähren habe usw. Die Frage ist doch, ob einer, der Philosophie studiert hat und jetzt als Möbelpacker arbeitet, wirklich auf mehr Geld »Anspruch« hat als sein Kollege, der »nur« die Hauptschule schaffte.

Die ethische Grundlage des Kapitalismus

Noch grundsätzlicher überlegt: Wir verdingen uns bei einem Unternehmen als »Arbeitnehmer«, wenn wir dort mehr verdienen als bei allen anderen uns bekannten und zugänglichen Alternativen. Denn wer wäre so blöd, weniger Bezahlung zu nehmen, als er bekommen kann? Auf diese Weise »maximieren« wir unseren persönlichen »Profit«. Wenn wir überhaupt Angestellte (und nicht z.B. Selbstständige) sind, liegt das an Folgendem: Wir können unsere Arbeitsleistung nicht selbst so organisieren, dass sie uns Gewinn bringt. Dann greifen wir auf die Organisation eines Unternehmens zurück – ohne ein solches Unternehmen wäre unsere Arbeit, so sehr wir uns auch anstrengen würden, schlechterdings nichts wert.

Es ist also recht unsinnig, hier von »Ausbeutung« zu sprechen: Das Unternehmen leistet etwas für uns und wir leisten etwas für das Unternehmen. Das ist ein fairer Deal. Oder anders: Wenn es kein fairer Deal ist, müssen wir auf den Putz hauen. Aber nicht, indem wir das Unternehmen schädigen, von dem wir mehr haben wollen: Woher sollte es denn dann das Mehr nehmen?

Wir können nur für uns mehr herausholen, wenn wir uns mit dem Arbeitsergebnis, das wir abliefern, identifizieren. Nur wenn wir zeigen können, dass unsere Arbeit mehr Wert ist, können wir realistisch mehr an Entlohnung bekommen.

Theoretisch gesagt: Wir bedenken das Ganze, um selbst als Teil dieses Ganzen davon zu profitieren. Dies ist der Mechanismus, der die Marktwirtschaft dem Sozialismus überlegen macht. Denn entgegen dem Vorurteil wird in der Marktwirtschaft mehr an das Gemeinwohl gedacht als im Sozialismus.

Die Verantwortung der Chefs

Die von mir kurz angedeutete Argumentation für den Kapitalismus ist allerdings nicht als ein »Freibrief« für Chefs und Unternehmer misszuverstehen, willkürlich zu handeln. Auch sie müssen das Gemeinwohl – besonders das Wohl der Mitarbeiter – im Auge haben: Ohne sie wurde auch ihre Leistung, die Organisierung der Arbeit zu einem wertbringenden Ganzen, nichts wert sein. Sie sind auf die Motivation der Mitarbeiter angewiesen. So viel Kontrolle, dass aus demotivierten Mitarbeitern ein qualitativ hochwertiges und preisgünstiges Endprodukt entsteht, kann niemand einführen. Wer also seine Mitarbeiter vernachlässigt, handelt in hohem Maße dumm und auch unverantwortlich: Er könnte (durch ein anderes Verhalten) mit den Mitarbeitern mehr Werte produzieren und somit der Gesellschaft mehr Werte zur Verfügung stellen.

Der Jesuit, »Marxist« (!) und Managementtrainer Rupert Lay hat den Versuch unternommen, einen zeitgemäßen ethischen Grundsatz zu formulieren. Er ist meiner Meinung nach sehr bedenkenswert, und ich habe versucht, ihn in diesem Buch in die Praxis zu übertragen:

> »Ethisch gut handelt ein Mensch, der in einer Gemeinschaft (Unternehmen, Familie etc.) sein personales Leben und das eines jeden anderen eher erhält und fördert als vernichtet und mindert.«

Dies ist ein Satz von Erwachsenen-Ich zu Erwachsenen-Ich. Es handelt sich nicht um einen Satz mit einem unbegründeten »Du sollst!« Nur wer ihn versteht und akzeptiert, wird und kann ihn sinnvoll anwenden. Ich denke, wer sich an den Grundsatz von Rupert Lay – (eigentlich »nur« eine Übersetzung aller ethischen Lehren von Buddha über Aristoteles, Jesus, Avicenna, Thomas von Aquin bis hin zu Immanuel Kant) – hält, wird selbst ein glücklicheres Leben führen, weil er dazu beiträgt, seine Umgebung glücklicher zu machen. Das ist schwer, aber einen Versuch wert. Immer.

Kulturelle Schizophrenie

Viele von uns tun in Beruf und Freizeit etwas, von dessen Schädlichkeit für sich selbst oder für die Gemeinschaft sie fest überzeugt sind –

rauchen, trinken, fernsehen, Auto fahren, *fast food* essen usw. Wer zu seinem Tun steht und sagt: »Ich rauche gern.« – »Ich sehe gern fern.« – »Ich fahre gern Auto.« – »Ich gehe gern zu McDonalds.« – der wird bestenfalls als Clown belächelt, jedoch nicht ernst genommen. Wer noch weiter geht und erklärt, dass das Fernsehen nicht dumm macht und nicht Ursache der Jugendkriminalität ist; dass die Gesundheitsgefahren des Rauchens übertrieben werden; dass *fast food* weitaus gesünder als die traditionelle deutsche Küche ist, und dass Autos die Erfüllung eines Menschheitstraums darstellen – der ist in den Augen vieler seiner Mitmenschen einfach ein von der Industrie gekaufter Provokateur.

Erklärungen?

Zur Erklärung dieser kulturellen Schizophrenie höre ich in Diskussionen immer zwei gegensätzliche Meinungen:

1 Die einen behaupten, die meisten Menschen seien »eigentlich« zufrieden. Kritik würden nur ein paar »grüne Spinner«, »Müsliesser« oder »Randalierer« üben. Ich frage mich jedoch, warum die Mehrheit so schweigsam ist. Warum die Leute, die doch angeblich »eigentlich zufrieden« sind, Kopfschmerzen haben, sich von Behörden und Vorgesetzten drangsalieren lassen, sich vorm Fernseher langweilen, beim Fußballspiel Randale machen, sich besaufen, um ihr Elend zu vergessen. Selbst wenn die Leute sagen, sie seien zufrieden (und nicht nur vielsagend schweigen), dann sehe ich, dass ihr tägliches Handeln Unzufriedenheit und Angst ausdrückt.

2 Die anderen stellen dagegen die These auf, dass die Macht der Werbung, der Medien, der Wirtschaft, der Gesellschaft die Menschen fest im Griff habe. Man könne sich nicht entziehen, weil man »manipuliert« würde. Ich frage mich jedoch, wie dies geschehen kann. Wir wählen nicht nur die Fernsehprogramme aus, die wir schauen. Wer könnte uns hindern, das Fernsehen auszuschalten? Wir wählen nicht nur die Waren aus, die wir kaufen. Wer könnte uns hindern, weniger Waren zu kaufen? Und »die« Gesellschaft, das sind doch wir alle zusammen: Wir manipulieren uns also selbst. Das klingt nicht nach einer guten Erklärung.

Die Behauptung etwa, dass Film und Fernsehen die Jugend verderbe, ist älter, als viele heute wahrhaben wollen: Angeblich war zum Beispiel der Film »Don't Knock the Rock« (dt. Außer Rand und Band, 1956) mit dem Rock 'n' Roll Musiker Bill Haley für Jugendbanden und Jugendrebellion verantwortlich. In den 1960er Jahren fand sogar ein Aufsehen erregender Prozess statt, in welchem ein jugendlicher Mörder verteidigt wurde mit dem Hinweis, dass er vor dem Mord den Horror-Film »Psycho« des Regisseurs Alfred Hitchcock gesehen habe. Die Verteidigung brach erst zusammen, als herauskam, dass der Junge bereits einen Mord begangen hatte, bevor der Film herausgekommen war. Übrigens haben zu allen Zeiten »konservative« Kräfte jugendliche Vergnügungen wie Karneval, Theaterspiele, Kirmes, Tanzveranstaltungen und dergleichen als Ursache von Sittenverfall angegriffen.

Die üblichen Ansätze, die verbreitete »Unzufriedenheit trotz Wohlstand« zu erklären, sind nicht in der Lage, Ihnen zu helfen, besser klarzukommen: Zu behaupten, es gehe Ihnen doch »eigentlich« gut, beruhigt nur kurz. Bis Sie wieder Ihre Unzufriedenheit spüren. Ihnen dagegen zu sagen, Sie seien ein armes Opfer von »Manipulation« ist zwar eine Anerkennung Ihrer misslichen Lage. Aber zu einer Verbesserung Ihrer Lage trägt das nicht bei. Sie sind nicht verantwortlich für Ihre Lage, können allerdings als Opfer an ihr ja auch nichts ändern...

Erklärung!

Eine alternative Erklärung für die verbreitete Unzufriedenheit in der Wohlstandsgesellschaft, die mich mehr überzeugt, stammt von dem amerikanischen Schriftsteller, Sozialpsychologen und Mitbegründer der Gestalttherapie Paul Goodman (1911-1972). Er hat in der frühen Phase des Jugendprotestes der 1960er Jahre in den USA eine große Rolle gespielt.

Paul Goodman entwickelte zwei meines Erachtens auch heute noch zutreffende Thesen:

1 Die Jugendbanden und der »Sittenverfall« (Verantwortungslosigkeit) seien Ausdruck von echter und berechtigter Unzufriedenheit.

2 Aber nicht Individualismus und kapitalistische Marktwirtschaft seien Ursache der Unzufriedenheit, sondern die staatliche Bevormundung.

In der »verwalteten Welt« (organized society) – so fasste Goodman seine Thesen zusammen – sei objektiv kein Platz für eigenverantwortliches und selbstbestimmtes Leben. Die Konsequenz davon seien »deformierte« Verhaltensweisen: Diese Deformationen würden sich entweder in stumpfem Konsumieren oder in ungerichteter Aggressivität ausdrücken. Damit erklärte er sich beide beklagenswerten Fehlhaltungen in unserer Gesellschaft, sowohl die Antriebslosigkeit als auch die Hyperaktivität.

Das Ziel von Goodmans Kritik besteht darin, dass die Menschen wieder Verantwortung übernehmen und ein selbstbestimmtes Leben führen. Dieses Ziel kann nach Goodman erreicht werden, wenn die staatliche Überorganisation abgebaut wird.

»Da kann man nichts machen…«

Die vorherrschende Antwort auf das verbreitete Gefühl der Unzufriedenheit lautet, da könne man nichts machen. Dazu ein paar gängige Beispiele aus meinem Bekanntenkreis:

- Einer, der von seinem Chef ungerecht behandelt wird, seufzt: »Da kann ich nichts machen. Der sitzt am längeren Hebel.«
- Ein anderer, dessen Kinder in der staatlichen Schule nichts lernen, weil ständig Unterricht ausfällt, murrt: »Da kann man nichts machen. Die Staatskassen sind halt leer.«
- Jemand, der unter der Steuerlast Konkurs zu machen droht, stellt deprimiert fest: »Was soll ich schon ausrichten? Die da oben haben so entschieden.«
- Ein vierter, der ein kontaktarmes, langweiliges Leben führt, weiß genau, wo es herkommt: »Ich kann da nichts machen, so bin ich erzogen worden.«
- Wenn in der Wohngegend ein Kind vom Auto überfahren wird, sagen die Leute: »Schrecklich. Aber da kann man nichts machen. Das ist der Preis für die technische Welt.«
- Jemand, der unter seinem Familienleben leidet, meint tiefsinnig und weise: »Was soll man tun, so ist das Leben eben.«

Diese Liste könnte unendlich weiter fortgeführt werden. Sicher kennen Sie auch viele solcher Beispiele.

Die Menschen fühlen sich den organisatorischen Strukturen ausgeliefert. Technik, Wirtschaft und Politik sind vermeintlich zu kompliziert und zu global, um in sie eingreifen zu können. Wir können uns oft nicht einmal mehr vorstellen, unsere unmittelbare Umgebung am Arbeitsplatz oder zu Hause so zu gestalten, dass wir uns wohlfühlen.

Erklärungen der Unzufriedenheit verstärken meist das Gefühl der Ohnmacht: Wenn »die« Technik, »die« Wirtschaft oder »die« Gesellschaft an unserem Unglück »schuld« wären, dann wäre das die perfekte Ausrede, nichts an der Situation zu ändern. Den Ansatz der Erklärung, den ich von Paul Goodman gelernt habe, könnte in der Tat auch so aufgefasst werden. Er eröffnet jedoch auch noch eine andere Chance:

> Wenn das Problem in der Bevormundung durch überorganisierte Strukturen besteht, kann es nicht durch die Strukturen (Technik, Wirtschaft, Politik) gelöst werden. Denn alle Lösungen, die uns durch eine solche Struktur angeboten oder aufgezwungen werden, sind Ausdruck der Bevormundung.
>
> Die Chance auf eine Verbesserung ergibt sich nur über den Weg, dass wir unser Leben in die Hand nehmen: dass wir erwachsen werden, dass wir die Bevormundung überwinden lernen.

Paul Goodman selber hat es genau so gesehen: Die Strukturen, in denen wir leben (Familie, Arbeitsplatz, Staat usw.), machen uns krank, hilflos und unglücklich – aber wir sind für die Strukturen verantwortlich. Nur wenn wir aufhören, die Schuld für unser Unglück auf die Strukturen zu schieben, haben wir eine Chance, besser klarzukommen. Zwischen uns und unserem Glück stehen wir nur selbst: Wir stehen uns im Wege. Das Ziel muss sein, »uns aus dem Weg zu gehen«.

Weil Goodman sehr genau wusste, dass dieses Ziel sehr schwer umzusetzen ist, hat er an der Entwicklung einer Psychotherapie mitgewirkt, die den Menschen dabei helfen sollte, besser mit sich und der Umwelt klarzukommen – die Gestalttherapie.

Der Gestalttherapie und dem Einfluss Paul Goodmans verdanke ich sehr viel. Diese Gedanken bilden den Hintergrund auch des vorliegenden Buches.

ANHANG

MEIN KONFLIKTOGRAMM

In einem Selbsttest habe ich das Verhältnis zu einem meiner früheren Chefs getestet. Das Ergebnis sehen Sie auf der Seite 212. Das Ausfüllen des Konfliktogramms hat mir gezeigt, dass es selbst mir, der ich es mit entwickelt habe, überraschende Einsichten vermitteln kann.

Die Überraschung bestand in Folgendem: Ich hatte immer gedacht – und es im Kollegenkreis auch vehement so vertreten –, dass ich in den Konflikten mit meinem Chef stets der sachliche Part war. Das Konfliktogramm legt jedoch nahe, dass ich mich eher auf emotionaler Ebene bewegt habe (C+E-Differenz 0, Wichtigkeit 20) und weniger sachlich als mein Chef war (C+C-Differenz +5, Wichtigkeit 15). Einiges Nachdenken über die Konfliktsituationen haben mir gezeigt, dass mein früheres Selbstbild nicht ganz richtig war. Oft habe ich seine sachlich gemeinte Kritik als persönlichen Angriff genommen. Da er ebenso emotional reagierte wie ich (E+E-Differenz 0, Wichtigkeit 20), verlagerte sich dadurch das Gespräch schnell weg von der sachlichen auf die emotionale Ebene. An guten Tagen habe ich auf seine Emotionalität mit »nicht-direktiver« Duldsamkeit geantwortet (E+B-Differenz -1, Wichtigkeit 21) und alles ging glatt.

Weniger überraschend (und auch im Nachhinein immer noch zutreffend) ist das Bild von der Transaktionsebene des »pflichtbewussten« Handelns auf seiner und des »nicht-direktiven« Reagierens auf meiner Seite (D+B-Differenz -2, Häufigkeit 20). Oft hat er gemeint, Kundenvorgaben selbst dann umsetzen zu müssen, wenn sie kaum zu erfüllen waren. Ich habe darauf mit einem Achselzucken reagiert: »Das wird sich finden.« Diese Reaktion machte ihm Angst. Allerdings habe ich viel seltener »pflichtbewusst« gehandelt (D+D-Differenz +5), sodass ich für ungewöhnliche »regelwidrige« Lösungen offener als er war – und das hat geholfen, manche Krise zu überwinden (Häufigkeit allerdings nur 13).

Formen der Zusammenarbeit

Kleine Differenz (0 bis +/-3) = gute Zusammenarbeit (Z) • Große Differenz (ab +/-4) = Konfliktrisiken (K)
Positive Differenz = Sie antworten nicht auf die Bedürfnisse Ihres Chefs • Negative Differenz = Ihr Chef antwortet nicht auf Ihre Bedürfnisse

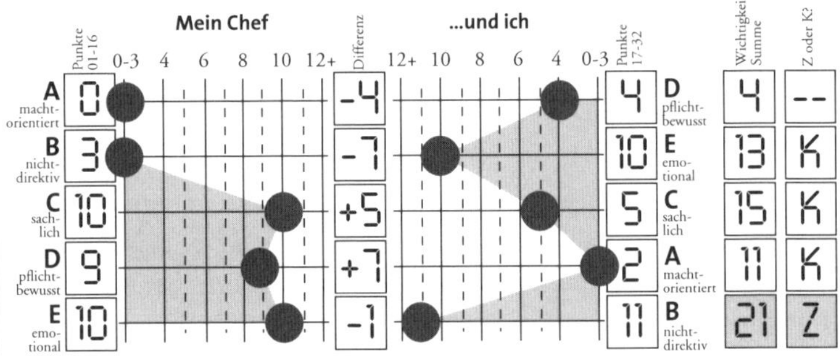

Konfliktszenario 1

Kleine Differenz (0 bis +/-3) = Konfliktrisiken (K) • Große Differenz (ab +/-4) = gute Zusammenarbeit (Z)
Positive Diff. = Sie konkurrieren nicht mit den Bedürfnissen Ihres Chefs • Negative Diff. = Ihr Chef konkurriert nicht mit Ihren Bedürfnissen

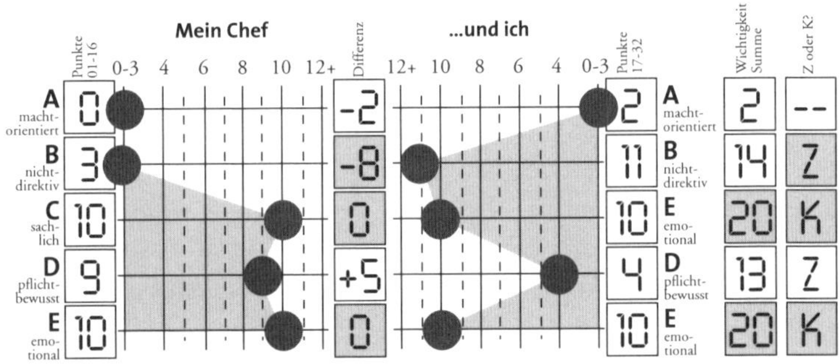

Konfliktszenario 2

Kleine Differenz (0 bis +/-3) = Konfliktrisiken (K) • Große Differenz (ab +/-4) = gute Zusammenarbeit (Z)
Positive Diff. = Sie konkurrieren nicht mit den Bedürfnissen Ihres Chefs • Negative Diff. = Ihr Chef konkurriert nicht mit Ihren Bedürfnissen

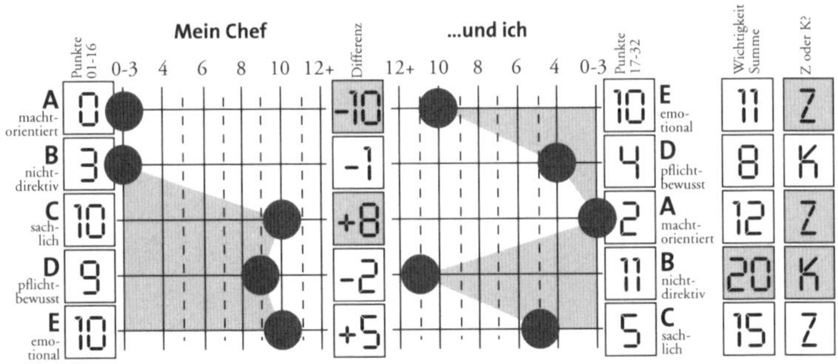

Ich habe den Eindruck, es hätte mir geholfen, wenn ich mir damals in dieser Weise über die problematischen Transaktionen mit meinem Chef bewusst gewesen wäre. Selbst wenn ich trotz eines veränderten Konfliktverhaltens aufgrund ganz anderer Umstände (die nichts mit Konfliktverhalten zu tun haben) nicht weiter in der Firma hätte arbeiten können, hätte es mir und ihm eine Menge unnötiger Enttäuschungen und Verletzungen ersparen können.

DIE MÖGLICHKEITEN DER PERSONALENTWICKLUNG: EINE FALLSTUDIE

Kunden und Kapialgeber sind durch die vielen Crash-Meldungen zunehmend misstrauischer geworden. Die Realität der *hard facts* bekommt ein größeres Gewicht als windige Zukunftsvisionen. So machen die Manager in Deutschland die Erfahrung, dass es doch auf die »inneren Werte« eines Unternehmens ankommt wie kosteneffizientes Arbeiten und Kundenorientierung – denn Defizite in dieser Hinsicht können nicht mehr durch rasante Steigerungen des Umsatzes ausgeglichen werden.

Zunächst einmal versuchen viele in Schwierigkeit geratene Unternehmen, das effiziente Arbeiten und die Kundenorientierung als technisches Problem anzugehen:

- Effizienz wird durch Umstrukturierungen, durch strategische Allianzen, durch Fusionen usw. zu steigern versucht.
- Kundenorientierung soll durch die Einrichtung von *Hotlines, Call Center, Customer Satisfaction Units* usw. erzeugt werden.

Selbstverständlich sind dies alles sinnvolle und notwendige Maßnahmen, die ein Unternehmen ergreifen muss, wenn es sich konsolidieren will. Allerdings bleibt der Erfolg aus, wenn nicht auch das *Human Ressources Management* stimmt:

- Eine *Hotline* zum Beispiel ist nicht bloß eine technische Einrichtung. Sie dient nur dann dem Ziel der Kundenbindung, wenn auch freundliche und vor allem kompetente Personen den Anrufenden wirklich weiterhelfen. Es reicht nicht, die *Hotline* einzurichten und technisch zu »beherrschen«, sondern das Unternehmen muss auch die richtigen Mitarbeiter ans Telefon setzen, muss auf diese Weise dafür sorgen, dass die Mitarbeiter den Kunden helfen können (Kompetenzfrage) und wollen (Motivationsfrage).

- Ein anderes Beispiel: Es gibt Umstrukturierungen in Unternehmen, die betriebswirtschaftlich äußerst rational und durchdacht sind. Aber allzu leicht wird vergessen, alle Mitarbeiter des Unternehmens davon zu überzeugen, dass sie selbst von den Umstrukturierungen profitieren werden. Am Ende hat man vielleicht die abstrakt gesehen beste Ablauforganisation der Welt, allerdings unengagierte und demotivierte Mitarbeiter, sodass die Effektivität sinkt statt steigt.

Natürlich finden sich in allen Firmenphilosophien und *»Mission Statements«* Sätze wie »Erst wenn der Kunde zufrieden ist, geben wir uns zufrieden« oder »Die Mitarbeiter sind unser wichtigstes Kapital«. Diese Slogans stellen sich bei näherem Hinsehen oft jedoch als Leerformeln heraus, die nicht halten, was sie versprechen.

Es geht nicht darum, die oft übertrieben hierarchischen Strukturen der *Old Economy* als leuchtendes Vorbild darzustellen. Höhere Flexibilität, flachere Hierarchien, stärkere Bereitschaft zu interdisziplinärem Denken, unverkrampfterer Umgang miteinander, größere Eigenverantwortlichkeit der Mitarbeiter sind zum Beispiel positive Haltungen in der *New Economy* gewesen, die nicht einfach über den Haufen geworfen werden sollten, nur weil der Boom eine Illusion war.

Die Unterschiedlichkeit der Mitarbeiter respektieren!

Worin nun liegt das hauptsächliche Defizit vieler Unternehmen bezüglich des *Human Ressources Managements?* Aus der Erfahrung leite ich folgende These ab:

> In vielen Unternehmen wird der Unterschiedlichkeit von Menschen zu wenig Rechnung getragen. Dies gilt für die Einstellungskriterien ebenso wie für den tagtäglichen Umgang mit den Mitarbeitern.

Um diese These zu erläutern, greife ich auf unumstrittene Ergebnisse der Gruppensoziologie zurück: In jeder (funkionierenden) Gruppe gibt es

- den Meinungsmacher *(opinion leader),*
- Mitglieder, die an der Umsetzung des Sachziels arbeiten,
- Mitglieder, die für den Gruppenzusammenhalt sorgen,
- sowie Rivalen des Meinungmachers (Opposition) und
- Außenseiter (»Querdenker«).

Eine Gruppe, die nur aus Meinungsmachern zusammengesetzt ist, reibt sich in Machtkämpfen auf. Eine Gruppe, die nur aus Umsetzern zusammengesetzt ist, arbeitet ohne Richtung. Eine Gruppe, die nur aus Mitgliedern zusammengesetzt ist, die *»good vibrations«* im Sinn haben, fühlt sich zwar gut, ist jedoch nicht produktiv.

Alle Funktionen in einer Gruppe sind notwendig. Auch der Rivale des Meinungsmachers ist wichtig: Er sorgt mit seiner Kritik dafür, dass der Meinungsmacher nicht zu bequem wird, sondern seine Position verteidigen muss. Selbst der Außenseiter hat seine Bedeutung: Er kann es sich erlauben, unbequeme Fragen zu stellen oder zunächst gänzlich abseitige neue Ideen in die Runde zu werfen – die sich später manchmal als nützliche Anregungen herausstellen.

Diese Ergebnisse der Gruppensoziologie lassen sich leicht auf die betriebliche Situation übertragen: Auch im Betrieb müssen die entsprechenden Gruppenfunktionen erfüllt werden – sowohl bezogen auf das Unternehmen als ganzes als auch bezogen auf jede einzelne Abteilung bzw. jedes einzelne Team. Es leuchtet natürlich sofort ein, dass ein Unternehmen, in welchem zu viele Mitarbeiter bestimmen möchten, »wo es langgeht«, weniger effektiv arbeitet als eins, in welchem die jeweiligen Führungskräfte von den Mitarbeitern anerkannt werden. Dennoch: Es gehört zu den schwierigsten Aufgaben des *Human Ressources Managements,* eine Struktur von Führungskräften zu etablieren, die auf die Loyalität der Mitarbeiter zählen kann.

Informelle Gruppen – wie etwa Bekanntenkreise – zerfallen, wenn sich in ihm zu viele verschiedene Meinungen durchsetzen wollen. Eine formale Gruppe wie ein von der zuständigen Führungskraft eingesetztes Team kann sich jedoch nicht so leicht auflösen, weil dies meist mit sich bringt, dass einige Teammitglieder das Unternehmen verlassen müssen – es sei denn das Personalmanagement des Unternehmens überprüft die Leistungsfähigkeit des Teams und ist bereit,

Umgruppierungen vorzunehmen. Geschieht dies nicht, kommt es vor, dass ineffektive Teams viel zu lange zusammen arbeiten müssen.

Als ein mögliches Instrument, um gruppendynamische Probleme bei der Zusammensetzung von Teams zu analysieren und zielgerichtet zu lösen, stehen verschiedene Testverfahren zur Verfügung, die sich z. B. an die Typenlehre von C.G. Jung anlehnen. Wir von der Pro Change® Personalentwicklungs GmbH setzen einige dieser Instrumente ein, die von uns modifizierte Form der Transaktionsanalyse, das im vorliegenden Buch dokumentierte »Konfliktogramm«, sowie den in Zusammenarbeit mit dem Gestalt-Institut Köln / GIK Bildungswerkstatt entwickelten »Gestalttypen-Indikator« (GTI), der auf Einsichten der Gestalttherapie basiert.

In neueren Firmenphilosophien werden Kombinationen von Kommunikationsstilen vom einzelnen Mitarbeiter verlangt, die psychologisch gesehen selten vorkommen:

- Auf der Führungsebene gilt als Ideal der nicht-direktive Vorgesetzte, der den Mitarbeitern viel Selbstständigkeit lässt, kombiniert mit einem großen emotionalen Engagement für das Unternehmen. Nach einer von uns durchgeführten Befragung ist diese Kombination bei kaum fünf Prozent der Führungskräfte anzutreffen (nach Einschätzung der Mitarbeiter).
- Bei den Mitarbeitern erwartet man hohe sachliche Kompetenz, die einhergeht mit emotional eigenmotivierter Arbeit und Schnelligkeit. Nach unserer Befragung kennzeichnet diese Kombination nur rund sechs Prozent der Mitarbeiter (Selbsteinschätzung).

Führungskräfte stellen an Mitarbeiter heute oft zu hohe Anforderungen an Engagement, Selbstständigkeit und unternehmerischem Denken. Aufgrund einer einseitigen Einstellungspolitik fehlt es meist an den pflichtbewussten bedächtigen Umsetzern, ebenso wie an den machtorientierten Vorgesetzten, die solche pflichtbewussten Mitarbeiter führen können. Bedächtige Mitarbeiter mit einer Präferenz für ein pflichtbewusstes Verhalten haben bei den schnellen und »coolen« Überfliegern große Akzeptanzprobleme und kündigen (oder werden gekündigt).

Ein konkretes Beispiel: In einem von uns betreuten Unternehmen fanden wir ein gänzliches Unverständnis bei den Führungskräften gegenüber den Mitarbeiterinnen der Reklamations-Hotline vor. Die Führungskräfte gingen ganz selbstverständlich davon aus, dass die Mitarbeiterinnen der Reklamations-Hotline mit dem gleichen Engagement »bei der Sache« seien wie sie selbst. Das betraf besonders die Bereitschaft zu Überstunden. Nicht nur der Gehaltsunterschied wurde völlig außer Acht gelassen, sondern auch, dass die Telefon-Mitarbeiterinnen in ganz anderen Lebensumständen waren als sie selbst. Von ihnen Engagement und Eigenverantwortlichkeit zu erwarten wie von Führungskräften, war unrealistisch. Die Mitarbeiterinnen fühlten sich ausgenutzt, nicht geachtet und gingen in die »innere Kündigung«. Dies ist gefährlich, denn sie sind es, die den Kundenkontakt haben.

Andere Unternehmen machen Fehler bei der Besetzung ihrer Vertriebsmannschaft, indem sie ihre sachorientierten Entwickler, Programmier etc. auf die Kunden »loslassen«. Das Ergebnis ist nicht viel besser. Es muss ja nicht immer so extrem sein wie in dem Fall, in welchem ein Programmierer im Jogginganzug bei einem Kunden – einem kon-servativen mittelständischen Geschäftsmann – auftrat und sagte: »Hey, ich hab' da was für dich programmiert.« Die jungen, technikorientierten, »coolen« Vertriebsmitarbeiter werden oft als arrogant erlebt. Erfahrene und erfolgreiche Unternehmer oder Führungskräfte haben nicht den Eindruck, dass die hemdsärmligen »Jungen« überhaupt in der Lage sind, die betriebliche Aufgabenstellung zu verstehen. Das Motto lautet: »Hauptsache, die neueste und teuerste Technik wird installiert.« Es wird manchmal nicht einmal der Versuch unternommen, zusammen mit den Kunden realistisch zu klären, was eine sinnvolle Lösung für sie wäre. Auch diese Fälle sind weniger den Mitarbeitern als einem verfehlten Human Ressource Management anzulasten.

Gruppendynamisch nicht gut zusammengesetzte Teams sind unproduktiv. Gibt es im Team zu viele kreative Entwickler, werden zwar genügend Ideen geboren, aber kaum einer ist da, der sie gut verkauft und kundenorientiert umsetzt. Niemand kümmert sich um ein gutes Betriebsklima. Die Kunden werden ebenso kühl und sachlich als Maschinen behandelt wie sich die Mitarbeiter untereinander behandeln.

Frust und Enttäuschung lassen sich dann nicht vermeiden. Die hohe Fluktuation führt zu diskontinuierlicher Arbeit in den Teams und zu einer diskontinuierlichen Kommunikation mit den Kunden.

Die Mentalität bestimmter Berufsgruppen, etwa der Programmierer, ist auf »Eigenbrötlerei« ausgerichtet. Zwar beherrschen sie die technische Seite der Kommunikation, aber nicht die menschliche Seite. Jedes Unternehmen ist jedoch auf Kommunikation, Austausch, Zusammenarbeit, gegenseitige Unterstützung der Mitarbeiter sowie Loyalität angewiesen. Wenn es das Unternehmen nicht schafft, die hoch-spezialisierten und kreativen »Eigenbrötler« zu einer gewissen Teamfähigkeit zu führen, wird es notgedrungen auseinanderbrechen.

Eine einseitige Rollenbesetzung in Teams ist nicht nur ein Ergebnis von Einstellungskriterien, die einen ganz bestimmten Typus von Mitarbeiter bevorzugen. Denn Mitarbeiter sind nicht nur so, wie sie es vor der Einstellung waren, sondern sie werden auch im Betriebsklima »sozialisiert« – unproduktive, nachteilige Verhaltensweisen können entweder korrigiert oder verstärkt werden, je nach der *»corporate culture«*. Das heißt: Das Betriebsklima in solchen Unternehmen fördert ein Kommunikationsverhalten, das die Teams behindert. Es sind demnach nicht nur die Einstellungskriterien, die die Personalabteilungen ändern müssen. Vielmehr ist eine gezielte Personal- und Teamentwicklung notwendig.

Diese Überlegungen könnten ein Beitrag zur Überwindung des zum Teil hausgemachten Personalmangels trotz hoher Arbeitslosigkeit in den Unternehmen sein:

- Die Unternehmen schließen durch ihre Einstellungskriterien Bewerber aus, die sie gut in ihren Teams gebrauchen könnten. Besonders ist hier an die erfahrenen und pflichtbewussten Menschen zu denken, die die Funktion der Umsetzer ausführen können. Es werden junge Spitzenleute bevorzugt, deren Qualifikation genau auf das abzudeckende Sachgebiet passen. Dagegen wird die Frage vernachlässigt, ob diese Leute teamfähig sind und Kundenkontakt herstellen können. Fakt ist: Die Einstellung älterer, erfahrener Bewerber könnte ein Unternehmen selbst dann bereichern, wenn ihre Qualifikation nicht 100 %ig passt. Schließlich ist es möglich, dass der neue Mitarbeiter sich einarbeitet.

- Die Unternehmen vernachlässigen die Personalentwicklung durch Mitarbeiter- und Teamtraining. Dadurch versäumen sie, ihre vorhandenen Mitarbeiter so zu »entwickeln«, dass sie ihre Aufgaben optimal erfüllen können. Der beklagte Personalmangel könnte durch eine bedarfsgerechte Aus- und Weiterbildung von Mitarbeitern gelöst werden.

Entsprechend der Unterschiedlichkeit der Mitarbeiter lassen sich auch nicht alle Mitarbeiter in gleicher Weise motivieren:

- Der Machtorientierte braucht Aufstiegschancen.
- Der Nichtdirektive braucht Freiräume.
- Der Sachliche braucht analytische Aufgaben.
- Der Pflichtbewusste braucht einen sicheren Rahmen und klare Vorgaben.
- Der Emotionale braucht ein gutes Betriebsklima und persönliche Zuwendung.

Es ist eine Führungsaufgabe, die Mitarbeiter entsprechend ihren Bedürfnissen zu motivieren und damit den Unternehmenserfolg zu sichern. Viele heutige Führungskräfte brauchen Training und Coaching, um ihre Führungsaufgaben lösen zu können: Um ein Unternehmen erfolgreich zu machen, reicht es nicht, pfiffige Ideen, jugendliches Engagement und technischen Sachverstand zu haben.

Personalschwierigkeiten – vier Thesen

Unsere Erfahrungen und Überlegungen fasse ich in vier Thesen über die Personalschwierigkeiten zusammen:

1 In etlichen neuen, umstrukturierten oder sanierten Unternehmen fehlt die Gruppe der langjährigen, loyalen und gewissenhaften Mitarbeiter, die alteingesessenen Unternehmen helfen, über viele Probleme der Führung und Umstrukturierung hinwegzukommen. Ein solcher Mitarbeiterstamm wird in Unternehmen heute oft nicht mehr gepflegt oder aufgebaut, weil die Einstellungskriterien meist einseitig auf Flexibilität, Schnelligkeit und Kreativität fixiert sind. Es mangelt an denjenigen, die die Visionen penibel umsetzen.

2 Die Führungskräfte vieler Unternehmen fühlen sich nicht mehr als Führungskräfte. Es handelt sich vielmehr meist um engagierte Visionäre oder spezialisierte Techniker. Sie sehen nicht ein,

- dass sie Mitarbeiter zur effektiven Arbeit anleiten müssen,
- dass sie Mitarbeiter »aufbauen« und motivieren müssen,
- dass es zu ihren Aufgaben gehört, Rahmenbedingungen zu schaffen, unter denen die Arbeit reibungslos vonstatten gehen kann,
- dass sie mit den Mitarbeitern abgestimmte Ziele setzen und deren Umsetzung kontrollieren müssen,
- dass sie die Gründe für ein eventuelles Abweichen von den Soll-Vorgaben zusammen mit den betroffenen Mitarbeitern herausarbeiten müssen.

3 Die Schnelllebigkeit der gegenwärtigen Wirtschaft führt dazu, dass keine dauerhaften Firmenstrukturen entstehen. Vielmehr verursachen Fusionen, Übernahmen und personelle Wechsel an der Unternehmensspitze ständige Umstrukturierungen. Dies verunsichert Mitarbeiter wie Kunden. Beide, Mitarbeiter und Kunden, benötigen Transparenz, um Veränderungen zu verstehen und mit ihnen umgehen zu können.

4 Vergangene hohe Wachstumsraten haben Probleme der Unternehmen bei der Kundenbindung überdeckt. Solange der Zugewinn von Neukunden deutlich höher als der Verlust von Altkunden war, schien Kundenbindung kein Thema. Da die Wachstumsraten jedoch nicht unendlich in die Zukunft extrapoliert werden können, müssen die Unternehmen sich der Kundenbindung zuwenden, bevor sie in unlösbare Krisen geraten.

Personalentwicklung: Ein Fallbeispiel

Das New-Economy-Unternehmen »x-ex« basiert auf einer bahnbrechenden Idee ihres Gründers, Herrn Franz Limes, mit der er sich vor drei Jahren als 20-jähriger selbstständig gemacht hat. (Alle Angaben und Namen sind so verändert, dass die Anonymität gewährleistet ist. Die zugrunde liegenden Fakten sind authentisch.) X-ex ist nach einer stürmischen Aufwärtsentwicklung inzwischen eine börsennotierte Aktiengesellschaft. Die gesamte Führungsmannschaft besteht aus jungen, dynamischen Frauen und Männern, die nach dem Motto arbeiten: »Alles, allein, sofort. Null Probleme.«

Auf Druck der Venture-Kapitalgeber wird eine erfahrene Human Ressources Managerin eingestellt, Frau Ute Beck. Das Verhältnis zwischen dem Gründer, Franz Limes, und Frau Beck gestaltet sich schwierig. Es ist nicht nur, dass Frau Beck einer Untergebene von einem Mann ist, der fast ihr Sohn sein könnte, sondern auch, dass sie eine ganz andere Haltung repräsentiert. Entsetzt stellt sie fest, dass viele Mitarbeiter nach kurzer Zeit frustriert sind und das Unternehmen verlassen. Sie plädiert daraufhin dafür, dass mehr Sorgfalt bei der Einstellung aufgewendet wird und dass die dann eingestellten Mitarbeiter auch so betreut werden, dass sie über längere Zeit bleiben. Der Kommentar von Franz Limes: »Wer unser Tempo nicht hält, der fliegt. Übrig bleiben die Besten. Nur die kann ich brauchen.«

Nachdem sich Ute Beck ein Bild von der Lage bei x-ex gemacht hat, kann sie ihrem Chef jedoch ein Papier vorlegen, an dem er nicht vorbei kommt. Es beinhaltet im Wesentlichen folgende sechs Punkte:

- Mitarbeiter im Bereich Vertrieb und Service verweilen durchschnittlich nicht länger als sechs Monate im Unternehmen.
- Mitarbeiter, die von sich aus kündigen, geben als Gründe an: Unbezahlte Mehrarbeit, keine angemessene Einarbeitung, mangelhafte interne Kommunikation.
- Mitarbeiter, denen gekündigt wird, weisen folgende Defizite auf: Dienst nach Vorschrift (es wird Feierabend gemacht, auch wenn es noch dringende Aufgaben zu erledigen gibt), mangelnde Selbstständigkeit, ungenügende Produktkenntnisse.
- Folgen für das Unternehmen: Unerfahrene, unfreundliche und inkompetente Vertriebs- und Servicemitarbeiter vergraulen Kun-

den und Interessenten. Monat für Monat verliert x-ex über zwanzig Prozent der Kunden. Die Zahl der Interessenten, die nicht zu Kunden gemacht werden konnten, ist unbekannt. Es entstehen hohe Kosten für den Ausgleich von Reklamationen.

- Kunden beklagen vor allem, dass es keine Kontinuität bei den Ansprechpartnern gibt und dass die Ansprechpartner nicht auf ihre Wünsche eingehen.
- Da es prognostiziert ist, dass sich die Neukundengewinnung verringern wird, kann man hochrechnen, dass x-ex keine drei Jahre mehr profitabel sein wird.

Diese harten Fakten überzeugen Franz Limes, das er seiner Human Ressources Managerin ein Budget für Personalentwicklung einräumen muss. Gemeinsam mit Frau Beck und den Teamleitern der Bereiche Vertrieb und Service ist folgende Bedarfsanalyse erarbeitet worden:

- Die Teamleiter sind Techniker. Sie haben weder Erfahrung im Umgang mit Mitarbeitern noch mit Kunden. Da sie selbst keinen Begriff von Kundenorientierung haben, können sie auch ihren Mitarbeitern Kundenorientierung nicht vermitteln. Bedarf: Einübung von Führungskompetenzen: Motivation von Mitarbeitern, Mitarbeitergespräch (besonders: Kritikgespräche effektiv gestalten), situatives Führen (»jeder Mensch ist anders«). Form: Einzelcoaching.
- Von den eher gering bezahlten Vertriebs- und Servicemitarbeitern wird der gleiche Einsatz verlangt wie von Führungskräften, insbesondere: »unbegrenzte« Arbeitszeit und Selbstständigkeit bei der Lösung von Problemen. Bedarf: Zeitmanagement, um die effektive Nutzung der Arbeitszeit zu erhöhen, und Teamtraining, um die Zusammenarbeit bei der Problemlösung zu verbessern. Form: Workshops. (Über die Personalentwicklung hinaus wäre hier auch nötig, die gesamte Personalpolitik und die Entlohnungsstruktur zu überdenken, z. B. transparente Kriterien für die Leistungsmessung festzulegen.)
- Die Vertriebs- und Servicemitarbeiter sehen Fragen, Wünsche, Probleme und Beschwerden von Kunden als »lästig« an, denn sie

verursachen Arbeit und verlangen Engagement. Kunden werden unfreundlich behandelt, ihre Wünsche werden als technische Unmöglichkeiten und als schikanöse Zumutungen zurückgewiesen. Bedarf: Training der Grundlagen der Kundenorientierung. Form: Workshops.

- Der starke Innovationsdruck führt dazu, dass Produkte eingeführt werden, die noch nicht vollständig ausgetestet werden. Dies verursacht Probleme bei Kunden, die sich im Gegenzug vehement beschweren. Bedarf: Aufbautraining Kundenorientierung (Umgang mit schwierigen Kunden) als Einzelcoaching am Arbeitsplatz.
- Teamtraining der Zusammenarbeit von Vertrieb, Service und Produktion in Seminarform:
  - Die Produktionsmitarbeiter müssen lernen, die Rückmeldungen von Vertrieb und Service ernst zu nehmen.
  - Die Vertriebs- und Servicemitarbeiter müssen lernen, die technischen Grenzen des Machbaren zu akzeptieren.
- Beide Gruppen müssen lernen, das Unternehmen als Gesamtsystem zu sehen, das nur funktionsfähig ist, wenn die Mitarbeiter bereichs-übergreifend denken und handeln können. Gerade Techniker neigen dazu, nur ihren eigenen Bereich zu sehen.

Da sich der Leidensdruck im Unternehmen auf den hohen Schwund bei Bestandskunden konzentrierte, wurde zunächst das Grundlagentraining Kundenorientierung für die Servicemitarbeiter in Angriff genommen. Es wurden zwei mal zwei Tage für alle Servicemitarbeiter (zwei Gruppen à 8 bzw. 10 Teilnehmer) durchgeführt.

Bereits im ersten Seminar stellte sich heraus, dass die Mitarbeiter in vorherigen Stellen schon in die Techniken der Kundenorientierung eingeübt worden sind, eine Tatsache, die bei den Vorgesetzten von x-ex unbekannt war. Es mangelte nicht am Wissen um die Techniken der Kundenorientierung, sondern an der Motivation, dieses Wissen umzusetzen. Typische Aussagen lauteten:

- »Wenn ich keine Informationen aus der Produktion bekomme, dann sage ich das dem Kunden. Warum soll ich den Kopf hinhalten, wenn andere den Mist verzapfen?«

- »Ich weiß schon, wie ich mit einem unzufriedenen Kunden fertig werde, der am Freitagnachmittag anruft. Glauben Sie, ich lasse mir das Wochenende vermasseln, nur weil die da oben zu geizig sind, genügend Leute für den Service einzustellen? Die denken doch nur an den Shareholder-Value!«
- »Bei mir haben Nörgler keine Chance. Damit erspare ich mir Ärger und dem Unternehmen viel Aufwand.«
- »Oft muss ich mich mit Dingen herumschlagen, die mein Vorgänger verbockt hat. Darüber ärgere ich mich schwarz. Die Kunden verstehen aber, wenn ich sage: ›Dafür kann ich nichts, der Kollege, der daran schuld ist, ist nicht mehr bei uns.‹«
- »Ich habe keine Zeit, Informationen weiterzugeben. Ich muss selbst sehen, dass ich mit der Zeit hinkomme. Da kann ich mir Kollegialität nicht leisten.«

Der Fortgang des Seminars wurde darauf abgestellt, nicht so sehr die (zum Teil ja durchaus bekannten) Techniken der Kundenorientierung einzuüben, sondern an der Haltung der Kundenorientierung zu arbeiten. Es brachte die Seminarteilnehmer zum Nachdenken, dass es bei x-ex einen so starken Kundenschwund gibt. Das hatten sie nicht gewusst. (Niemand im Unternehmen fand es wichtig, die Servicemitarbeiter darüber zu informieren.) Sie konnten sich selbst ausrechnen, wie es um die Zukunft ihres Arbeitsplatzes bestellt ist, wenn es so weitergeht. Auch war ihnen vorher nicht klar, dass reklamierende Kunden nur die Spitze des Eisbergs darstellen. Die meisten unzufriedenen Kunden reklamieren gar nicht, sondern wechseln direkt zu einem Mitbewerber.

In Rollenspielen erfuhren die Seminarteilnehmer, wie sich ein Kunde fühlt, der so behandelt wird, wie sie Kunden behandeln. Sie erkannten (manche waren sehr erstaunt), was passiert, wenn der Kunde sagt: »Ja, ich verstehe, dass Sie an diesem Problem nicht schuld sind.« Er sagt das freundlich, aber ist alles andere als zufrieden. Er geht zur Konkurrenz …

Gemeinsam mit den Seminarteilnehmern wurde erarbeitet, wie sie sich gegenseitig unterstützen können, um die Probleme der Kunden zu lösen, sodass jeder Servicemitarbeiter in der Gesamtbilanz Zeit gewinnt (und nicht meint, Zeit durch die Unterstützung eines Kollegen zu »verschwenden«). Genauso wurden aber auch Strategien entwickelt, wie notwendige Verbesserungen bei den Vorgesetzten auf eine Weise eingefordert werden können, die erfolgversprechend ist (und nicht zu einer Ablehnung durch die Vorgesetzten führt). Um den Informationstransfer zu verbessern, wurde dem Unternehmen empfohlen, eine Datenbank aufzubauen, in der jeder Mitarbeiter die von ihm bearbeiteten Kundenvorgänge dokumentiert.

Als nächstes wurde der Teamleiter der Servicemitarbeiter gecoacht (sechs mal je 1/2 Tag). Es stellte sich heraus, dass er vor allem lernen musste, mit den Sorgen und Nöten seiner Mitarbeiter produktiv umzugehen. Auch bei ihm hat der Perspektivwechsel im Rollenspiel eine zentrale Schlüsselfunktion in der Erkenntnis gehabt: Er erfuhr, wie demütigend und demotivierend Sätze sind wie etwa: »Warum machen Sie immer so viele Fehler?« Oder: »Können Sie das nicht endlich einmal richtig machen?« Ganz anders fühlt man sich als Mitarbeiter, wenn der Vorgesetzte fragt: »Was können wir gemeinsam tun, damit in Zukunft weniger Fehler passieren?«

Die beiden Maßnahmen – Kundenorientierungstraining und Coaching – hatten unmittelbare Konsequenzen, nämlich einen Rückgang des Kundenschwundes. Um dieses Ergebnis zu festigen und den Kundenschwund bei x-ex noch weiter zu senken, sind zusätzliche Maßnahmen der Personalentwicklung notwendig, besonders in den Bereichen Team (Zusammenarbeit von Vertrieb, Service, Produktion) und Führung.

WAS KOSTEN DIE PROBLEME MIT DEM CHEF? ERGEBNISSE EINER EMPIRISCHEN UNTERSUCHUNG

Klagen über »den Chef«, der etwa autoritär, inkompetent, hinterhältig, ungerecht sei, werden von vielen Mitarbeitern geführt. Ich habe unter den Teilnehmern der Trainings unseres Instituts, der Pro Change® Personalentwicklungs GmbH, eine wissenschaftliche Umfrage durchgeführt, um das Ausmaß des Problems und die Kosten, die es verursacht empirisch zu untersuchen. Im Folgenden fasse ich die Ergebnisse zusammen. Im Überblick hat sich ergeben:

Mitarbeiter werfen Chefs Führungsschwäche vor!
Für Ärger mit ihrem Chef ergibt sich als Ursache
Machtorientierung des Chefs bei ....21,2 % der Befragten
Führungsschwäche des Chefs bei ....36,5 % der Befragten
Herzlose Sachlichkeit des Chefs bei ....18,2 % der Befragten
Pedanterie des Chefs bei...........................18,8 % der Befragten
Emotionale Unkontrolliertheit des Chefs bei ... 5,3 % der Befragten

Mitarbeiter reagieren mit »stillem Leiden« auf Ärger!
Als Reaktion auf Probleme mit ihrem Chef ergibt sich
Widerstand gegen den Chef bei ....12,9 % der Befragten
Demotivierung bei.................................10,4 % der Befragten
Sachliche Ruhe bei.................................21,5 % der Befragten
»Stilles Leiden« bei ....32,5 % der Befragten
Emotionale Konfrontation mit dem Chef bei...22,7 % der Befragten

Mitarbeiter verbringen 1/10 ihrer Arbeitszeit mit Ärger!
Die Beschäftigung mit dem Ärger um den Chef dauert
je Mitarbeiter pro Woche...........................ø über 4 Stunden
Bei 100 Mitarbeitern mit Arbeitsstundenkosten von 100 € macht das ca. 2 Mio. € / Jahr aus.

Hintergrund der Studie

Die Teilnehmer unserer Seminare haben uns auf ein lange vernachlässigtes Thema aufmerksam gemacht – die Probleme und Konflikte, die sie mit ihren Vorgesetzten haben. Trainings sind normalerweise so angelegt, dass die Teilnehmer lernen sollen, mit ihren Führungsaufgaben, mit ihren gleichgestellten Teamkollegen oder mit ihren Kunden klarzukommen. Viele der Vorschläge zur Verbesserung von Kommunikation und Arbeitsablauf in den Betrieben, die wir mit den Teilnehmern erarbeitet haben, scheitern in der Umsetzung jedoch – so die Rückmeldung zahlreicher Teilnehmer – an der unflexiblen Haltung ihrer jeweiligen Vorgesetzten.

Konsequenterweise fragten einige Teilnehmer nach Möglichkeiten, trotz der »Hürden«, die ihre Chefs (angeblich) bilden, Verbesserungen durchzuführen. Andere Teilnehmer benutzten die Behauptung, ihr Chef (und nicht sie selbst) seien das Problem, als Vorwand, um sich gegen die Lernanforderungen zu wehren: »Das hat ja doch keinen Zweck.«

Wir haben daraufhin begonnen, die Äußerungen der Teilnehmer systematisch zu sammeln und zu analysieren sowie Instrumente zu entwickeln, mit deren Hilfe Mitarbeiter sich behelfen können, wenn sie meinen, von ihren Vorgesetzten nicht adäquat behandelt bzw. gehört zu werden. Das Ergebnis dieser Bemühung ist in dem vorliegenden Buch dokumentiert worden.

Dieser erste Schritt unserer Auseinandersetzung mit dem »Chef-Problem« war auf eine individuelle Lösung für die unmittelbar Betroffenen ausgerichtet. Wir haben uns dann die Frage gestellt: Welches Ausmaß hat das Problem eigentlich? Und: Wenn es sich um ein verbreitetes Problem handelt, dann verursacht es doch große Kosten, die bisher niemand recht zur Kenntnis genommen hat. Wie hoch sind diese Kosten? Aus dem Versuch, diese Frage beantworten zu können, ist die vorliegende Studie entstanden.

Die Abschätzung von Ausmaß und Kosten des »Chef-Problems« (wir nennen es in der Studie »Friktionen«, d. h. die Reibungsverluste in der Zusammenarbeit zwischen Vorgesetztem und Mitarbeitern) erlaubt es, für die Investitionen in die Personalentwicklung dieses Bereiches eine betriebswirtschaftliche Nutzenrechnung aufzumachen. Der

»return of investment« war bisher nur bei der Personalentwicklung der Bereiche Verkauf und Kundenorientierung einigermaßen befriedigend zu ermitteln. Was die Personalentwicklung in den Bereichen Führung, Kommunikation und Team nun wirklich bringt, wurde eher in blumigen Worten als in harten Fakten beschrieben. Letztlich sind es aber die harten Fakten, die über Budgets entscheiden sollten.

Unsere Studie leistet demnach sehr viel mehr als die Befriedigung der reinen Neugier, wie es denn um die Zusammenarbeit zwischen Vorgesetzten und Mitarbeitern bestellt sei. Wir liefern ein Paradigma, mit dessen Hilfe betriebswirtschaftlich rationale Entscheidungen in der Personalentwicklung vorbereitet werden können in einem Bereich, den zwar viele schon als wichtig angesehen haben, den aber bislang niemand genau beziffern konnte.

Die Situation ist ähnlich wie beim Problem mit den Fehlzeiten. Schon lange wussten Personalverantwortliche, dass Fehlzeiten durch Krankheit »variabel« sind. Fehlzeiten richten sich nämlich zum Beispiel nach Faktoren wie Motivation, Arbeitsplatzsicherheit, Stress, Höhe und Dauer der Lohnfortzahlung. Erst seit kurzem jedoch werden die Kosten der krankheitsbedingten Fehlzeiten betriebswirtschaftlich exakt kalkuliert. Damit wurde die Bereitschaft bei den Unternehmensleitungen entwickelt, um systematisch nach Abhilfe zu suchen (bzw. suchen zu lassen).

Die »Fehlzeiten« durch die Mitarbeiter-Chef-Friktionen sind ein ebenso großes Problem wie die krankheitsbedingten Fehlzeiten. Auch gegen die Kosten der Mitarbeiter-Chef-Friktionen können systematische und gezielte Maßnahmen ergriffen werden.

Mit der vorliegenden Studie haben wir den Anfang in der Erforschung der Mitarbeiter-Chef-Friktionen gemacht. Die Basis der Daten lässt bereits Trendaussagen und Hypothesen zu. Die Kostenkalkulation bezieht allerdings erst die direkten Lohnkosten ein, nicht die Folgeschäden, die Mitarbeiter-Chef-Friktionen im Arbeitsablauf, bei den Produkten und im Umgang mit Kunden verursachen. Weitere Untersuchungen sind nötig, damit Personalverantwortliche noch mehr Instrumente an die Hand bekommen, um zielgerichtet eingreifen zu können.

Die Ergebnisse unserer Studie lassen sich unmittelbar in die Praxis der Personalentwicklung umsetzen. Denn die Einbeziehung weiterer Folgeschäden kann ja naturgemäß nur in der Erkenntnis münden, dass die tatsächlichen Kosten noch höher liegen, als bei uns veranschlagt.

Wir möchten allen danken, die an dieser Studie direkt und indirekt mitgewirkt haben: Unseren Kunden, die in ihren Seminaren die Umfrage gestattet haben. Unseren Trainern, die die Umfrage durchgeführt haben. Und besonders den Teilnehmern, die sich die Mühe gemacht haben, den Fragebogen auszufüllen.

Verhaltenstheoretische Grundannahmen

Dem Fragebogen, mit dessen Hilfe wir die Datenbasis für die Studie geschaffen haben, liegt eine transaktionsanalytische Interpretation von Konflikten zugrunde. Die Grundannahmen der Transaktionsanalyse besagen:

1 In jedem Verhalten gibt es die Erwartung einer Reaktion. Am einfachsten nachvollziehbar wird dies in direkt ausgesprochenen Aufforderungen, etwas zu tun. Die Erwartung lautet dann, dass der Angesprochene das tun solle, wozu ihn der Ansprechende auffordert. Folgt der Angesprochene der ausgesprochenen (oder verdeckten) Erwartung, ist die Transaktion harmonisch. Verhält er sich – aus welchen Gründen auch immer – anders als erwartet, kommt es zu einem Konflikt.

2 Die Erwartungen lassen sich fünf formalen Typen zuordnen:

  A Strenges (oder autoritäres) Eltern-Ich. Erwartung: Gehorsam. Wir nennen diese Erwartung »machtorientiert«.

  B Gütiges (oder stützendes) Eltern-Ich. Erwartung: Selbstständigkeit. Wir nennen diese Erwartung: »nicht-direktiv«.

  C Erwachsenen-Ich. Erwartung: Gleichberechtigter vernünftiger Dialog. Wir nennen diese Erwartung: »sachlich«.

  D Angepasstes Kindheits-Ich. Erwartung: Anleitung und Hilfe. Wir nennen diese Erwartung: »pflichtbewusst«.

  E Freies (oder natürliches) Kindheits-Ich. Erwartung: Freiraum für Gefühlsregungen, Spontaneität und Kreativität. Wir nennen diese Erwartung: »emotional«.

Es leuchtet sofort ein, dass jeweils zwei Erwartungen zusammen passen (und nur diese zwei Erwartungen): Die Erwartung nach Gehorsam und nach Anleitung (Kombinationen A/D und D/A), die Erwartung nach Selbstständigkeit und nach Freiraum (Kombinationen B/E und E/B) sowie die Erwartung nach Gleichberechtigung auf beiden Seiten (Kombination C/C). Alle anderen Kombinationen bergen mehr oder weniger große Konfliktrisiken.

3 Verhalten (bzw. die im Verhalten ausgedrückte Erwartung) ist nicht »an sich« problematisch, sondern wird dies immer nur in einer speziellen Kombination: Ein »machtorientierter« Vorgesetzter ist nicht »an sich« Ursache von Konflikten, sondern in der Kombination mit z. B. einem »emotionalen« Mitarbeiter, während dessen »pflichtbewusster« Kollege keine Probleme mit diesem Vorgesetzten hat. Aus den Antworten der Probanden zu den Fragen bezüglich ihres Vorgesetzten lässt sich also nicht nur schließen, wie sie ihren Chef einschätzen, sondern auch, welche eigene Erwartungshaltung sie haben.

4 Konflikte sind nicht so stark »persönlichkeitsabhängig« wie es meist angenommen wird. Ein Mensch, der sich oft »machtorientiert« verhält, hat gleichwohl auch z. B. »emotionale« Anteile (Anteile aus dem »freien Kindheits-Ich«). Die »Persönlichkeit« ist eine Kombination aus verschiedenen Erwartungshaltungen. Wir haben darum auf alle Fragen verzichtet, die die Probanden dazu führen, ihre Vorgesetzten (oder sich selbst) zu »klassifizieren«, etwa der Art: »Mein Chef ist ein autoritärer Typ.« Vielmehr haben wir ihnen die Möglichkeit eingeräumt, das Verhalten ihrer Vorgesetzten und ihre Reaktionen zu differenzieren nach »oft« und »selten«. Die Struktur des Fragebogens lässt auch Mehrfachzuweisungen zu: Ein Vorgesetzter kann vom Mitarbeiter zum Beispiel so erlebt werden, dass er ihm sowohl machtorientiert in die Arbeit reinredet als auch übertrieben sachlich kein persönliches Wort für ihn findet.

Die Lösung von Konflikten bedarf transaktionsanalytisch gesehen keiner Veränderung der Persönlichkeit. Vielmehr sollte die Fähigkeit erlernt werden, auf die Erwartungen anderer eingehen zu können.

Wahrnehmungstheoretische Grundannahmen

Eine große Schwierigkeit bei der Erhebung von Daten per Fragebogen ist die Validität der Aussagen.

1 Menschen irren in der Interpretation von Tatbeständen und darin, »objektive« Tatsachen wahrzunehmen und wiederzugeben. Das klassische Beispiel sind Zeugenaussagen zum Hergang von Verkehrsunfällen. Sie irren jedoch *per definitionem* nie bei Aussagen über ihre eigene Wahrnehmung. So kann die Aussage: »Der Unfallverursacher fuhr zu schnell« falsch sein. Die Aussage: »Ich hatte das Gefühl, der Unfallverursacher sei sehr schnell« bleibt jedoch wahr, auch wenn eine Messung der Bremsspur belegt, dass er objektiv z. B. sogar langsamer gefahren ist, als an dieser Stelle erlaubt. – Darum haben wir nach dem Gefühl der Mitarbeiter gefragt, nicht nach objektiven Tatbeständen. Es ist ja auch ziemlich egal, ob ein Vorgesetzter z. B. dem Mitarbeiter wirklich Informationen vorenthält, oder ob dieser nur das Gefühl hat – die Konsequenz, dass der Mitarbeiter demotiviert wird, bleibt gleich. Eine Ausnahme bilden die Tatsachen-Fragen nach der Stundenzahl, die die Mitarbeiter mit dem Ärger über die Friktionen mit dem Chef verbringen.

2 Menschen geben selbst bei zugesicherter Anonymität ungern eigene Fehler zu. Wir haben darum die Fragen ausschließlich so formuliert, dass die Probanden ihrem von ihnen aus gesehen berechtigten Zorn über ihren Vorgesetzten Luft machen konnten. Damit ist ausdrücklich nicht unterstellt, es sei wirklich der Vorgesetzte, der einen Konflikt »verschuldet«. Vielmehr ist davon auszugehen, dass zu einem Konflikt immer zwei gehören. Aber diese Erkenntnis war nicht Gegenstand der Untersuchung.

3 Menschen neigen dazu, besonders die Mitmenschen, mit denen sie häufig umgehen, zu »klassifizieren«. Man sagt: »In Schubladen packen.« Diese Klassifizierungen verdecken oft den Blick auf das, was im Kontakt wirklich geschieht. Darum haben wir darauf verzichtet, »Meinungen« abzufragen, wie sie oft über Vorgesetzte geäußert werden – beispielsweise der Chef sei autoritär, inkompetent usw. Vielmehr haben wir den Blick der Probanden auf konkrete Arbeitssituationen gelenkt.

Auswahl der Stichprobe

Die Probanden waren Teilnehmer unserer Trainings im Zeitraum Juli 1999 bis September 1999. Damit handelt es sich um eine ausdrücklich nicht für die Gesamtbevölkerung der Bundesrepublik Deutschland repräsentative Stichprobe. Es verbot sich uns auch, genauere demographische Angaben über die Probanden zu erheben. Denn bei einer Gruppengröße von 10 Teilnehmern je Training hätten bereits Angaben von Geschlecht und Alter eventuell ausgereicht, um einen Fragebogen einem Probanden zuordnen zu können. Damit hätten wir die Zusage der Anonymität (die Voraussetzung für eine ehrliche Beantwortung ist) verletzt.

Die Ergebnisse müssen wegen der nicht-repräsentativen Struktur der Stichprobe eingeschränkt interpretiert werden. Es sind Trendaussagen, die zu Hypothesen führen. Die Überprüfung der Hypothesen an repräsentativen Stichproben bedarf weiterer Untersuchungen. Ebenso ist eine Auswertung der Ergebnisse nach demographischen Gesichtspunkten wie Geschlecht, Alter, Schulbildung nicht möglich.

Dennoch haben wir uns zu diesem nicht-repräsentativen Verfahren entschieden. Denn es enthält Vorteile und Chancen:

1 Die Teilnehmer der Seminare sind für die Friktions-Themen sensibilisiert durch die Übungen zur Kommunikation und zum Konfliktmanagement. Ihre Aussagen sind besonders reflektiert und valide.

2 Die Homogenität der Seminargruppen (gleiches Unternehmen, gleiche Abteilung, ähnliche Aufgaben usw.) machte es möglich, verschiedene Gruppen miteinander zu vergleichen unter der Fragestellung: Sind die Friktionen und der Umgang mit ihnen überall ungefähr gleich oder gibt es große Abweichungen, d. h. Gruppen, in denen die Friktionen besonders ausgeprägt oder besonders schwach sind?

3 Die praktische Anwendung unseres Paradigmas liegt nicht so sehr in repräsentativen Untersuchungen, sondern in Untersuchungen spezieller Gruppen (Mitarbeiter einzelner Unternehmen, einzelner Abteilungen oder Teams, Mitarbeiter mit gleichen Aufgaben usw.). Insofern entspricht unsere vorliegende Studie der Art Untersuchungen, wie sie Personalabteilungen durchführen können,

um das konkrete Ausmaß der Friktionen und ihrer Kosten in ihrem Betrieb zu ermitteln.

4 Die Stabilität der Ergebnisse war schon ab der Auswertung von knapp der Häfte aller Fragebogen sehr hoch. Das lässt auf eine gute Verallgemeinerungsfähigkeit der Daten schließen.

Wir haben demographische Angaben zu den Probanden, ohne dass eine Zuordnung zur Beantwortung der Fragebögen möglich war:

Geschlecht	Männer	77,1 %
	Frauen	22,9 %
Alter	Altersspreizung	24 bis 51 Jahre
	Durchschnittsalter	34 Jahre
Ausbildung	Ohne	14,5 %
	Lehre	73,8 %
	Studium	11,7 %
Tätigkeit	Gewerblich (Vorarbeiter und Meister)	37,8 %
	Innendienst	39,3 %
	Außendienst/Verkauf	22,9 %
Position	ohne Führungsaufgaben	ca. 34,2 %
	mit mittleren Führungsaufgaben	ca. 45,5 %
	mit höheren Führungsaufgaben	ca. 20,3 %
Gewerbe	Produzierendes Gewerbe	32,7 %
	Dienstleistungssektor	67,3 %

Ergebnisse

Bezüglich des Ärgers mit den Vorgesetzten beschweren sich Mitarbeiter erwartungsgegemäß über deren autoritäre A-Verhaltensweisen, aber sogar noch ausdrücklicher (und entgegen der Erwartung) über deren nicht-direktiven B-Führungsstil – obwohl der dem Mitarbeiter doch viel Freiraum für eigene Tätigkeit lässt.

Entgegen der Erwartung ist auch der Vorwurf, Vorgesetzte verhielten sich willkürlich-emotional (E-Chef-Verhalten), wenig ausgeprägt. Umgekehrt werden die Vorgesetzten eher als herzlos und zu sachlich empfunden (C-Chef-Verhalten).

Die Mitarbeiter schätzen ihre eigene Reaktion auf die Friktionen mit den Vorgesetzten im Verhaltensbereich pflichtbewusst (D-Mitarbeiter-Reaktion) und sachlich (C-Mitarbeiter-Reaktion) sowie emotional (E-Mitarbeiter-Reaktion) ein.

Auffälligkeiten bei den Antworten

Über 3/4 aller Probanden meinen, ihr Vorgesetzter gebe Informationen aus Nachlässigkeit nicht weiter, mehr als 1/4 sogar, dass dies oft passiere. Dies entspricht der nicht-direktiven B-Chef-Verhaltensweise. Dieser Wert liegt erstaunlich hoch.

Mehr als die Hälfte aller Probanden beklagen, dass ihr Chef meine, sie würden Informationen wie ein Computer speichern oder vermuten, dass ihr Vorgesetzter zumindest manchmal ihnen Informationen gezielt vorenthält. Dies entspricht der machtorientierten A-Chef-Verhaltensweise. Ebenfalls über die Hälfte fühlt sich mit Informationen zugeschüttet, aber hier liegt das Schwergewicht darauf, dass dies »selten« der Fall sei.

Nur ein viertel der Probanden werfen ihrem Vorgesetzten vor, sie mit willkürlich verfälschten Informationen zu versorgen.

Über 3/4 aller Probanden ärgern sich erwartungsgemäß zumindest manchmal darüber, dass ihr Vorgesetzter ihnen in die Arbeit hereinredet (machtorientierte A-Chef-Verhaltensweise). Ebenfalls über 3/4 ärgern sich, dass ihr Vorgesetzter nur sachliche Argumente gelten lässt (sachliche C-Chef-Verhaltensweise).

Wenn man jedoch schaut, was »oft« zu Ärger führt, liegen die Statements, der Vorgesetzte übernehme keine Verantwortung für seine Entscheidung sowie der Chef formuliere nicht klar, was er wolle (nicht-direktive B-Chef-Verhaltensweise), deutlich an der Spitze.

Statements, die eine machtorientierte A-Chef-Verhaltensweise kennzeichnen, sind bei den Anlässen, die »oft« zu Ärger führen, deutlich abgeschlagen auf Rang 4 und Rang 6.

Die Mitarbeiter geben an, trotz bestehender Probleme zu tun, was möglich ist (sachliche C-Mitarbeiter-Reaktion), sowie den Vorgesetzten auf die Probleme anzusprechen (emotionale E-Mitarbeiter-Reaktion). Nur 0,9 % der Befragten gaben an, ihren Vorgesetzten »nie« auf Probleme anzusprechen. Dieser Wert ist unerwartet.

Machtorientierte Strategien, mit Kollegen zu beraten, was man gegen die Probleme tun könne (A-Mitarbeiter-Reaktion), und nicht-direktive Strategien, »Dampf abzulassen« (B-Mitarbeiter-Reaktion), geben die Probanden als viel seltenere Reaktionen an.

Rund 3/4 der Probanden gaben an, Zeit darauf zu verwenden, fehlende Informationen nachzurecherchieren (sachliche C-Mitarbeiter-Reaktion) sowie pflichtbewusst Dinge zu korrigieren, die aufgrund von falschen Anweisungen falsch gelaufen sind (D-Mitarbeiter-Reaktion).

Machtorientierte Reaktion und die nicht-direktive Reaktion stehen am Schluss der Skala.

Alle Klagen über den Vorgesetzten haben eine große Varianz. Das heißt: Es gibt keine Klage, die auf alle Vorgesetzten gleichermaßen zutrifft. Chefs werden differenziert gesehen. Das trifft auch für den Hauptvorwurf gegen Vorgesetzte zu, die Nichtdirektivität (B). Die herzlose Sachlichkeit (C-Verhalten) dagegen wird den meisten Vorgesetzten zugeschrieben. Es kommt jedoch sehr auf die einzelnen Umstände an, ob dies zu starkem Ärger führt.

Bezüglich der Mitarbeiterreaktionen ergeben sich hohe Varianzen für die Fragen nach der Machtorientierung (A). Dies ist nicht überraschend: Es handelt sich dabei um eine eher den Vorgesetzten zukommende Eigenschaft. Wenn sie bei einem Mitarbeiter vorkommt, gibt es Konflikte. Normalerweise wird sie jedoch nicht so stark bei Mitarbeitern ausgebildet.

Niedrige Varianzen sind bei den Fragen nach dem Pflichtbewusstsein (D) sowie nach der Emotionalität (E) der Mitarbeiter zu verzeichnen. Das ist bezogen auf den gleichmäßigen D-Wert nicht überraschend, weil Pflichtbewusstsein zu den Eigenschaften zählt, die vom Mitarbeiter erwartet werden. Interessanter ist die relativ gleichmäßige Eigen-Zuschreibung von Emotionalität, die die Mitarbeiter vornehmen, während sie ebenso gleichmäßig ihren Vorgesetzten die Emotionalität eher absprechen.

Zusammenfassendes Ergebnis
Geringe Friktionen mit dem Vorgesetzten
gaben ....18,5 % aller Befragten an
Moderate Friktionen mit dem Vorgesetzten
gaben ....60,2 % aller Befragten an
Starke Friktionen mit dem Vorgesetzten
gaben ....21,3 % aller Befragten an
n = 132 Probanden

Gruppe mit den geringsten Friktionen
Geringe Friktionen mit dem Vorgesetzten
gaben ....57,1 % der Gruppe an
Moderate Friktionen mit dem Vorgesetzten
gaben ....28,7 % der Gruppe an
Starke Friktionen mit dem Vorgesetzten
gaben ....14,2 % der Gruppe an
n = 12 Gruppenmitglieder

Gruppe mit den höchsten Friktionen
Geringe Friktionen mit dem Vorgesetzten
gaben ....8,3 % der Gruppe an
Moderate Friktionen mit dem Vorgesetzten
gaben ....50,0 % der Gruppe an
Starke Friktionen mit dem Vorgesetzten
gaben ....41,7 % der Gruppe an
n = 12 Gruppenmitglieder

Standardabweichung
zwischen den Gruppen ....s = 16,0 Prozentpunkte
n = 13 Gruppen

Während das Gesamtergebnis eine annähernde Normalverteilung (20-60-20) aufweist, zeigt sich beim Vergleich der Gruppe mit der geringsten und der höchsten Friktion, dass es eine enorme Bandbreite gibt. Das drückt sich auch in der äußerst hohen Standardabweichung von s = 16 aus. Dies bedeutet, dass die Messwerte für die Gruppen durchschnittlich um ungefähr 16 Prozentpunkte nach oben oder nach unten differieren. Diese hohe Standardabweichung lässt darauf schließen, dass Friktionen zwischen Vorgesetzten und Mitarbeitern variabel, d.h. beeinflussbar sind.

Durch Ärger mit dem Chef wöchentlich verlorene Arbeitszeit

Alle Probanden	4,1 Std. je Mitarbeiter
Gruppe mit dem geringsten Verlust	0,9 Std. je Mitarbeiter
Gruppe mit dem höchsten Verlust	8,5 Std. je Mitarbeiter

Verteilung des Stundenaufwandes

0 Stunden	8,4 % der Befragten
0,5 bis 1,5 Stunden	33,6 % der Befragten
2 bis 6 Stunden	26,1 % der Befragten
6,5 bis 9,5 Stunden	16,0 % der Befragten
>10 Stunden	15,9 % der Befragten

Standardabweichung	s = 4,1 Stunden

Diese Zahlen können erschrecken: Es hat sich wohl noch niemand ein rechtes Bild davon gemacht, ein wie hoher Verlust durch die Friktionen entstehen kann. Dabei haben wir nur die Zeit erfragt, die die Mitarbeiter meinen, *direkt* mit den Friktionen beschäftigt bzw. durch sie abgelenkt zu sein. Insofern ergibt sich ein Stundenaufwand, der weit unter den tatsächlichen Kosten liegt, wenn man z.B. mit einbezieht, dass Mitarbeiter aufgrund von Ärger krank werden, dass durch Demotivation schlechte Arbeitsergebnisse bewirkt werden, dass unzufriedene Mitarbeiter mit Außenkontakt Kunden vernachlässigen, schlecht bedienen oder beraten können.

Dennoch: Die Standardabweichung zeigt, dass es große Unterschiede gibt. Durchschnittlich variieren die angegebenen Stundenzahlen unter allen Befragten um 4,1 Stunden nach unten oder oben – damit ist die Standardabweichung genauso groß wie der Durchschnittswert (4,1 Stunden) selbst! Dies lässt darauf schließen, dass der Verlust durch Friktionen kein »Schicksal« ist, sondern dass gezielt eingegriffen werden kann, um die Friktions-Kosten zu senken.

Die Gruppe mit der niedrigsten Stundenzahl muss übrigens nicht notwendigerweise die »beste« Gruppe sein. Wenn die niedrige Stundenzahl zustande kommt, weil die Mitarbeiter nicht Informationen nachrecherchieren, die ihnen fehlen, oder nicht das tun, was trotz der Probleme möglich ist, ist das bestimmt keine gesunde Situation für das Unternehmen.

Einflussfaktoren

In den folgenden statistischen Auswertungen wollen wir versuchen, das Material daraufhin zu befragen, welche Einflussfaktoren auf die Anzahl der durch Friktionen mit dem Vorgesetzten verlorenen Arbeitsstunden wirken.

Das Diagramm 1 stellt den Zusammenhang her zwischen der vorherrschenden Verhaltensweise des Vorgesetzten, den ein Proband angab, und der Anzahl der verloreren Arbeitsstunden, von denen er meinte, sie seien auf Ärger mit dem Chef zurückzuführen. r ist der Wert, um den dies durchschnittlich nach unten (= weniger Aufwand) oder oben (= mehr Aufwand) abweicht.

Dieser Zusammenhang zeigt erneut, dass es vor allem nicht-direktive Verhaltensweisen von Vorgesetzten sind, die die Mitarbeiter dazu führen, anzugeben, viel Zeit auf den Ausgleich der dadurch entstehenden Probleme zu verwenden. (Der niedrige E-Wert ist weniger bedeutsam, da der Anteil von Vorgesetzten, denen eine vorherrschend

Diagramm 1: Zusammenhang zwischen Chef-Typ und Stundenaufwand

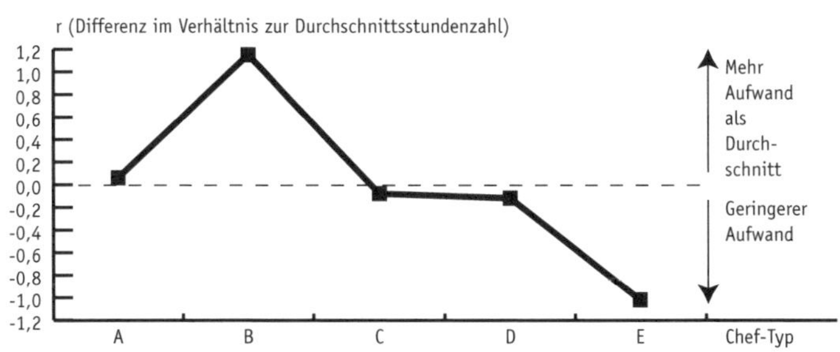

emotionale Verhaltensweise zugeschrieben wird, sehr klein ist, sodass die Angaben kaum repräsentativ sein können.)

Diagramm 2 schlüsselt die durch Ärger mit dem Vorgesetzten verlorenen Arbeitsstunden nach der (selbst eingeschätzten) vorherrschenden Reaktionsweise des Mitarbeiters auf. Aufs Ganze gesehen ist es die pflichtbewusste D-Reaktion – besonders »Ärger für sich behalten« – von Mitarbeitern, die den Stundenaufwand in die Höhe treibt. Bei Kollegen »Dampf ablassen« (nicht-direktive B-Reaktion) dagegen hat »reinigende«, nämlich stundensenkende Wirkung.

Die Mitarbeiter geben an, überdurchschnittlich viele Stunden auf das »Nachrecherchieren von Informationen« zu verwenden, was ja eigentlich zu der sachlichen C-Haltung gehört. Dies widerspricht jedoch den vorhergehenden Beobachtungen nicht, da die C-Haltung gleichsam als Zweiteigenschaft neben der vorherrschenden pflichtbewussten D-Haltung angegeben wurde.

Die Antwort auf die Frage, ob der Vorgesetzte auf Probleme angesprochen werde (E-Mitarbeiter-Verhalten) hat übrigens *keine* senkende Auswirkung auf den angegebenen Stundenaufwand! Wer sich also wundert, warum dieses Problem-Ansprechen, das meist als rationale Strategie zur Lösung von Friktionen mit dem Vorgesetzten angeführt wird, unseres Erachtens unter die emotionale E-Reaktion fällt, findet hier die Begründung: Das »Ansprechen« von Problemen geschieht erfahrungsgemäß in einer nicht-konstruktiven Weise – sei es, dass der Mitarbeiter sich unter der Emotion der Angst zurückhält

Diagramm 2: Zusammenhang zwischen Mitarbeiter-Reaktion und Stunden

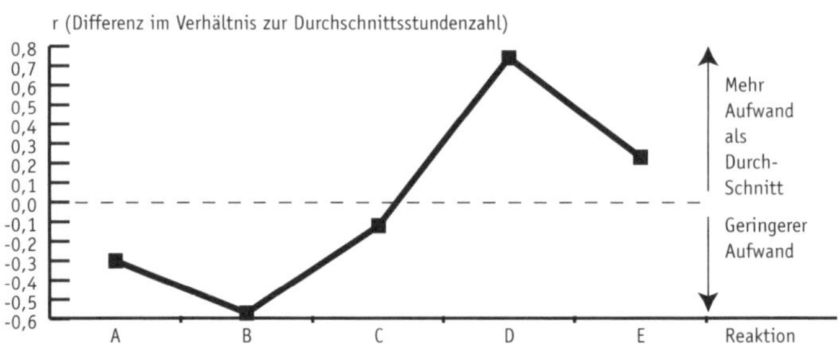

(und der Vorgesetzte nicht um den Ernst der Lage erfährt), sei es, dass er übertrieben aufbrausend ist (und der Vorgesetzte ihn nicht ernst nimmt).

Die wichtigste Erkenntnis besteht darin, dass es Verhaltensweisen von Vorgesetzten im nicht-direktiven B-Bereich sind, die die Mitarbeiter ärgern und dazu führen, viele Stunden zum Ausgleichen der Probleme aufzuwenden. Dies zeigt das Diagramm 1 sehr deutlich.

Zur Korrektur könnte an der Informationspolitik angeknüpft werden: Die Mitarbeiter werfen den Vorgesetzten vor, ihnen Informationen aus Nachlässigkeit vorzuenthalten und sie wenden die meiste Zeit dazu auf, die Informationen nachzurecherschieren.

Auf der Mitarbeiterseite ist der größte Zeitfresser die pflichtbewusste D-Haltung, wie aus Diagramm 2 zu ersehen ist. Dieser Faktor ließe sich eventuell dadurch beeinflussen, dass den Mitarbeitern das Gefühl gegeben wird, mehr Dinge selbst entscheiden zu können und nicht immer darauf warten zu müssen, dass der Vorgesetzte die Verantwortung übernimmt.

Da gut die Hälfte Mitarbeiter angeben, den Vorgesetzten »oft« auf Probleme anzusprechen, dies aber *nicht* die Wirkung hat, dass sich bei diesen Mitarbeitern der Stundenaufwand für Friktionen senkt, liegt es nahe zu vermuten, dass die Vorgesetzten die Klagen der Mitarbeiter

- nicht hören (vielleicht sind sie zurückhaltend vorgebracht worden, das entspricht der pflichtbewussten D-Mitarbeiter-Reaktion, Anteil: 32,5 %),
- nicht ernst nehmen (vielleicht sind sie unsachlich formuliert, das entspricht der emotionalen [E-]Reaktion der Mitarbeiter, Anteil: 22,7 %) oder
- nicht für Abhilfe sorgen (das entspricht dem nicht-direktiven B-Chef-Verhalten, Anteil 36,5 %).

Darum wäre ein brauchbarer Ansatz, die Friktionskosten zu senken, Vorgesetzte für das »Hören«, »Ernstnehmen« und »Umsetzen« von Mitarbeiter-Klagen zu sensibilisieren.

Wer passt zu wem?

Gemäß der transaktionsanalytischen Grundannahmen gibt es fünf gut zusammenpassende Kombinationen (A-D, B-E, C-C, D-A und E-B). Diagramm 3 zeigt, dass diese Kombinationen in der Tat einen unterdurchschnittlichen Stundenaufwand für Friktionen aufweisen. Die Kombination E-B ist nicht vorgekommen.

Die wichtigsten Kombinationen mit überdurchschnittlichem Stundenaufwand, die das Diagramm 3 darstellt, sind: Die nicht-direktive Chef-Verhaltensweise, die auf eine pflichtbewusste Mitarbeiter-Reaktion stößt (B-D), die machtorientierte oder sachliche Chef-Verhaltensweise, die sich an einen emotionale Mitarbeiter-Reaktion reibt (A-E und C-E) sowie die Kombination von zwei abwartend pflichtbewussten Verhaltensweisen (D-D).

Wenn es möglich wäre, beliebige Verhaltensweisen zu produzieren, wäre natürlich die Kombination von sachlichem Vorgesetzten mit sachlichem Mitarbeiter (C-C) das Optimum. Das ist jedoch unrealistisch. Unter den Probanden ist diese Kombination nur zu 3,7 % aufgetreten.

Es kann aber nicht der richtige Weg sein, die nicht-direktive B-Verhaltensweise von Vorgesetzten *generell* zu korrigieren (vgl. Diagramm 4): Wenn sie auf einen emotionalen E-Mitarbeiter trifft (B-E), ist es die optimale Haltung – nämlich die richtige Alternative zur kühlen C-Sachlichkeit (C-E): Die harmonischere Kombination B-E sollte die friktionsträchtigen Kombinationen A-E und C-E ersetzen. Das

Diagramm 3: Typen-Kombinationen mit geringerem Aufwand als Durchschnitt

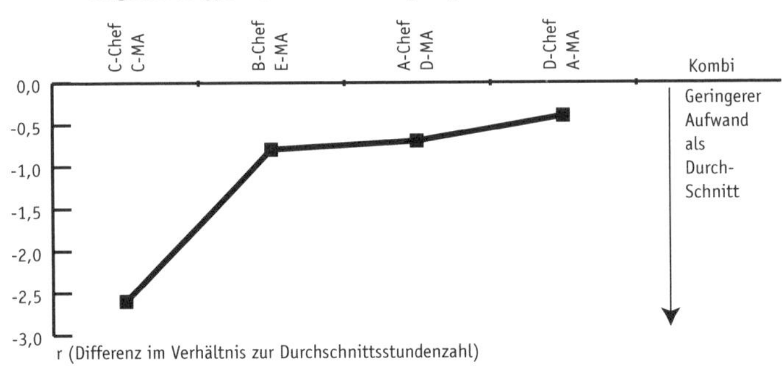

ergäbe ein Potenzial zur Reduktion der Friktionen in 13,5 % der Fälle. Da sich fast ein Drittel der Mitarbeiter vorherrschend im pflichtbewussten D-Bereich agieren sieht, ist es der vielversprechendste Weg, wenn die Vorgesetzten ihre Führungsstärke im machtorientierten A-Bereich ausbauen (A-D): Die harmonischere Kombination A-D sollte die friktionsträchtigen Kombinationen B-D und D-D ersetzen. Das ergäbe ein Potential zur Reduktion der Friktionen in 22,9 % der Fälle.

Schlussfolgerungen

Mitarbeiter verbringen nach der vorliegenden Untersuchung rund vier Stunden in der Woche damit, Reibereien mit dem Vorgesetzten zu verarbeiten – durch Ärger über den Vorgesetzten, durch den verursachten Mehraufwand, durch Konfrontation mit dem Vorgesetzten.

Dieser ermittelte Stundenaufwand muss noch deutlich nach oben korrigiert werden, weil bestimmte Folgeprobleme der Friktionen nicht erfasst werden konnten: So entstehen weitere Kosten durch eventuell schlechtere Arbeitsergebnisse, durch eine schwer einschätzbare Arbeitsverlangsamung sowie in Extremfällen durch Krankheit. Bei diesen drei Faktoren handelt es sich allerdings um Tabu-Themen, für die noch keine verlässlichen Messinstrumente zur Verfügung stehen. – Außerdem nehmen wir an, dass Mitarbeiter, die zu pflichtbewussten D-Reaktionen neigen, eher zu geringe Stundenzahlen ver-

Diagramm 4: Typen-Kombinationen mit höherem Aufwand als Durchschnitt

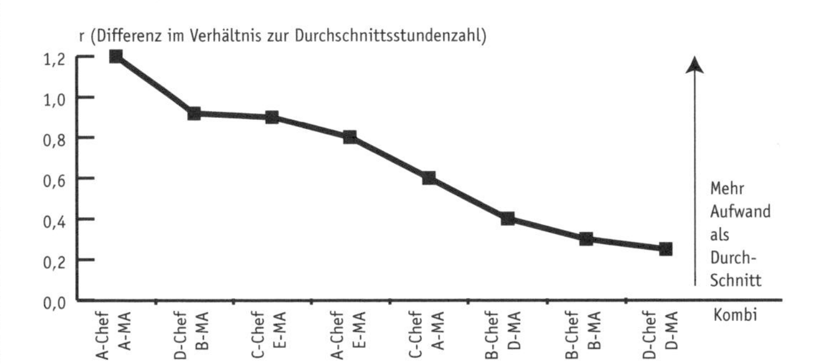

anschlagen. Es gab Probanden, die angegeben haben, sich stark über ihre Vorgesetzten zu ärgern, aber meinten, fast keine Zeit dadurch zu verlieren.

Die Variationsweite des von den Gruppen angegebenen Stundenaufwandes ist sehr groß: Sie liegt zwischen knapp einer Stunde und über acht Stunden. Das legt den Schluss nahe, dass sich hohe Friktions-Kosten senken lassen. Ansatzpunkte für Maßnahmen zur Senkung der Friktions-Kosten müssen in den Ursachen der Friktionen und in den Reaktionsformen der Mitarbeiter auf Friktionen gesucht werden.

Als Ursache für die meisten Friktionen gelten den Mitarbeitern Verhaltensweisen von Vorgesetzten, die unter dem Begriff »Führungsschwäche« zusammengefasst werden können. Dazu zählen die Aussagen: »Der Vorgesetzte gibt aus Nachlässigkeit Informationen nicht weiter« sowie »der Vorgesetzte erwartet, dass ich seinen Kram miterledige«, »der Vorgesetzte übernimmt keine Verantwortung für Entscheidungen« und »der Vorgesetzte formuliert nicht klar, was er von mir will«. Bei der »Führungsschwäche« ist auch die größte Variationsbreite zu verzeichnen. Darum bietet sich besonders dieser Parameter an, um bei einer Senkung der Friktions-Kosten anzusetzen.

Weitere Probleme werden in einer als übertrieben empfundenen Sachorientierung gesehen (»der Vorgesetzte meint, nur sachliche Argumente würden zählen«, C-Chef-Verhalten), der Machtorientierung (»der Vorgesetzte redet mir in die Arbeit rein«, A-Chef-Verhalten) und der Pedanterie (»der Vorgesetzte nimmt alles übergenau«, D-Chef-Verhalten). Wenn man den Zusammenhang zur angegebenen Anzahl verlorener Arbeitsstunden herstellt), dann zeigt sich, dass Machtorientierung des Vorgesetzten zwar Ärger hervorruft, aber kaum zu überdurchschnittlich verlorener Arbeitszeit führt.

Wenig Probleme sehen die Mitarbeiter dagegen in der Emotionalität ihrer Vorgesetzten (E-Chef-Verhalten).

Die Zusammenfassung der Ergebnisse legt nahe, dass ein eher unproduktiver Umgang mit den Reibereien vorliegt, obgleich die Mitarbeiter selbst meinen, dass sie »zu tun versuchen, was trotz der Probleme möglich ist«, »den Chef direkt auf Probleme anzusprechen«, »fehlende Informationen nachzurecherchieren« und »korrigieren, was aufgrund von falschen Anweisungen nicht richtig gelaufen ist« (C-, E- und D-Mitarbeiter-Reaktion). So geben sie auch erstaunlicherweise an, nur in geringem Maße mit Demotivierung (B-Mitarbeiter-Reaktion) auf die Friktionen zu reagieren.

Dass die Mitarbeiter trotz ihrer angegebenen Bemühungen eher an dem Versuch, die Friktionen auszugleichen, scheitern, liegt daran, dass sie zu einer Haltung der »Pflichtorientierung« (D-Mitarbeiter-Reaktion) oder der »emotionalen Konfrontation« (E-Mitarbeiter-Reaktion) neigen.

Besonders die Kombination von nicht-direktivem Vorgesetzten (B-Chef-Verhalten) und pflichtbewusstem Mitarbeiter (D-Mitarbeiter-Reaktion) ist meist recht unproduktiv: Einerseits erwartet der D-Typ als Mitarbeiter relativ genau formulierte Anweisungen vom Vorgesetzten. Andererseits erwartet der B-Typ als Vorgesetzter vom Mitarbeiter weitgehende Selbstständigkeit. Die Mitarbeiter ordnen die durch die Friktionen verlorene Arbeitszeit hauptsächlich dem nicht-direktiven Vorgesetzten des B-Typs zu, während sie ihre eigene Reaktionsform dem pflichtbewussten D-Typ zurechnen.

Bei der sinnvollen Strategie, Kosten zu reduzieren, die die Friktionen zwischen Vorgesetzten und Mitarbeiter hervorrufen, muss in der Personalentwicklung sehr behutsam vorgegangen werden:

- Die Mitarbeiter geben an, viel Zeit darauf zu verwenden, Informationen, die ihnen fehlen nachzurecherchieren, bzw. Dinge zu korrigieren, die aufgrund der Probleme mit dem Vorgesetzten entstanden sind. Dies ist ein rationales und wünschenswertes Vorgehen, das dem Unternehmen nutzt.
- Die hier »verschwendete« Stundenzahl lässt sich offensichtlich rational nur dann reduzieren, wenn das zugrundeliegende Problem gelöst wird.

Das häufigste Problem ist nach unserer Untersuchung, dass die Mitarbeiter den Vorgesetzten vorwerfen, nachlässig zu sein und keine Verantwortung zu übernehmen. Daraus lassen sich zwei strategische Richtungen erschließen, um das Problem durch gezielte Trainings anzugehen:

- Auf der Seite der Vorgesetzten ist es notwendig, die Einsicht zu trainieren, dass Mitarbeiter häufig Führung erwarten. Autorität ist oft weniger das Problem, vielmehr »laissez faire«.

- Auf der Seite der Mitarbeiter muss die Handhabung ihres Entscheidungsfreiraumes trainiert werden. Freiraum gegeben zu bekommen ist wohl weniger das Problem, vielmehr den gegebenen Freiraum positiv zu nutzen.

Weil die Mitarbeiter angeben, so häufig ihre Vorgesetzten auf die Probleme anzusprechen, dies jedoch keinen erkennbaren senkenden Einfluss auf die Friktionskosten hat, richtet sich eine weitere Empfehlung hauptsächlich an die Vorgesetzten:

- Die Vorgesetzten sollten trainieren, die Klagen ihrer Mitarbeiter auch zu hören und ernst zu nehmen.
- Umgekehrt könnten die Mitarbeiter trainieren, ihre Klagen hörbar und in ernst zu nehmender Form vorzubringen.

Durch die Friktionen zwischen Mitarbeitern und ihren Vorgesetzten entstehen unzweifelhaft Kosten. Die Quantifizierung aller Kosten ist sehr schwer und in letzter Konsequenz vielleicht gar nicht möglich: Verluste in Kategorien von »schlechter Arbeitsleistung wegen Demotivation« oder »Unzufriedene Kunden durch demotivierte Mitarbeiter« sind kaum zu beziffern.

Gleichwohl können direkte Kosten sehr genau abgeschätzt werden. Dabei wird ebenso vorgegangen wie bei der Ermittlung der Krankheitskosten: Der Zeitaufwand, der der Bearbeitung von Mitarbeiter-Chef-Friktionen zuzurechnen ist, wird wie Arbeitsausfall behandelt. Wir schlagen als Basis die Ermittlung des auf die Friktionen entfallenden Stundenkontingentes pro Woche vor. Die Wochenarbeitszeit ist gut zu überblicken. Die Formel lautet dann:

Formel zur Friktionskostenberechnung

Friktions-Kosten pro Mitarbeiter je Periodendauer:

$$R_w \cdot Q_s \cdot t_w$$

alternativ: Gesamtkosten je Periodendauer:

$$R_w \cdot Q_s \cdot t_w \cdot m$$

R_w = auf Ärger mit Vorgesetzten durchschnittlich je Mitarbeiter verwendete Zeit (in Stunden) pro Woche

Q_s = Kosten je Arbeitsstunde

t_w = Periodendauer in Wochen (z. B. für ein Jahr: 52 Wochen minus Urlaub minus Feiertage minus Krankheit)

m = Mitarbeiterzahl (des gesamten Unternehmens oder einer Teilmenge, z. B. einer Abteilung, einer Lohngruppe etc.)

Wie kann nun der Wert R_w beziffert werden? Die anderen Werte sind unproblematisch zu ermitteln. Aber die Zeit, die ein Mitarbeiter darauf verwendet, sich über seinen Vorgesetzten zu ärgern, liegt nicht auf der Hand. Es gibt drei Möglichkeiten:

1 Man legt den Trendwert aus unserer Studie zugrunde. Er lautet: 4,1 Stunden je Woche.

2 Man schätzt den Wert aufgrund von Beobachtung sowie von Personal- und Konfliktgesprächen ein. (Ohne triftigen Grund sollte der Wert jedoch nicht außerhalb der von uns ermittelten Variationsbreite von 1 Stunde bis 8,5 Stunden liegen.)

3 Man ermittelt den Wert durch Umfrage. Sinnvolle Ergebnisse werden nur erzielt, wenn sich die befragten Mitarbeiter ihrer Anonymität absolut sicher sind.

Daniel Rosenblatt,
Erhard Doubrawa und
Stefan Blankertz

GESTALT BASICS

Zwei Einführungen in die Gestalttherapie in einem Band

Wuppertal 2003,
188 S., 18,90 €
gebunden mit Lesebändchen

Aus einer Buchbesprechung:

»Mit ›Gestalt Basics‹ hat das Gestalt-Institut Köln anlässlich seines 25-jährigen Bestehens zusammen mit dem Peter Hammer Verlag einen Sonderband herausgebracht, der zwei ›Klassiker‹ der Gestalt-Einführungsliteratur zusammenführt: Einerseits Daniel Rosenblatts ›The Gestalt Primer‹ (dt. ›Gestalttherapie für Einsteiger‹) von 1976, und zum anderen die ›Einladung zur Gestalttherapie‹ von Erhard Doubrawa und Stefan Blankertz (2000).
Daniel Rosenblatt bietet dem Leser eine sanfte Hinführung auf Selbsterforschung anhand von kleinen Übungen und Experimenten und macht so Gestalttherapie anschaulich. Sie ist übersichtlich aufgebaut und klug geschrieben.
Erhard Doubrawa und Stefan Blankertz' ›Einladung‹ gestaltet eine weitere Annäherung über erzählte Gestalttherapie, konkrete Episoden gestalttherapeutischer Arbeit, und über klare, überschaubare Einblicke in die Theorie.«

Detlev Kranz, Gestalttherapeut

Edition des Gestalt-Instituts Köln / GIK Bildungswerkstatt im Peter Hammer Verlag

Gestalttherapie – Einführungen

Erhard Doubrawa / Stefan Blankertz
EINLADUNG ZUR GESTALTTHERAPIE
Eine Einführung mit Beispielen
104 Seiten / ISBN 3-87294-847-4 / € 10,50

Erhard Doubrawa
DIE SEELE BERÜHREN: Erzählte Gestalttherapie
123 Seiten / ISBN 3-87294-908-X / € 11,90

Gestalttherapie – Klassiker

Friedrich S. Perls
WAS IST GESTALTTHERAPIE?
140 Seiten / ISBN 3-87294-811-3 / € 14,90

Lore Perls im Gespräch mit Daniel Rosenblatt
DER WEG ZUR GESTALTTHERAPIE
139 Seiten / ISBN 3-87294-758-3 / € 10,50

Erving und Miriam Polster
GESTALTTHERAPIE
Theorie und Praxis der integrativen Gestalttherapie
352 Seiten / ISBN 3-87294-872-5 / € 18,90

Erving und Miriam Polster
DAS HERZ DER GESTALTTHERAPIE
Beiträge aus vier Jahrzehnten
389 Seiten / ISBN 3-87294-918-7 / € 21,90

James S. Simkin
GESTALTTHERAPIE
Minilektionen für Gruppen und Einzelne
136 Seiten / ISBN 3-87294-634-X / € 12,90

Barry Stevens
DON'T PUSH THE RIVER
Gestalttherapie an ihren Wurzeln
261 Seiten / ISBN 3-87294-863-6 / € 17,90

Anke und Erhard Doubrawa (Hg.)
ERZÄHLTE GESCHICHTE DER GESTALTTHERAPIE
Gespräche mit Gestalttherapeuten der ersten Stunde
256 Seiten / ISBN 3-87294-946-2 / € 14,90

Gestalttherapie – Bibliothek

Stephen Schoen
WENN SONNE UND MOND ZWEIFEL HÄTTEN
Gestalttherapie als spirituelle Suche
118 Seiten / ISBN 3-87294-735-4 / € 11,90

Stephen Schoen
GREENACRES: Ein Therapie-Roman
289 Seiten / ISBN 3-87294-919-5 / € 16,90

Arnold Beisser
WOZU BRAUCHE ICH FLÜGEL?
Ein Gestalttherapeut betrachtet sein Leben als Gelähmter
156 Seiten / ISBN 3-87294-774-5 / € 13,90

Barry Stevens / Carl R. Rogers
VON MENSCH ZU MENSCH
Möglichkeiten, sich und anderen zu begegnen
261 Seiten / ISBN 3-87294-873-3 / € 18,90

Daniel Rosenblatt
ZWISCHEN MÄNNERN
Gestalttherapie und Homosexualität
204 Seiten / ISBN 3-87294-790-7 / € 13,90

Judith R. Brown
ZWEI IN EINEM SIEB
Märchen als Wegweiser für Paare
192 Seiten / ISBN 3-7795-0007-8 / € 18,90

Gestalttherapie – Arbeitsbücher

Stefan Blankertz
GESTALT BEGREIFEN
Ein Arbeitsbuch zur Theorie der Gestalttherapie
160 Seiten / ISBN 3-87294-725-7 / € 20,50

Erhard Doubrawa / Frank-M. Staemmler (Hg.)
HEILENDE BEZIEHUNG: Dialogische Gestalttherapie
230 Seiten / ISBN 3-87294-820-2 / € 21,90

Robert L. Harman (Hg.)
WERKSTATTGESPRÄCHE GESTALTTHERAPIE
Mit Gestalttherapeuten im Gespräch
191 Seiten / ISBN 3-87294-892-X / € 20,90

Frank-M. Staemmler und Werner Bock
GANZHEITLICHE VERÄNDERUNG
IN DER GESTALTTHERAPIE
150 Seiten / ISBN 3-87294-780-X / € 21,90

Gordon Wheeler / Stephanie Backman (Hg.)
GESTALTTHERAPIE MIT PAAREN
376 Seiten / ISBN 3-87294-835-0 / € 25,50

Die Edition wird herausgegeben von
Anke und Erhard Doubrawa.